中国·北京

Publishing Education and Personnel Training
in the Era of Media Convergence

融媒体环境下的出版教育与人才培养

Selected Papers of the First International Summit on Publishing Education (II)
首届出版教育国际高峰论坛论文集（下）

本书编委会 编

知识产权出版社
全国百佳图书出版单位
——北京——

图书在版编目（CIP）数据

融媒体环境下的出版教育与人才培养：首届出版教育国际高峰论坛论文集. 下 / 本书编委会编. — 北京：知识产权出版社，2024.6. — ISBN 978-7-5130-9396-5

Ⅰ. G23-53

中国国家版本馆CIP数据核字第2024SQ1514号

内容提要

融媒体作为全球出版业普遍关注的前沿热点问题，在学术界有广泛的研究，在产业界有深入的实践。从学科出发，构建融媒体出版人才培养体系有利于贯通业界与学术界。在此背景下，北京印刷学院组织举办了出版教育国际高峰论坛，本书系首届论坛的论文集。论文集从编辑人才培养、出版编辑文化、新技术与出版业发展、国外出版业发展现状等角度切入，全面剖析出版业态发展与人才建设要素，助力出版业专业人才培养，促进出版业高质量发展。

本书适合出版行业从业者阅读。

责任编辑：李　婧　　　　　　　　　　　　　　责任印制：孙婷婷

融媒体环境下的出版教育与人才培养——首届出版教育国际高峰论坛论文集(下)
RONGMEITI HUANJINGXIA DE CHUBAN JIAOYU YU RENCAI PEIYANG——SHOUJIE CHUBAN JIAOYU GUOJI GAOFENG LUNTAN LUNWENJI(XIA)

本书编委会　编

出版发行：知识产权出版社有限责任公司	网　　址：http://www.ipph.cn
电　　话：010—82004826	http://www.laichushu.com
社　　址：北京市海淀区气象路50号院	邮　　编：100081
责编电话：010—82000860转8594	责编邮箱：laichushu@cnipr.com
发行电话：010—82000860转8101	发行传真：010—82000893
印　　刷：北京中献拓方科技发展有限公司	经　　销：新华书店、各大网上书店及相关专业书店
开　　本：720mm×1000mm　1/16	印　　张：16.5
版　　次：2024年6月第1版	印　　次：2024年6月第1次印刷
字　　数：250千字	定　　价：69.00元
ISBN 978-7-5130-9396-5	

出版权专有　侵权必究

如有印装质量问题，本社负责调换。

本书编委会

主　任：曹文军　　田忠利

委　员：李朋义　　王利明　　陈　丹
　　　　张养志　　史国敏　　李德升

目　录

全媒体时代网络编辑人才培养模式创新探析 ……………………… 001

权威与角色
　　——中国人文社科学术期刊编辑职业文化的话语建构 ……… 013

融媒体环境下我国出版专硕人才培养模式研究 …………………… 025

数字出版背景下有声读物配乐技巧及案例分析 …………………… 047

融媒体环境下出版行业AIGC人才培养探索 ……………………… 055

英国大学出版社融合发展状况浅析 ………………………………… 067

印度数字出版的现状考察及平台发展路径探析
　　——以印度最大数字出版平台Pratilipi为例 ………………… 078

DOI提升学术期刊传播效能的内在机理与实践路径研究 ………… 091

跨国出版集团融媒体实践探析——以企鹅兰登书屋为例 ………… 104

人工智能技术的突破对编辑能力培养的启示
　　——以ChatGPT（智能聊天机器人程序）为例 ……………… 115

虚拟影像技术对个体身份认同塑造的可能探究 …………………… 128

文化预期、媒介使用对基层群众公共文化服务满意度的影响
　　——一个有中介的调节模型 …………………………………… 141

媒体深度融合背景下数字出版人才的阅读服务能力提升路径探究 …… 161

融媒体时代科技期刊发表科幻作品的路径研究 …………………… 173

文本情感分析及其在出版领域的应用研究综述 …………………… 185

出版深度融合发展中的编辑人才
　　——叶圣陶先生的编辑思想给我们的启示 …………………… 204

市场导向下我国高校出版人才培养改进策略浅析
　　——基于2023年上半年编辑出版类招聘信息的调查分析 …………213
跨文化背景下中国童书出版人才培养研究
　　——基于中美亚马逊图书网站受众分析 ……………………………228
跨国出版集团融媒体转型的发展问题与策略研究 ………………………238
数字技术浪潮下中国版权输出的挑战、机遇和路径 ……………………246

全媒体时代网络编辑人才培养模式创新探析

王 瑞

(北京印刷学院)

- **摘 要**:在新形势下,探索创新网络编辑人才培养模式,事关我国网络出版产业与数字经济健康发展。为了适应全媒体时代网络编辑人才需求,近年来高等院校、职业学校、科研单位、互联网企业与行业协会等各方面力量都在积极探索人才培养模式创新。各级管理部门应着力统筹规划,集中优势资源,探索全流程、多层次、立体化协同培养,建立健全网络编辑复合型应用人才培养体系。

- **关键词**:网络编辑 人才培养模式 协同创新

根据第51次《中国互联网络发展状况统计报告》,截至2022年12月,我国IPv6地址数量达67369块/32;网民总数达到10.67亿;互联网普及率为75.6%。近年来,我国互联网络特别是移动互联网发展迅猛,人们的生产、生活、工作、娱乐、社交等各方面都更加方便、快捷。人工智能、大数据、云计算等新技术研发,以及5G项目、网络覆盖工程等的深入推进,日益展现出"互联网+"时代的新特征。在媒体融合发展的背景下,针对网络编辑人才培养模式的创新发展,我国相关管理部门统筹协调高等院校、职业学校、科研单位、互联网企业与行业协会等多方力量,联合开展了多层次协同创新。

一、完善网络编辑专业资格评定与职业培训制度

网络编辑的专业资格评定与职业培训,即按照各级各类网络编辑职业岗位要求,综合运用多种形式对相关从业者在职业道德、知识技能、个人

素养等各方面进行培养、训练与考核、鉴定，使其具备适应具体职业岗位的合格资质。

为了适应社会经济发展、产业结构调整，提升相关从业者的素质与能力，我国一直非常重视专业技术人员的职业教育与培训。近年来，随着《关于推行终身职业技能培训制度的意见》和《职业技能提升行动方案（2019—2021年）》等的出台，以职业能力为导向的人才评价、技能等级制度逐渐完善，为各级管理部门建立健全网络编辑专业资格评定与职业培训制度体系提供了重要契机。

（一）出版专业技术人员资格考试及继续教育制度

截至2023年年底，《出版专业技术人员职业资格考试暂行规定》《出版专业技术人员职业资格考试实施办法（2001）》《出版专业技术人员继续教育暂行规定（2010）》等文件在网络编辑专业资格评定与培训中仍发挥一定作用。依据上述文件，出版专业职业资格考试制度被纳入全国专业技术人员职业资格制度的统一规划，包括初级资格、中级资格和高级资格在内的各级资格考试工作由人力资源和社会保障部和新闻出版总署共同负责。从事出版专业初级、中级岗位工作者，需获得相应资格并进行职务聘任。从事出版专业高级岗位工作者，实行考试与评审相结合的评价制度。

（二）网络编辑员国家职业资格培训与鉴定制度

2005年3月24日，劳动和社会保障部将网络编辑员列入国家职业大典，同时颁布《网络编辑员国家职业标准》。按照国家职业标准，网络编辑员是指利用相关专业知识及计算机和网络等现代信息技术，从事互联网网站内容建设的人员。其职业培训工作由劳动和社会保障部主管，中国就业培训技术指导中心统一组织实施。凡从事网络编辑职业或准备从事相关职业的人员，按照网络编辑员、助理网络编辑师、网络编辑师和高级网络编辑师四个等级经过培训并鉴定合格，就可获得相应等级网络编辑员职业"CETTIC职业培训合格证书"。

(三)北京市数字编辑专业技术资格评价制度

2015年11月12日,北京市人力资源和社会保障局、北京市新闻出版广电局联合施行新闻系列(数字编辑)专业推行专业技术资格评价制度,包括正高级(高级编辑)、副高级(主任编辑)、中级(编辑)、初级/助理级(助理编辑)四个等级。按照"自主申报、社会评价、择优聘任"的方式,申报人员通过考试或评审取得"北京市专业技术资格证书",由用人单位根据需要自主、择优聘任专业技术职务。由于专业设置包括数字新闻编辑、数字出版编辑、数字视听编辑三个领域,依托内容、技术、运维三个方向形成了三纵三横的细分结构体系。北京市率先在全国施行数字编辑专业技术资格评价制度,不仅为数十万网络编辑规划了职业发展方向,而且开启了数字内容传播产业的"正规军"建设。❶

(四)全面落实网络出版服务单位编辑责任制度

2018年2月,北京市新闻出版广电局开始在北京地区的网络游戏、网络文学、网络动漫等网络出版服务单位全面落实编辑责任制度,明确规定各单位应包含助理编辑、责任编辑、总编辑等不同等级编辑人员,设立网络出版内容的初审、复审和终审三级审核制度,并且三年内需实现编辑人员全部取得相应资格。各网络出版单位不同等级编辑人员的职业资格评定,可根据实际情况申报参加国家出版专业职业资格考试和评审,以及北京市出版专业、数字编辑专业考试和评审。北京市新闻出版广电局每年组织不少于2次的网络出版服务单位继续教育培训。

2020年6月18日,国家新闻出版署向各省、自治区、直辖市新闻出版局以及各网络文学出版单位发布《关于进一步加强网络文学出版管理的通知》,要求各级出版主管部门切实履行属地管理职责,严格落实意识形态工作责任制,督促网络文学出版单位建立健全内容审核机制,必须设立总编辑,建立健全编辑委员会,落实编辑责任制度,并加强教育培训。该通知还明确规定:各网络文学出版单位法定代表人、总编辑或主要负责人应在规定时间内参加出版主管部门组织的岗位培训,取得国家新闻出版

---

❶ 朱国政. 首次数字编辑职称考评:正名定分,路向远方[J]. 科技与出版,2016(7):14-16.

署统一印制的岗位培训合格证书。

综上所述,在2005年以前,我国网络编辑从业人员主要依托各互联网企业、网络服务平台的自发培养,自愿参加出版专业技术人员资格考试及继续教育。从2005年开始到2016年国家取消网络编辑员职业为止,十余年间网络编辑员的人才培养主要依据《网络编辑员国家职业标准》开展。2016年前后,相关管理部门针对网络编辑人才的专业资格评定与培训体系开展了卓有成效的探索。

适应国际、国内形势变化,我国网络编辑专业资格评定与培训还应着重加强以下三方面的建设。

1. 以习近平新时代中国特色社会主义思想为引领,加强政治理论教育与培训

针对网络编辑从业人员的各级各类培训和专业资格评定中,应以习近平新时代中国特色社会主义思想为指导,深入开展系统的政治理论与马克思主义新闻出版观教育,加强政治理论知识与素养考核,激发从业人员的社会责任意识与文化使命担当。

2. 立足互联网络综合治理体系建设,强化法治观念与版权意识培养

我国已经形成较为完善的网络安全与版权保护法律法规体系。网络编辑专业人才培养应重视引导从业人员,明确开展全网络综合治理的重要意义,落实意识形态工作责任制,建立健全内容审核机制,严格依法依规出版,认真配合各级管理部门开展的各种专项整治行动,担负起把关网络内容生产与传播的重任。

3. 把握互联网新技术与新趋向,建立健全网络信息内容生产与传播机制

结合国际形势变化和具体国情,网络编辑资格评定与职业培训应强化习近平新时代中国特色社会主义思想和社会主义核心价值观,积极探索科技与文化创新,不断更新内容,引导从业人员有效利用人工智能、大数据、云计算、5G、区块链、物联网等新技术,建立健全针对文字、图片、语音播报、短视频、动漫、AI写作等多种形式内容的事前、事中、事后监控把关机制,固守从业底线与红线。

二、形成网络编辑人才多层次培养体系

网络编辑专业人才培养不仅深受各级管理部门和行业协会的重视,而且得到高校、互联网企业和社会教育机构的大力支持。作为专业人才培养的重要阵地,我国部分高等院校近年来积极推进网络编辑相关专业方向建设,探索包括专科、本科和研究生等阶段的人才培养模式创新。

(一)网络编辑从业人员学历层次较高,多为人文社会科学专业背景

依据"中国网络新闻工作者生存状况调查组"2013年11—12月针对全国60家新闻网站、1631位网络新闻从业者开展的在线问卷调查,相关统计数据显示:从业者中拥有大学本科及硕士学历者占比为95.1%,具有新闻传播学和其他人文社会科学专业背景者占比达64.2%。❶

2015年,刘灿姣、王宇通过采用实地走访与网络调查相结合的方式,以湖南省新闻出版广电局、全国出版工作者协会、全国新闻工作者协会和35家互联网内容生产与传播企业为样本主体,以11家互联网内容生产与传播企业为补充,进行了深入调研,在108份编辑类问卷中,有39位受访者具有高校网络编辑相关专业教育经历,占比为36%。在87份管理类问卷中,组织员工参加高校或社会教育机构的培训人数为36人,占比为41%。❷

2016年5月14日,北京市首次举行数字编辑专业初(中)级专业技术资格考试,吸引超过2000名考生参加。这些考生中本科以上学历者占比达到90%,有1/3的考生所学专业与新闻出版、广播影视相关。❸

(二)职业学校与高等院校积极推进网络编辑专业、方向与课程设置

近年来,一大批职业学校开设了网络编辑专业,还有部分职业学校在电子商务等专业下设立了网络编辑方向。例如,北大方正软件技术学院、无锡南洋职业技术学院、福建信息技术学院、呼和浩特职业学院、浙江三

---

❶ 周葆华,寇志红,郭颖.网络编辑生存大调查[J].网络传播,2014(1):18-21.
❷ 刘灿姣,王宇.网络编辑职业资格培训与认证调查报告[J].中国编辑,2015(11):79-84.
❸ 李超.2016年度北京市数字编辑专业技术资格考试初中级考生状况分析[J].科技与出版,2017(6):25.

联专修学院、中州大学、北京科技大学延庆分校、上海工商外国语学院、浙江工商学院,等等。

目前,由于教育部普通高等学校本科专业目录中未设网络编辑专业,高校开设网络编辑专业的很少,但往往在编辑出版学、数字出版、文学、网络与新媒体等本科专业人才培养方案中设置网络编辑相关方向或课程。例如,根据2017年中国科学评价研究中心、武汉大学中国教育质量评价中心(ECCEQ)联合中国科教评价网发布的专业评估排名,北京印刷学院编辑出版学专业在全国高校同专业中居首位,该专业与北京印刷学院在全国高校中开设最早的本科数字出版专业一样,均开设了网络编辑相关方向及课程。再如,具有百年发展历史的武汉大学信息管理学院,其编辑出版学、数字出版等本科专业的2018版培养方案中也开设了网络编辑课程。❶

此外,在本科网络编辑人才培养课程体系建设层面,河北大学新闻传播学院重视培养学生策划、编辑、制作、营销等方面的知识和技能,为日后从事网络媒体内容产品文案、创意、策划、市场等工作奠定基础。❷合肥师范学院于2007年改制后,编辑出版系在本科编辑出版专业后加上括号备注为网络编辑方向,并在制订培养方案、构建师资队伍、优化课程体系等方面进行探索,致力于服务安徽省及长三角区域经济与行业发展需要,培养网络新闻编辑应用型人才。❸

(三)硕士研究生教育阶段网络编辑人才培养创新尝试

北京印刷学院、上海理工大学等高校不仅在本科课程设置中增加网络编辑等相关课程,强化校企合作建设理论、实践课程体系,而且在硕士研究生教育阶段增设了网络编辑研究方向。❹

---

❶ 武汉大学信息管理学院.本科人才培养方案(2018版)[EB/OL].(2019-4-28)[2023-10-23].http://sim.whu.edu.cn/jx/bksjy/pyfa.htm.

❷ 王宏.移动互联网时代网络编辑人才培养模式[J].出版发行研究,2018(4):91-93.

❸ 陈敬宇,张阿源.地方应用型本科院校网络编辑专业人才培养的实践探索[J].新闻传播,2016(1):40-41.

❹ 张炯,吴平.新中国70年编辑出版人才培养略论[J].中国编辑,2019(9):9-14.

值得注意的是，上海大学与阅文集团于2017年11月联合宣布共建"阅文集团·上海大学创意写作硕士培养教育教学基地"，双方签约开展"阅文集团·上海大学创意写作学科产学研合作"，建成国内网络文学领域第一个创意写作专业硕士学位点。[1]该学位点接受社会报名和阅文集团推荐，学员在职学习两年后成绩合格者可获得专业硕士学位和毕业证。硕士导师队伍不仅包括上海大学教师，还有阅文集团高管及知名作家加盟。[2]这在一定程度上提高了数年前"真正意义上的网络编辑专业教师还几乎没有""专业教师整体质量的不足，严重制约着我国网络编辑专业及学科建设"[3]的状况。

三、校企联合强化网络编辑人才能力培养

由于职业学校人才培养目标、课程设置等方面的不足，网络编辑专业人才培养与实际岗位需求之间往往存在不同程度的差距。[4]为了应对日益严峻的就业形势，高等院校和职业学校普遍重视与行业接轨，建立健全校企联合培养体制机制。

（一）依据就业去向与实际岗位需求调整课程、教学体系

为了更好地适应社会与行业发展变化，各校纷纷以校企合作为基础，强化全过程产学合作，依据毕业生的就业去向与网络编辑实际岗位需求，进行专业课程与教学体系的反向调适，推进产学融合培养专业人才。

例如，湖南大众传媒职业技术学院的罗卓君、吴振锋将网络编辑专业毕业生的就业去向划分为网络编辑职业岗位群、网页设计与制作职业岗位群和网站管理与营销策划职业岗位群，主张相关课程体系结构应涵盖通识教育模块、行业通用能力课程模块、岗位特定能力课程模块和专业能

---

[1] 任晓宁.上海大学设网文硕士点[N].中国新闻出版广电报，2017-11-30.

[2] 搜狐网.阅文集团联合上海大学成立网文写作硕士点 大神作者担任导师[EB/OL].(2017-11-23)[2023-10-25].https://www.sohu.com/.

[3] 甄增荣,甄慧琼,李康,朱佳然.网络编辑专业建设与发展对策研究[J].统计与管理，2013(3):78-79.

[4] 张国平.网络编辑专业课程建设现状与思考[J].出版发行研究，2011(2):48-50.

力拓展课程模块。❶而辽宁警官高等专科学校的王柳人则认为,网络编辑按照职业岗位可以划分为网络媒体编辑助理岗位群和企业网站编辑岗位群两大类,强调网络编辑专业学生应掌握计算机基础理论和软件、动画、数字编辑等技术,成为能进行网络媒体、网络广告及全媒体游戏设计与制作的高级专业人才。❷

针对新入职的大学生往往缺乏文字能力、技术能力、创新能力或人文素养,广东理工职业学院的叶芳将网络编辑人才的职业能力要求划分为基础技能、进阶技能和高阶能力,认为专业人才培养应对接人才需求单位,以新闻采编能力为基础,以信息整合能力为提升,以多媒体运用能力为高阶目标,完善模块化课程体系与双师型师资队伍建设。❸

(二)立足可持续发展,确立网络编辑复合型应用人才培养目标

全媒体时代网络编辑专业人才培养应当适应社会与行业发展现状及趋势,针对媒体融合发展要求,以复合型应用人才培养为目标,通过理论课程体系构建与实习实训方案制定,系统完善校企合作机制与产学研一体化培养体系,将学校专业教育与在职培训相结合,重点拓展包括岗前培训、岗位培训、职业培训、开放培训、远程培训等多种方式并举的全流程、全方位培训体系。

以江西新闻出版职业技术学院为例,该校立足于应用人才培养目标,实践教学体系与理论教学体系并重,积极构建多重实习实践体系,包括企业"认知型"实习、课堂教学实践、校内"工作站"实训、学生自主实践、企业顶岗实习、毕业论文等。❹并以"1234"为主体框架调整人才培养方案,通过项目驱动开发核心课程,建设实训基地,针对学生的人文道德素养、新

---

❶ 罗卓君,吴振锋.基于拓展型工作岗位的网络编辑专业课程体系的分析与探索[J].科教导刊,2011(12):99-100.

❷ 王柳人.高职网络编辑人才培养规格与能力结构研究[J].电子商务,2013(6):86-87.

❸ 叶芳.网络编辑人才培养的探索与思考[J].新闻窗,2018(2):71-72.

❹ 高澜,王秀波.高职网络编辑人才培养中实践教学体系建设初探[J].出版发行研究,2014(1):77-79.

闻采写与编辑出版素养、计算机和网络媒体素养等开展多维立体培养。❶

镇江高等专科学校则独辟蹊径,通过校企合作等方式强化学生的互联网思维与网站、微博、微信等内容采编制作和运营能力,致力于培养"能胜岗+能转岗"的新媒体复合型网络编辑人才。❷

(三)协同创新,完善校企联合培养体制机制

2014年,陈文耀曾针对部分职业学校网络编辑专业开展调研,发现大多数专业培养方案仍主要以传播学概论、编辑学概论、出版学原理等理论课程为主,除了软件编辑课程等有限的专业技术类课程之外,未能充分反映行业发展前沿。❸近年来,我国部分高等院校和职业学校坚持以市场为主导,主动适应行业发展及企业需求,通过开放办学、专家进课堂、双导师制、项目合作制、共建工作室(实验室)等举措,创新校企联合、产学研一体化人才培养模式,达到双方互利共赢。

其中,北京印刷学院和辽宁警官高等专科学校的相关探索具有一定的启发性。2017年,北京印刷学院与国家新闻出版广电总局联合成立国家数字复合出版系统工程实验室。几年来,针对大数据、人工智能、AR技术在出版传播中的应用,实验室在开展行业培训、教育教学改革、课程体系研发、师资队伍建设等方面发挥了重要作用,已经成为行业一流实训平台。辽宁警官高等专科学校作为辽宁省第一所设置网络编辑专业方向的高校,通过校企共建共享的方式,系统规划、建设了数字编辑实训室、摄录编实训室、网页设计实训室、新闻采访实训室、网络编辑综合实训室等一批实训室和校企合作工作室。❹该校还采用"0.5+1.0+0.5"的教学模式,以项目为导向推进工作室制人才培养与教学内容改革,构建网络编辑专业课程体系。❺

---

❶ 高澜.高职网络编辑人才培养模式的实践探索[J].科技与出版,2014(7):102-104.

❷ 陈蔚峻.高职网络编辑人才培养的发展和创新策略[J].今传媒,2017(2):111-112.

❸ 陈文耀.高职数字出版人才培养策略探析——以网络编辑专业人才培养为例[J].今传媒,2014(6):159-160.

❹ 张爽.网络编辑专业校内实训基地研究[J].软件工程师,2014(6):27-28.

❺ 张爽.大数据时代网络编辑专业的课程设置研究[J].科教文汇,2014(12):43-44.

在民办高校中,上海工商外国语职业学院新闻采编与制作专业(网络编辑专业)从2014年开始与超星合作成立工作室,开办超星实训班,实施全真环境下的情境式教学,并积极建设职业资格证书考核平台,推进校企联合毕业论文设计,取得了较好效果。❶

四、拓展网络编辑人才培养渠道

当前,我国网络编辑,尤其是复合型应用人才的培养与实际需求之间还存在较大缺口。20世纪末,各大网站的编辑队伍以计算机学科背景的从业人员为主。21世纪以来,网络编辑队伍的构成日趋多元化,具有社会学科背景的编辑大量增加。随着互联网在国家政治、经济和文化等方面的作用与地位日益凸显,网络编辑人才培养应进一步强化从业者的网络文化建设者与网络舆论引导者角色。

(一)全国网络编辑大赛成为人才培养重要园地

借助国家和地方、专业领域各级各类网络编辑技能竞赛与相关活动,作为学校专业教学的辅助训练,我国高等院校、职业学校、科研单位、行业协会、互联网企业通力合作,在网络编辑人才培养方面颇有贡献。尤其是诸如全国大学生网络编辑创新大赛、中国大学生新媒体创意大赛、全国大学生数字编辑大赛等全国网络编辑技能大赛,更是引导和提升学生实践能力、拓展网络编辑人才培养渠道的重要园地。

以2015年创办的全国大学生网络编辑创新大赛为例。该大赛由中国编辑学会主办,由电子网络编辑专业委员会组织实施,自创办以来由于得到各相关单位与高校师生的大力支持,涌现出一大批优秀成果、作者和指导教师,社会影响日益扩大。该大赛着力引导大学生创新创业实践,不仅是我国网络编辑人才培养成果展示与交流的重要平台,而且有力促进了网络编辑优秀人才甄选与相关成果转化。通过参加这一重大赛事,不少参赛并获奖的大学生在就业、深造等方面颇受助益,各参赛高校相关专业的师生也受到激励,催生了众多产学研协作成果。

---

❶ 刘向朝.民办高校网络编辑专业人才培养多维路径探究[J].科教文汇,2016(1):37-38.

通过参加"全国大学生网络编辑创新大赛",上海出版印刷高级专科学校以培养互联网站内容建设高级专业人才为目标,将校内实训项目与专业型技能竞赛相结合。针对设计制作类参赛作品要求,相关教师指导学生完成自主策划、设计与制作网站,有效提升学生综合运用专业理论知识解决实际问题的能力。❶

2019年,第五届全国大学生网络编辑创新大赛成功举办,主题为"大数据时代网络编辑与新媒体的责任与创新",充分展示了新中国成立70周年的发展成就与大学生新媒体编辑创新成果。此次大赛中,东北、西北、华北、华中、华东、华南、西南等各分赛区的承办单位多为高等院校和职业学校,师生踊跃参赛,作品形式多样,内容主题非常丰富,涵盖新中国成立70周年年度专题,以及科技教育、环境生态、历史文化、社会生活、"三农"、财经、自选等主题。

(二)贴近地域行业发展实际,产学结合优化人才培养体系

为了引导学生理论联系实际、贴近行业发展,有高校提出"面向应用,道德引领,才能担当,技能优化,产学结合"的"1+3+1"人才培养模式,有益于提升专业人才的平台适应力、信息掌控力、产品原创力、用户亲和力和平台创新力。❷与此同时,部分学校非常重视理论联系实际,充分发挥地域性技能竞赛在网络编辑专业建设中的促进作用。

例如,福建信息技术学院新闻采编与制作(网络编辑)专业探索采用"项目制作"人才模式,立足品牌形象构建与传播,以赛代练,积极组织学生策划、制作作品参加各级各类比赛。该校2015届学生小组创作的《恰时光年少》在"向上·向善"首届福建省大学生微电影大赛暨第二届金海峡国际微电影节上成为唯一入选的高职院校学生作品,获得最佳微电影提名,并获得年度全国职业院校学生技术技能创新成果交流赛三等奖。在第七届海峡两岸信息服务创新大赛暨福建省第十一届计算机软件设计大赛

---

❶ 宫蓓蓓.浅析技能竞赛在高校专业建设中的促进作用——以网络编辑专业为例[J].新闻传播,2019(1):75-76.

❷ 王宏.移动互联网时代网络编辑人才培养模式[J].出版发行研究,2018(4):90-93.

上,该校2018届学生的原创动画作品《功夫鸡》获得一等奖。❶

(三)线上线下相结合,拓展专业教育与职业培训思路

2020—2022年,我国党和政府坚持以人民为中心,贯彻"互联网+"思维,发掘人工智能、大数据、云计算、区块链等新技术的潜能,积极应对疫情带来的变化。以高等院校、职业学校、行业协会为主导,网络编辑人才培养的各方力量也积极创新,利用互联网、局域网、移动通信等形式,突破时空限制,开展在线教育、"云课堂""云培训",不仅成功做到"停课不停学",而且开展了多种多样、丰富多彩的活动。各级管理部门在规划网络编辑专业教育与职业培训时,充分利用直播、视频、小程序打卡签到、微信群互动等方式保障个性化服务质量与定制化体验。为了提升网络编辑从业人员的职业道德、技能水平和创新创业能力,部分专业教育、职业培训、竞赛、活动等也可以尝试向全流程线上化转型。

五、结语

为适应互联网络的迅猛发展,以及促进出版强国、网络强国等战略实施,我国网络编辑队伍建设面临前所未有的机遇与挑战。新时代,我国相关管理部门应主动适应社会与行业需求变化,及时调整人才培养目标,深入贯彻国家相关政策法规,统筹各方优势资源,深化全媒体网络编辑人才培养体制机制改革,有效推进相关从业人员的职业规划、教育、培训与管理,将专业人才培养与岗位评聘、继续教育、专业技能竞赛等相结合,积极探索网络编辑人才培养模式创新发展。

---

❶ 林双琴.高校网络编辑专业品牌形象发展探析[J].湖北开放职业学院学报,2019(12):52-58.

权威与角色
——中国人文社科学术期刊编辑职业文化的话语建构*

陆朦朦

（浙江传媒学院新闻与传播学院）

- 摘　要：学术期刊编辑长期以来面临职业权威性和合法性的双重挑战，而建构职业文化与职业权威是提振学术期刊编辑职业认同感的重要途径之一。本文以52篇中国社会科学院旗下学术期刊编辑的自我叙事文本为经验材料，试图分析和理解学术期刊编辑如何阐释自身职业的角色定位，形成并坚守共同的职业范式与职业文化。研究发现学术期刊编辑在角色认知的隐喻话语、职业生涯的危机话语、职业权威的重建话语及职业伦理的反思话语四个维度上构建其自身的职业文化。中国学术期刊编辑一方面受到国际学术出版规范与标准的影响，构建起与西方学术出版同行类似的职业范式；另一方面又嵌入中国本土的学术出版体制机制、学术文化传统和学术出版实践常规中，体现出中国式学术期刊编辑现代化进程中的本土性特征。

- 关键词：人文社科　学术期刊编辑　职业文化　话语建构

一、引言

　　学术期刊编辑似乎与出版行业中的其他编辑一样，习惯并接受了关于其角色定位的刻板社会想象，即他们所从事的是一份甘为绿叶的无名工

---

* 本文系浙江省哲学社会科学规划课题"全球价值链视角下中国数字版权贸易竞争力研究"（22NDQN259YB）、浙江省高校重大人文社科攻关计划项目"社会资本视域下中国学术出版国际传播的价值共创机制研究"（2023QN059）的阶段性研究成果。

作。当我们谈论学术期刊编辑的时候,也习惯以"为他人作嫁衣"这样的角色隐喻描述这一职业群体。与现实世界中学术期刊编辑身份的弱势地位和隐身状态相似的是,学术期刊编辑作为学术出版机制中的重要一环,在学术交流、学科建设、学术话语体系构建中的角色和力量在学界研究中也处于被低估的状态,尤其是人文社会科学领域的学术期刊编辑,在本土学术思想发现、标识性观点提炼与学术话语组织的过程中具有更深度介入的意义阐释与再生产作用,然而对于他们的自我叙事和他者叙事都处于相对失语的境况。

近年来,关注学术期刊编辑的研究在量上有一定的提升,研究主题主要有两个大的领域:一是集中围绕编辑主体探讨其角色定位、身份认同和职业焦虑等话题,其中最具有代表性、影响最大的"身份焦虑说",认为编辑人员的"身份焦虑实始于20世纪70年代末开始渐趋刚性的编辑职业化的推行,这一制度设计使得学术期刊编辑必须告别'编研一体'的传统而与学术共同体分离",但新的身份认同并未建立起来,从而陷入"如影随形"的焦虑之中❶;另一大研究主题是关注学术出版大环境的变革对编辑实践及编辑个体的影响,这类研究主题普遍关心新的技术工具对学术期刊编辑工作的实际影响,例如有研究通过系统梳理人工智能技术对学术期刊编辑职业发展的影响,指出人工智能技术所带来的学术期刊编辑学术发现和学术创新价值式微、学术角色出现偏差、职业风险陡增、技术性失业危机放大、负性情绪增多等职业困境。❷综上所述,两大研究主题都围绕编辑职业合法性这一核心命题展开,而职业合法性指向社会角色分工的正当意义的赋予,即学术期刊编辑是否拥有明确的被社会承认并与其他职业形式相区别的专业技能、伦理道德等职业边界,并且这种职业边界具有一定时期的稳定性。现有研究通常在"结构—行动"的二元框架下较关注外部结构对编辑职业的影响与形塑及行动者主体面临职业生态变动中的主观能动作用,但对结构性因素与主体能动性的动态交织关系及

---

❶ 朱剑.如影随形:四十年来学术期刊编辑的身份焦虑——1978—2017年学术期刊史的一个侧面[J].清华大学学报(哲学社会科学版),2018,33(2):1-35,192.

❷ 高虹,郝儒杰.人工智能时代学术期刊编辑的职业发展:现实境遇、多重影响与有效应对[J].中国科技期刊研究,2021,32(10):1255-1261.

编辑共同体对此的自我阐释缺乏必要的关注。

在学术交流环境发生巨大变革的时代背景下,尤其是新兴技术的不断迭代及国际化发展的目标定位显著影响着学术期刊编辑的工作实践,中国人文社科学术期刊编辑如何认知自身的职业角色？如何界定学术期刊编辑所需的专业技能？如何阐释自身工作的意义？中国学术期刊编辑职业文化的话语建构与西方同行相比有何异同？这一系列问题引申出对编辑职业的边界、专业主义、文化权威等议题的反思,本文试图通过对中国人文社科学术期刊编辑的自我言说文本进行历时性与共时性分析,对上述问题予以初步探索。通过探寻学术期刊编辑"局内人"的职业认同来源与职业权威的影响因素,对学术期刊编辑职业文化的话语建构进行梳理,提升人文社科学术期刊编辑的职业吸引力和社会认同度,从而助力人文社科学术期刊的高质量发展。

中国社会科学院迄今拥有93种学术期刊,构成国内规模最大、影响最广、水平最高的哲学社会科学期刊群,本文以中国社会科学院科研局策划编写的《"作嫁衣者"说——中国社科院学术期刊编辑心声》为分析样本,该书由52位中国社会科学院学术期刊主编或编辑的自我叙事构成,在一定程度上能够代表和反映当今中国人文社会科学学术期刊编辑的真实职业故事。通过对52份自我言说的文本的分析,观察并透析学术期刊编辑这一群体的职业成长路径,重点关注学术期刊编辑个体关于其编辑职业实践的经验话语与职业意义的阐释话语。通过对52份访谈文本进行反复阅读、对比、提炼与归纳,最终提炼出四类叙事主题：职业角色的隐喻叙事、职业文化的危机叙事、职业权威的重建叙事与职业伦理的反思叙事。通过关注学术期刊编辑对自身从业经历的自我言说和自我理解,进而考察学术期刊编辑主观的个性,以及体验在客观的学术知识生产与传播中形成了怎样的职业认同,并尝试对其进行概念化。

二、无名绿叶与作嫁衣者：学术期刊编辑职业角色的隐喻话语

无名绿叶与作嫁衣者这样的角色隐喻贯穿样本中大多数编辑的自我叙事,也是学术期刊编辑职业生涯中最常见的"不平"。例如,有编辑直

言:"由于编校成果不易被看见,编辑工作就成了真正的'良心'活。如果你比较看重那些评价,看重可见成果的多少,你对编辑工作的投入就会缺乏持续的动力(XHD)。"此类具有代表性的角色隐喻话语背后是编辑工作在社会能见度方面的客观性因素与编研一体的职能叠加的主观性因素的双重影响。从客观性上看,编辑工作的可见性程度较低,导致在与学者的研究工作相比时,学术期刊编辑的职业专业性与饱和度被普遍低估。从主观性上看,从事学术期刊编辑的个体本身是具有某一领域专业知识的科研工作者,编研一体的属性对编辑身份与研究者身份的区分与认知产生主观性上的矛盾心态。因此,在进入学术期刊编辑职业之初,会形成普遍性的职业认同危机与职业价值怀疑:"说实话,我来马研编辑部之前,对编辑工作还不太熟悉,对编辑这个职业也不太认可,对编辑角色的认识也还停留在剪刀加糨糊层面(ZJG)。"

学术编辑职业角色的隐喻话语深刻反映了学术编辑对自身所从事职业的群体内认同与群体外认知的矛盾。在学术期刊编辑从业者群体内部,隐喻话语也成为学术编辑职业认同的一种修辞资源,将学术期刊编辑与其他社会职业进行仪式化区分,从而形成群体内部的认同基础,并且随着从业时间跨度的延伸,对编辑职业角色定位的理解趋向多元和稳定,正如编辑所言:"做编辑的乐趣与享受,是经年累月慢慢积累起来的。越投入,越享受(SM)。"这类被普遍认可的学术期刊编辑角色的隐喻话语最终也能成为一种职业内部自我传承的精神标识。例如,有编辑谈道:"从进编辑部的大门开始,前辈老师就一再教育我,编辑要有奉献精神,甘做绿叶(GCQ)。"

综上,隐喻话语贯穿学术期刊编辑的整个职业生涯,并从职业初期的自我价值怀疑式隐喻转化为职业后期的机制传承共同体式隐喻,正是通过对职业定位的隐喻话语,学术期刊编辑结成一种更为稳固的职业共同体并在群体内部进行代际传承,延续学术期刊编辑自身的集体性。

三、编研一体与工作边界:学术期刊编辑职业生涯的危机话语

学术期刊编辑职业生涯的危机话语交织着职业内部学术期刊编辑主

体双重属性的矛盾性、编辑工作细节的不可见性和职能边界的模糊性等因素,同时也被职业外部更复杂的技术迭代与体制机制所形塑。从样本的经验材料来看,可以将现有学术期刊编辑的职业生涯危机话语总结为两个主要维度,即生存性危机话语和观念性危机话语。

(一)生存性危机话语

生存性危机来源于职业收入的局限与晋升通道的狭窄。研究发现,学术期刊编辑一般比其他类型的编辑更具有学术精英属性,如表1所示,样本中的编辑普遍具有博士研究生学历(82.3%),并有部分编辑(32.7%)在从事编辑工作前有过一段研究工作经历,当"学术期刊编辑大部分来自专业科研人员的转岗,研究人员的职业身份认同要远高于编辑的职业身份认同,无外乎一位资深学报编辑如是说:既然还可以把自己定位为学者的一员,对职业化的'编辑身份'也就处于一种集体无意识之中了"❶。对专业研究者的自我认知与对编辑工作辅助性、低门槛的职业形象认知之间的矛盾张力导致了学术编辑在职业生涯之初的一种落差感。例如,样本中有编辑指出:"那会儿,包括我在内,不少人都认为编辑是门槛很低的活计,从科研岗调整到编辑岗,多意味着科研能力欠缺、潜力不大(XHD)。"当这种落差延续到职称晋升和薪资收入时,生存性危机话语就显而易见了:"一是职称晋升比较缓慢。二是职业发展受到局限。三是编辑的收入偏低。存在优秀编辑流失问题(ZJG)。"

表1 样本所涉52位编辑具体情况统计

类别	数量/位	占比/%	说明
博士学位情况	43	82.3	具有博士研究生学历的情况
研转编情况	17	32.7	在入职做编辑前从事过研究工作
职业焦虑情况	6	11.5	在文本中明确提及职业焦虑问题
编研一体情况	24	46.2	在文本中明确提及应当编研结合

---

❶ 朱剑.如影随形:四十年来学术期刊编辑的身份焦虑——1978—2017年学术期刊史的一个侧面[J].清华大学学报(哲学社会科学版),2018,33(2):1-35,192.

续表

类别	数量/位	占比/%	说明
高级职称情况	49（研究员序列21，编辑序列28）	94.2	具有高级职称的情况

究其根源，生存性危机话语受到现行学术出版与评价体制机制的约束，充分展现了编辑职业理想与现实间的张力："职称评定的分割，研究序列参评OR编辑序列参评，考核标准不同，但难以对兼及研究工作和编校工作的学术期刊编辑工作特殊性予以全方位的考量（LYM）。"从编辑工作内容要求看，尽管最初投身学术编辑职业的初衷不尽相同，但都需要在日常实践中接受学术生产常规和组织运作常规的规训，在资深编辑的引导下习得专业技能并内化为学术编辑的规范性操作，同时，学术期刊的编辑人员又不能仅仅承担"编务化"的功能，只把刊物工作理解为编务工作，而忽略更重要的学术洞察力、判断力和鉴赏力的敏感性要求。实践工作中的双重工作属性要求编辑具备"编研一体、以研促编"的自觉，但在考核评价晋升机制中却"对学术编辑采用非学术类普通编辑的评价方式，这是学术编辑难以获得成就感与荣誉感的重要原因（LXB）"。

（二）观念性危机话语

观念性危机是在生存性危机之上对编辑职业之合法性和权威性的反思，这类反思首先表现在对学术交流环境的去中心化的担忧。例如，有编辑指出："学术期刊作为学术交流主要媒介的地位受到技术环境变革的深刻影响，导致学术期刊作为研究前沿内容提供者的功能被大大削弱，而更多地成为现行学术体制下'质量鉴证者'而存在。学者之间交流的便利性使得学术层级结构扁平化，学术期刊及编辑的去中心化愈发明显，期刊的权威性得到'祛魅'，仅仅成为一种学术认证的制度化工具（CL）。"其次表现在匿名外审制度和编辑部三审制的总体制度框架下，普通编辑的价值式微，导致编辑工作得不到正确对待和理解，以至于"普通编辑就类似于一个初筛的工具，一个只是修改错别字、注释与标点符号较劲的编校技术工人(LGZ)"。因此,学术期刊编辑职业生涯面临普遍性的职业成就感偏低状况。编研一体的双重身份属性没有得到一个合理有效的激励制度托底,就会造成编辑身份与研究身份冲突下的总体性责任义务模糊,正如有编辑所言:"有时候你会搞不清自己的身份,是编辑?我的职业成就感和自豪感在哪里?如果必须用科研文章的数量来衡量我,为什么我要做编辑……为他人作嫁衣裳呢(LGZ)"。正是编辑幕后工作难以在前台得到有效的呈现,通常附着或隐没在作者的文章之中的现实,在一定程度上造成了编辑对自身工作成就感不足的观念性认知。

四、先验知识与学术策展:学术期刊编辑职业权威的重建话语

危机话语体现出学术期刊编辑群体对编辑职业文化权威失落的担忧,但学术期刊编辑职业文化的话语建构并非仅仅停留在对危机与焦虑的叙事中,而是通过对职业权威的概念化构建来回应上述危机话语,这类重建话语涌现出三种主要的身份表达:从学术价值水平的鉴定人到学术知识交流的策展人,再到学术生态平衡的调理人,表现出学术期刊编辑从消极的中立到积极参与的职业权威构建路径。

(一)学术价值水平的鉴定人

学术期刊编辑的文化权威之一来自学术共同体对以可信任的方式提供高质量审稿能力的依赖。"编辑需要在编辑部意见、外审专家意见与作者反馈意见的交流中扮演重要的'学术媒介'的角色(LHT)"。因此,学术期刊编辑具有独特的问题意识和理论自觉,具备在某一学科专业领域的先验性知识结构和学术洞察力,以便在选题价值、问题意识、逻辑论证、篇章结构等论文质量与价值判断中具备一种专业主义技能"判断文章质量时第一看选题价值,第二看问题意识,第三看文章架构结构,看过很多篇文章之后,审稿时就会有感觉了(LHT)",这种感觉正是学术期刊编辑的专业主义。但与学者的理论自觉不同,编辑的理论自觉不仅在于某一领域的精深,更在于博观而约取;不仅在于专攻,更在于发掘和传播优秀的学

术成果❶,因为"尽管审稿人能够对于研究成果的原创性、前沿性和正确性给出判断,却难以精确把握期刊的选题导向和学术风格、投稿的平均质量与分布情况,并且通常并不关心论文进一步修改的潜力(CL)"。因此,编辑对匿名评审意见的选择和判断很重要,作为一个学术编辑,其认真程度、专业性和建设性构成了匿名评审质量的主要部分。

(二)学术知识交流的策展人

"策展"一词可追溯至其拉丁词源CURA——造物主,后被艺术领域用来称呼那些对艺术品进行搜集、整理、储存、评估的专家,形成了现代社会对策展的一种工具性定义。❷随着智能媒体时代新闻生产流程中多元传播主体的加入、多样态新闻叙事的出现,策展一词也被逐渐引入到对新闻编辑职业角色的重新定位中,以此赋予编辑职业荣誉感与仪式感。❸策展转向强调的是一种对高价值内容进行打捞与重组的创造性劳动,这与学术期刊编辑在学术传播去中介化的大背景下的职业定位转型具有很好的契合性,通过学术期刊的社会活动能力、学术策展能力与话题引领能力,将原本属于编辑职业素养的"编校工作"的通识化工作转化为集判断能力、创意能力和组织能力于一体的高级学术策展素养。例如,"《社会学研究》编辑部的微信公众号'社会学研究杂志'2021年也设立了新的专栏'作者手记',邀请新近刊文的作者为读者分享论文写作背后的故事,希望帮助年轻学者了解名篇背后的'脚手架'是如何搭起来的(YK)"。学术期刊编辑通过正式的专栏专题策划及非正式的学术沙龙等组织进行主动性、引领性和类型化的学术传播,在学术共同体内激活良性循环的学术交流气候。

---

❶ 李二斌.学术期刊匿名评审的潜在风险及治理路径——兼议编辑主体性的发挥[J].出版发行研究,2020(9):41-49,33.

❷ 王敏.从把关到策展:一项新闻生产的观念史考察[J].编辑之友,2021,303(11):86-94.

❸ 戴宇辰,苏宇.从把关人到策展者:智媒时代新闻编辑角色转型的内在逻辑[J].中国编辑,2023(Z1):42-47.

(三)学术生态平衡的调理人

学术期刊编辑的重建话语最终落脚到对编辑这份工作的公关价值和利他属性的认同。在样本的自我阐释中,首先,学术期刊编辑有责任也有义务推动高价值学术成果的社会化传播和助力学术共同体的代际传承与发展。例如,有编辑提出,"编辑的价值,不在于文字处理,而在于价值引导。推动学术发展和良好的学术生态。例如《中国工业经济》的'两个公开'——公开论文原始数据和程序、公开部分论文评议过程,开国内中文经济学、管理学期刊之先河(WYM)"。其次,编辑在学术发表与出版链条诸环节中的筛选判断作用使编辑审稿从责任和义务转化为一种可能的权力机制。因此,学术期刊编辑需要站在良性学术生态的调理人的立场,疏通正常的学术发表通道,以文章质量为第一标准,平等对待作者,给予青年学者和博士生稿件以一定的宽容和机会,对青年科研人员的关怀与扶持也是学术期刊编辑体现其自身公共属性与价值的方面。例如,"《财贸经济》理解青年科研人员面临的现实处境,在选题、选稿、外审、刊发和推广等各个环节的编辑制度中落实解决问题的切实举措,提高对研究"新问题、真问题"的稿件的容忍度和耐心(WZX)"。最后,学术期刊编辑维持学术生态平衡的最终目的是促进学术共同体的凝聚与学科的发展,从而真正形成国际性的学术话语权。例如,"近二十年来,《方言》编辑部积极开展学术交流与学术公益活动,在促进学术发展和人才培养方面下了大力气,主办的学术会议平均每年有4~5场;自2013年以来,每年主办1~2种方言田野调查高级研修班,锻炼了队伍,扩大了学术影响力,收到了良好的社会效益(SM)"。

五、编辑经验与职业范式:学术期刊编辑职业伦理的反思话语

首先,职业伦理是伴随着社会分工和职业的形成而产生的,是人们在职业活动中表现出来的所有价值观念、规范体系与主体品质的统一。❶学术编辑角色是编辑个体、出版机构与学术出版体制共同塑造的话语产物,多样化的个体特质、职业惯例、组织约束与社会网络之间的互动关系势必

---

❶ 肖群忠.职业伦理的现代价值与当代中国的成功实践[J].道德与文明,2022(2):15-24.

在编辑实践中产生一定的伦理困境。

首先,在处理所谓的"关系稿"上的编辑反思性话语很好地体现了上述困境。学术期刊编辑的工作职责要求其展开对学者群体的多层次社会交往,但频繁密切的交往使得私人情谊在工作场合进行延伸,干预正常的审稿程序,导致产生非正常学术稿件发表的可能空间,引发编辑对自身职业伦理的阶段性困惑与反思。例如,有编辑直言"这些年,从一名小编辑,到开会或其他场合中别人'恭敬有加'的对象,并不是说我个人的编辑业务能力有了怎样的'飞升',或者我的学术判断力、影响力如何突飞猛进,而是学术刊物为我罩上了并不属于我的光环,对此不仅要有清醒的意识,而且断不能依凭自己学术编辑的身份,获取不正当的权力(YBW)"。学术期刊编辑的社会身份、利益获取、社会交往、自我实现主要是通过编辑职业活动实现的,但不应超脱正常的职业边界,使个人利益与私人情谊延伸至学术场域,干扰学术发表的程序正义:"编辑的眼里只应有文章或成果,而不应有作者的背景;心里有的应是文章的价值、文章的贡献及文章可能产生的影响,而不应是作者的身份、地位和名气(LJH)。"

其次,平衡好编辑工作与科研工作的边界也是职业伦理反思话语中显现出来的一大主题。尽管在实际工作中,"特别是那些付出相同时间与精力,研究成果比编辑成果个人收益更大"的编辑人员,他们留在编辑岗位的意愿以及投入编辑工作的精力与时间是很容易打折扣的……从研究成果上说,有研究能力并愿意从事研究的编辑人员,其编辑工作主要是"成全"别人的研究工作,但不能或不能直接"成全"自己的研究工作,这可以说是一种牺牲……如果这种牺牲不能在机制上有所补偿而形成激励,那么可想而知的结果就是,编辑队伍及其工作状态的不稳定(JCW)。但与其他职业相比,学术期刊编辑职业的正规化与合法化过程并不是要将编辑的知识场域与学者的知识场域进行边界区分[1],而恰恰相反,两者在学术期刊编辑的职业情境中是"编研相长"的。"尽量做好研究,研究做好了,才能与学界展开充分、平等的交流与合作,才能真正把握学术发展方向,了

---

[1] 白红义.边界、权威与合法性:中国语境下的新闻职业话语研究[J].新闻与传播研究,2018,25(8):25-48,126.

解学科人才队伍建设情况。实际上,编研就好像是两套武功,各有各的套路,各有各的讲究。但两套都练好了,绝对是可以相辅相成的(SM)。"学术期刊编辑工作与科研工作一样,"也是一门学问,只不过科研人员的科研成果是以论著的形式发表出来,而编辑的成果则隐含在科研人员的文章内,让科研人员的成果能更好地展示出来(LXL)"。但编研结合的内涵是多元的,"对于'学者型编辑'要有恰当的理解,避免陷入'学者型编辑=发表学术论文(著作)'的思维定式(ZFXF)"。将编辑技艺与专业学问融会贯通于编辑主体的学术眼界、学术素养与学术判断,最终实现对学术交流的增益和学科建设的贡献。从前文表1中可以看到,有46.2%的编辑明确提及应当鼓励形成编研结合的工作属性,在对52位编辑职称序列的统计中也发现,高达94.2%的具有高级职称,而在具有高级职称的编辑中有42.9%是研究员序列的高级职称,也反映出编辑人员在选择晋升通道时的融合性。

六、结论与讨论

马克思在《青年在选择职业时的考虑》一文中指出:"我们的使命绝不是求得一个最足以炫耀的职业,因为它不是那种使我们长期从事而始终不会感到厌倦、始终不会松劲、始终不会情绪低落的职业。"他还指出:"在选择职业时,我们应该遵循的主要指针是人类的幸福和我们自身的完美。"编辑职业文化话语中折射出马克思在职业选择思想中提及的利他与利己的辩证关系。

首先,在学术期刊编辑寻求职业专业化与合法性的过程中,始终存在边界划定与边界突破的矛盾,即作为学术期刊编辑的主体在区分自身的编辑身份与学者身份的界限时难以形成清晰的边界,而真正达成职业权威的编辑主体恰恰是在编辑身份和学者身份边界的重合地带扎根的那群人。因此,编辑职业文化的话语构建重点不在于区分而在于阐释,阐释作为学术期刊编辑在学术判断、学术鉴赏、学术服务与学术引领中的专业主义,从而明确编辑在整个社会文化中的合法性位置。从学术期刊管理的角度看,应该打通学术研究和学术期刊人才区隔,形成"研而优则编,编而优则研"的"旋转门"机制❶，并配套保障和促进"旋转门"机制得以顺畅运行的转换晋升通道与激励措施，在体制机制上确定学术期刊编辑与学术研究人员的平等地位，鼓励研究人员与期刊编辑双向输送和任职。

其次，仅仅把机构归属或职称序列作为物理边界建构学术期刊编辑的职业权威难以形成可持续的学术期刊发展人才支撑，而把职业文化话语等柔性边界作为职业权威建构的重要组成部分更可能形成一种共享的、可传承的学术期刊人才建设体系。将学术期刊编辑从业者群体看作一个"话语共同体"，从他们的话语实践中去找寻学术期刊编辑职业权威的根基，突出编辑工作的公共性意义，构建职业理想与职业情怀的话语策略，正如有编辑所言"编辑是一种经验，编辑是一种学问，编辑是一种情怀"。从学术期刊服务的角度看，可以充分发挥学术期刊编辑的学术知识策展人和学术生态平衡调理人的作用，延展学术期刊编辑的职能范围，构建学术期刊编辑作为学术交流媒介的职业气质，提升编辑职业的社会可见性与认可度，从而凝聚学术共同体，形成职业自信。

最后，在中国语境下的学术期刊编辑职业文化构建具有深刻的中国式特征，尤其是在构建中国特色的哲学社会科学学科体系、学术体系、话语体系的大背景下，学术期刊编辑作为一个独立发展的职业群体，在中国学术高质量发展与国际影响力提升的过程中扮演了重要角色、肩负着重要职责。学术期刊编辑职业文化的话语构建本身也是话语体系的一部分，并且能够促进学科体系、学术体系的建设。中国式学术编辑职业文化话语表现出鲜明的公共性、集体性与传承性的特征，通过对学术公共利益的价值感、集体荣誉的归属感以及学术传承的成就感的反复强调，更好地阐释和理解变动不居的学术出版环境下编辑职业的边界、权威与合法性问题。从学术期刊建设的角度看，应当突出学术期刊编辑职业范式的中国式特征，重视职业文化的传承性，从编辑工作的集体主义寻找编辑身份认同，回归学术期刊在学术交流中的元功能。

---

❶ 谢寿光.中国式现代化与中国学术出版高质量发展[J].现代出版，2023(2)：1-4.

融媒体环境下我国出版专硕人才培养模式研究

陈凤兰
（北京印刷学院出版学院）
简文静
（北京印刷学院出版学院）

- 摘　要：在媒体融合的环境下，出版的融合发展需要符合行业发展趋势和产业动态的技术型、应用型和复合型人才，只有雄厚的创新人才储备，出版行业才能长盛不衰。高校作为出版人才培养的主力军，应该紧紧围绕国家政策和环境变化，了解当下及未来所需人才的特点和要求，在传统出版培养模式上提出新的战略，避免与产业脱节，从而造成所需人才的匮乏，导致出版融合难以高质量发展。本文基于16所国内高校出版专业研究生的培养方案，分析在融媒体环境下各高校在出版教育方面作出的应对，具体从学科专业方向、培养目标、课程设置、实践环节等方面出发，探讨如何完善我国出版人才的培养模式。

- 关键词：出版教育　融媒体　培养模式　问题与建议

一、引言

　　媒体融合从2013年提出后就一直是被重点关注的话题，鉴于意识形态工作的重要性，结合技术环境的需要，出版融合逐渐发展起来。在2022年4月中共中央宣传部印发的《关于推动出版深度融合发展的实施意见》中要求"建强出版融合发展人才队伍"，其中很重要的一条就是发挥高校人才培养的重要作用。习近平总书记多次强调"人才是第一资源"，对出

版人才的培养是出版事业不断发展的动力源泉。❶

　　数字时代的到来改变了许多媒体的应用形态,尤其是出版信息资源的产生和获取方式已经产生了巨大的变化,从传统媒体到新媒体的过渡中形成的融媒体环境就是顺应市场需求所衍变的结果,出版的深度融合是一个不断被推动的进程,因此对于人才的培养刻不容缓。❷

　　中国互联网络信息中心(CNNIC)发布的第51次《中国互联网络发展状况统计报告》显示,截至2022年12月,我国网民规模达10.67亿,互联网普及率达75.6%。融媒体环境使得用户获取信息资源产生了巨大的改变,从单一媒体到多种媒体并存,都是出版融合涉及的领域。在艾瑞咨询发布的《2021年中国图书市场报告》对于用户的调查显示,"纸电声+知识服务+软硬件"的阅读全生态平台是用户首选,移动端阅读方式的占比不断上升,新媒体优势不断凸显。❸面对用户需求的不断变化,出版行业也在不断地进行技术变革,致力于在技术与出版结合的道路上不断探索媒体融合的新模式,就是需要在对应的环节,即选题策划、内容获取、产品设计等方面作出创新,只有培养和建设复合型出版人才队伍,才能推动出版行业更新发展。

　　技术环境发展推动出版产业的变革,遵循产业动态的发展规律,逐渐打造符合媒体融合的产业才能满足需求,完成自身的升级和转变。这些方面的发展都离不开专业人员的努力,其本质就是要培养符合出版产业发展需求的人才。在不断进行媒体融合的背景下,政策和市场不断推动以内容为主的出版产业进行深度融合,其中出版业界一直在用行动支持人才的培养。例如,2022年7月24日,首届全国出版学科共建工作会胜利举行,旨在加快推进出版学科的高质量发展。企业与高校的合作不仅可以紧跟行业发展的步伐,而且还为出版教育工作提供现实的学习平台,不断提升出版人才的专业能力。在当前环境下,以内容生产为基础的出版业积极抓住机遇,出台了一系列人才培养政策,在引进人才、培养人才、留

---

❶ 徐依然.浅析媒体融合背景下出版业复合型人才的培养[J].编辑学刊,2023(2):111-115.

❷ 刘金荣.融媒体时代高校数字出版人才培养模式研究[J].黄山学院学报,2018,20(4):134-137.

❸ 艾瑞咨询.2021年中国图书市场分析报告[R].2021,6(14).

住人才等方面做了一些探索和尝试,这些方式已经体现在出版行业和教育当中。

在融媒体环境下,出版行业融合的高质量发展一直是业界关注的重点,政策方面也在不断推动出版的深度融合,强调了人才资源的重要性。

本文从融媒体环境的背景出发,基于培养方案具体分析高校出版专硕人才培养模式的主要内容、特点及存在的问题,最后提出完善高校出版人才培养模式的建议。

二、国内高校出版专硕人才培养模式分析

本文基于我国16所高校官网提供的出版专硕培养方案内容的梳理,从学科专业方向、培养目标与方式、核心课程及实践环节等方面探讨在媒体融合的环境下出版人才培养方面存在的利与弊,进而产生对问题思考,最后提出建议(如表1所示)。

表1　国内高校出版专硕培养方案内容

学校名称	学科方向	培养目标	培养方式	核心课程
南京大学	1. 图书出版 2. 报刊出版 3. 音像出版 4. 数字出版(含大数据出版) 5. 出版物编辑 6. 出版物营销 7. 出版经营与管理 8. 外国出版	—	采取导师指导与集体培养、学校导师和行业导师相结合的培养方式。课程学习与出版实践紧密结合。在导师指导下参加出版实践,加强实践能力的培养	数字出版与技术 出版电子商务 出版网站设计与管理 出版信息检索

续表

学校名称	学科方向	培养目标	培养方式	核心课程
武汉大学	1. 编辑出版学 2. 数字出版	培养具备坚实的现代信息管理学理论基础,扎实的信息技术与方法,具有适应当前社会需要和未来发展的综合素质与实践能力,面向宽广的信息领域,能在国民经济与社会各行业、编辑出版、数字出版、电子商务、数据管理与数据应用方面的研究型、复会型、引领型高级人才	—	数字媒介传播 新媒体编辑 出版物设计与制作 数字资产管理 媒介经营与管理 出版电子商务
复旦大学	1. 出版业务实践 2. 数字出版	"出版硕士"专业曾在培养拥有宽广的知识面和合理的知识结构具备系统的编辑出版学理论素养与实践技能,并掌握网络与电子出版的相关知识与技能。能在书刊出版、新闻宣传和文化教育部门从事编辑、出版、发行业与管理工作,以及教学与科研工作的编辑出版高级专门人才	—	偏传统出版课程

续表

学校名称	学科方向	培养目标	培养方式	核心课程
华东师范大学	1.书刊编辑出版 2.数字出版	培养德才兼备。掌握出版专业知识和技能。具有较宽的知识面，能够综合运用多学科专业知识解决出版业实际问题，适应社会主市场经济发展和出版业需要的高层次、应用型、复合型专门人才	采取导师指导与集体培养，学校导师和行业导师相结合的培养方式。课程学习与出版实践紧密结合	网络出版物编辑 出版业电子商务 出版网站设计与管理
中国传媒大学	1.编辑出版理论 2.出版经营管理 3.数字出版	本专业培养具有编辑出版专业系统知识和高水平实践能力的高层次、应用型专门人才。掌握较系统扎实的编辑出版基础理论和专业知识，掌握编辑出版活动的实践特征和出版业发展态势，具有良好的人文、传播素养，得到相应的实践训练，适应传统出版、数字出版、媒介融合等媒介发展需要	为整合编辑出版研究中心的优势学科资源，结合编辑出版学的学科特点，强化应用型高级人才的相关能力训练本中心的硕士研究生培养实行导师组集体指导和个性化培养相结合	偏传统出版课程

续表

学校名称	学科方向	培养目标	培养方式	核心课程
四川大学	1. 出版策划与营销 2. 数字人文出版 3. 书业与阅读	—	四川大学严格遵循"双导师制",执行校内导师和业界导师联合培养方式。力求将出版理论的学习与出版实践的参与相结合,拓宽学生对出版产业生存与发展的认知视野,使学生成为既擅长业务实践,又能结合实践进行理论研究以解决实际问题的新型出版人才	书籍装帧与电脑排版 多媒体与电子出版业 数字出版及技术 数字人文与出版
湖南师范大学	出版实务与理论	本专业学位主要为书刊以及数字出版行业培养具有政治素养、职业道德、文化底蕴、专业技能和创新精神,适应中国特色出版发展要求的应用型、复合型的高层次编辑出版专门人才	以职业需求为导向,以实践能力培养为重点,以产学结合为途径	数字出版与新媒体 网络出版物编辑 网络软件应用

续表

学校名称	学科方向	培养目标	培养方式	核心课程
安徽大学	不区分	关注出版行业和专业前沿，培养德才兼备，掌握出版专业知识和技能，具有较宽的知识面，能够综合运用多学科专业知识解决出版业实际问题，适应社会主义市场经济发展和出版业需要的高层次、应用型、复合型专业人才	采取导师指导与集体培养、学校导师和行业导师相结合培养方式	数字出版与技术新媒体与出版
南昌大学	1.苏区文化出版 2.出版创意与营销 3.编辑出版实务 4.新媒体与数字出版	学位点注重理论与实践的结合，融通课堂内外，致力于培养兼具理论素养与实践能力的专业人才	学位点根据时代的变革和行业发展前沿，探索创新人才培养的方式方法	数字出版与技术 数字营销理论与实务 高级新闻采编实务 高级广告实务
暨南大学	1.跨媒介数字出版与产业化 2.新媒体编辑 3.版权管理与运营	培养掌握出版专业理论知识、具有较强解决出版行业实际问题的能力、能够承担出版专业技术或管理工作、具有良好职业素养的高层次应用型人才	采取导师指导与集体培养、学校导师和行业导师相结合的培养方式	数字出版与技术 出版物编辑与制作 文化创意与新媒体 国际版权贸易 融媒体发展研究 信息检索

续表

学校名称	学科方向	培养目标	培养方式	核心课程
华南师范大学	1. 编辑出版业务 2. 出版产业与媒介经营管理	—	采取导师指导与集体培养、学校导师和行业导师相结合的双导师制培养方式。出版专业硕士研究生在导师指导下参加出版实践，加强实践能力的培养，采取课程学习实践教学和学位论文三大环节相结合的培养方式	新媒体出版研究 传播专题研究 视听节目策划与制作 文化创意产业研究
北京印刷学院	1. 编辑出版 2. 出版产业与管理 3. 数字出版	培养能坚持习近平新时代中国特色社会主义理想信念，全面发展掌握出版专业知识技能，能够综合运用多学科专业知识解决出版业实际问题，适应社会主义市场经济发展和出版业需要的高层次、复合型、应用型专门人才	1. 采用全日制研究生管理式，实行集中在校学习； 2. 采取导师指导与集体培养、校内导师和校外兼职导师相结合，校内导师指导为主的培养方式； 3. 课程学习与出版实践紧密结合	出版物编辑与制作 数字出版与技术 数字出版产品设计与开发 媒体策划 智能媒体运营新媒体创意与营销 印刷流程与数字印刷

续表

学校名称	学科方向	培养目标	培养方式	核心课程
河南大学	1.编辑出版业务 2.出版管理与策划 3.新媒体出版	培养坚持四项基本原则、坚持改革开放、德智体全面发展，具备良好政治思想质和职业道德素养掌握出版专业知识和技能，具有较宽知识面，能够综合运用管理经济等知识解决出版业实际问题适应现代出版业发展需要的高层次、复合型、应用型出版专门人才	出版硕士培养突出出版实践导向注重发挥实习基地的重要作用	数字出版 出版物设计与生产 国际出版 出版策划与市场推广 传媒经济研究
上海理工大学	1.出版经营管理 2.数字编辑 3.数字营销	本专业培养具备良好的政治思想素质和职业道德素养、具有编辑出版专业系统知识高水平实践能力的高层次、复合型、应用型专门人才	—	数字出版及技术 数据分析与统计建模 XML技术与应用 数据挖掘基础与应用 数字媒体技术与应用 网络出版物编辑 数字媒体界面设计

续表

学校名称	学科方向	培养目标	培养方式	核心课程
济南大学	1. 数字出版 2. 传统文化与出版 3. 出版实务	培养德才兼备,掌握出版专业知识和技能,具有较宽的知识面,能够综合运用多学科专业知识解决出版业实际问题,适应社会主义市场经济发展和出版业需要的高层次、应用型、复合型专门人才	1. 采取导师指导与集体培养学校导师和行业导师相结合的培养方式; 2. 课程学习与出版实践紧密结合; 3. 研究生在导师指导下参加出版实践,加强实践能力的培养	数字出版与技术 网络出版编辑
广东财经大学	1. 编辑出版 2. 出版产业经营与管理 3. 数字出版与媒体融合	立足粤港澳大湾区,依托学校特色和优势,培养既能胜任各类新闻出版机构全媒体编辑、融合出版和经营管理等专业工作,也能胜任政府部门及其他企事业单位有关编辑宣传、公关广告、活动策划等相关工作的高层次、应用型、复合型出版专业人才	全日制实行集中在校学习方式,实行校内外双导师制	融媒体创意与策划 出版业电子商务 数字媒体技术 出版物编辑与制作 数字出版及技术

资料来源:相关高校官方网站。

表1中,国内高校面对媒体融合的产业发展趋势,对其人才培养方案作出调整与改革,以满足社会与相关产业对人才的新需求。

(一)学科专业方向的数字化

随着技术和媒体融合的蓬勃发展,很多高校的出版专业硕士学科的专业建设一开始就设置了数字技术、出版融合等相关方向,媒体融合技术与出版行业的结合是必然的。从表1可以看出,有10所高校的学科专业方向包含数字出版,除湖南师范大学只设立了出版实务与理论的方向和安徽大学对学科方向未做区分外,其他高校对出版专业硕士学科专业方向的建设均涉及数字和媒体融合领域,可以说许多高校对于培养复合型人才都具有现实性和前瞻性,充分了解出版行业对所需人才的要求,从而能够进行更加专业化、定制化的人才培养。

(二)培养目标与培养方式与时俱进

相关16所高校的培养目标皆是培养德才兼备,掌握出版知识和技能,能够结合实际情况解决问题,可以胜任多个方面工作的高质量、复合型人才。不难看出培养方案对于目标人才的培养紧紧围绕环境发展的需求,其中还有一些高校的培养目标特点鲜明。例如,广东财经大学依据自身的地理位置,明确指出要立足粤港澳大湾区,依托学校本身的特色和优势,培养能胜任专业领域和事业单位的出版人才。有9所高校的培养方式强调双导师机制,即采取导师指导与集体培养、学校导师和行业导师相结合的双导师制培养方式。可以看出高校对于出版专硕的培养一直在融入现实需求与实际环境当中,避免与产业脱节。通常任课教师按照培养方案和教学大纲完成相关的教学内容,每个阶段都有对应的任务和考核,在专业学习的基础上不断加强学生的实践能力,保证人才培养质量。

(三)出版融合下的核心课程设置

通过调查发现,相关16所高校均开设了关于数字出版、技术学习、媒体融合等方面的课程,体现了各大高校在面对融媒体环境所需求的知识学习和技术实践趋势所作出的人才培养方面的努力,除复旦大学和中国传媒大学的课程设置偏于传统外,其他14所都开设了数字出版或数字出版技术等相关课程。当然还有的高校课程设置更加专业化。例如,武汉大学开设的数字娱乐产品设计、暨南大学的融媒体发展研究、北京印刷学院的智能媒体运营、上海理工大学关于"数字"的系列课程等。有些高校处于拓宽"出版"内涵与外延的阶段，融会了跨学科的理论知识体系与课程；也有像北京印刷学院这样单独设立出版学院的，学科方向与课程内容高度凝练，以便加强更专业化的人才培养。鉴于出版融合的新发展，出版专业核心课程将会变得更加多元化与细分化。

调查显示，相关16所高校培养方案中的实践环节设计与内容也体现了媒体融合发展时代人才实践能力培养的新特点，实践教育紧跟时代发展，密切结合社会与企业对人才的需求(如表2所示)。

表2 国内高校出版专硕实践环节内容

学校名称	实训平台	学术动态	国际交流	专业实践
南京大学	1.南京大学出版研究院 2.国家新闻出版署"智慧出版与知识服务重点实验室" 3.出版融合战略发展研究所	全国大学生出版创意大赛	面向香港、澳门、台湾地区招收研究生	从事具体出版物编辑、印刷、复制发行、管理等观摩与实践，由教师组织，出版单位指导
武汉大学	1.数字出版研究所 2.出版发行研究所	1."武汉大学出版学研究生培养与学科建设高端咨询会 2.推进出版智库高质量发展 3.珞珈信管出版论坛：校友练小川教授开讲美国大学出版简史	1.武汉大学国际联合培养项目-法国诺欧高商：3+1+1模式，专业不限 2.施普林格-自然集团汤恩平博士一行来访	平台课程的教学实践环节包括：Python语言、数据库原理、信息系统分析与设计和社会调查与统计分析的实验课程

续表

学校名称	实训平台	学术动态	国际交流	专业实践
复旦大学	1. 国际出版研究中心 2. 成果转换平台	讲座论坛	—	能独立进行出版实践活动,开展出版的理论研究,发表论文和著书立说;具有较强的调查研究能力、文字表达能力和计算机运用能力;硕士学位论文经过修改后能在国内核心期刊上正式发表;能独立地开设本专业的基础课或选修课
华东师范大学	1. 上海出版研究院 2. 合作共建:华东师范大学出版社中信出版集团等	探索学科新发展,出版学科发展与专业建设研讨会	1. 美国佩斯大学出版专业4+1本科硕士衔接项目 2. 厄瓜多尔驻上海总领事馆向华东师大图书馆捐赠出版物	从事具体出版物编辑、印刷、复制发行、管理等观摩与实践,由教师组织,出版单位指导
中国传媒大学	1. 融合出版与文化传播国家新闻出版署重点实验室 2. 学术平台发展中心	开设专家讲座	—	参加学术活动和相关岗位实践

续表

学校名称	实训平台	学术动态	国际交流	专业实践
四川大学	—	1. 四川大学出版学院入选国家新闻出版署2022年度出版智库高质量建设计划 2. 四川大学古籍整理研究所郭齐、尹波编注的《朱熹文集编年评注》出版受到海内外广泛好评	1. 英国伦敦玛丽女王大学3+1+1川大文凭,申请硕士项目,专业不限 2. 日本北海道大学2+1+1川大文凭,专业不限	校内授课主要集中在第一学年,第二学年开始安排业界实践,第三学年以完成学位论文为中心,提升专业理论修养,对实践中发现的问题进行可操作的解决方案设计或项目创新
湖南师范大学	出版科学研究所	1. 外聘专家老师授课讲座 2. 中南出版传媒集团战略合作协议签约仪式暨共建一流出版学科,培养卓越拔尖人才高峰论坛	新闻与传播学院研究生国(境)外交流学习,台湾师范大学招收编辑出版方向研究生	本专业研究生必须从事书刊或数字出版物的策划、编辑、复制、发行管理等方面的观摩与实践。专业实践采用分段实践和集中实践相结合的方式。专业实践以集体实践为主研究生自主实践为辅。在课堂教学中和校内学习期间,必须强化专业实践意识
安徽大学	融媒体出版研究中心	开设专家讲座	—	专业实习不少于6个月

续表

学校名称	实训平台	学术动态	国际交流	专业实践
南昌大学	1.中央苏区红色文化传播研究中心 2.江西媒体融合发展研究中心 3.产教融合研究生联合培养基地融媒精英研究生班	开设专家讲座	—	本学位点积极吸纳学生开展各类科学研究课题，做好教研相长，针对出版实践进行理论研究和学术训练：一是教师吸收学生参与自己的应用研究课题，学生全程跟进和学习；二是学生自己申报、开展研究生科研项目，教师全程指导，科研项目式学习进一步加强学生的专业技能
暨南大学	港澳暨海外文献出版传媒中心	开设专家讲座	—	研究生从事具体出版物编辑、印刷、复制、发行、管理等观摩与实践，由教师组织，出版单位指导。研究生在学期间参加相关专业学术前沿讲座不少于10次

续表

学校名称	实训平台	学术动态	国际交流	专业实践
华南师范大学	—	开设专家讲座	—	实习实践时间不少于6个月,实习结束后,撰写实践总结报告,通过后获得相应的学分
北京印刷学院	1. 跨媒体出版北京市重点实验室 2. 北京文化产业与出版传媒研究基地 3. 国家数字复合出版系统工程实验室 4. 新闻出版领域关键技术应用研究与服务综合实验室 5. 国际科技合作基地 6. 国家出版智库	1. 开设专家讲座 2. 开展专题研讨会 3. 读书阅读分享会(直播形式) 4. 线下出版活动	1. 北印与英国斯特灵大学传播学(国际出版)专业"3+1"本硕连读国际班 2. 暑期学生赴境外短期专业培训项目,新加坡国立大学 3. 斯特林教授外聘出版学院老师	—
河南大学	河南大学编辑出版研究中心	开设专家讲座	河南大学出版社亮相2023年法国巴黎国际博览会	本专业硕士研究生在中期考核前应在公开期刊发表至少1篇本专业领域的学术论文,署名为第一作者;或参与省部级以上项目1项,或厅级项目至少2项;或者参编教材、专著2万字以上

续表

学校名称	实训平台	学术动态	国际交流	专业实践
上海理工大学	可信数字版权生态与标准重点实验室澎湃新闻·融媒体素养培训班	1. 数字化战略视域下的中国特色数字出版理论建构学术研讨会 2. 开设专家讲座 3. 出版学学术夏令营活动	—	研究生在学期间必须保证不少于0.5年的科研训练和专业实践,应届毕业生的科研训练和专业实践不少于1年
济南大学	—	开展学术讲座	—	研究生在学习期间,必须从事具体出版物编辑印刷、复制、发行、管理等观摩与实践,由教师组织,出版单位指导。实习实践时间不少于6个月
广东财经大学	人文与传播学院与朗声图书开展研究生实践教学基地	1. 编辑出版学专业建设与人才培香养论坛:交流改革探索新方案; 2. 学习宣传党的二十大精神推进编辑出版学科高质发展高端论; 3. 出版专业学术讲座; 4. 出版赋能粤港澳大湾区高质量发展,湾区网络空间论坛	香港、澳门、台湾地区招收出版硕士研究生	实践时长:不少于6个月。实践方式:采用集中实践与分段实践相结合。实践目标:培养实践与创新能力。实践要求:在导师组织和出版机构指导下,从事编辑出版业务:出版产业经营与管理、数字出版和媒体融合等领域的观摩与实践。考核方式:实践过程考核和结果考核相结合

*资料来源:相关高校官方网站。

(四)实践活动凸显新技能的培养

从表2可以看出,相关高校在实践活动中高度重视媒体融合所需技能的培养,具体表现可以归纳为三个方面。其一是搭建培养和提升学生科研能力的实训基地或平台,在学生参与科研项目或学术活动中锻炼其发现问题和解决问题的能力,实践活动或研究课题紧紧围绕新媒体融合技术开展。其二是对学术动态的关注,包括诸多学术专业会议。另外,还有对专业的学习和延伸,例如开设丰富多彩的专家专题讲座、举办各种形式的活动和比赛等。其三是各种合作交流的开展,除了与国内业界和学界的紧密联系外,还有与国外高校开展的国际化人才联合培养项目。

(五)专业实习实践贴合产业需求

培养的专门人才能够与社会或企业岗位无缝衔接是高校教育的终极目的。对于出版人才的培养,专业性的实习实践是必不可少的。在所调查的16所高校中,有14所明确要求实习实践的方式必须进入业界的工作环境中去,实习时间一般不少于6个月。这使学生在步入社会之前就对相关行业有比较充分的了解、对个人能力的认识,并有机会在实践中完善不足之处;同时,根据实际需要学习新知识、新技能。

随着新技术的发展与应用,复合型、应用型出版人才的培养得到广泛重视,虽然形势向好,但出版产业的发展在技术和媒体融合等方面仍落后于其他产业,正是人才的缺少制约着出版在媒体融合时代的发展。上述16所高校的培养方案在面对出版融合的发展中关于数字、技术、媒体等方面理论教学与实践能力培养环节都有不同程度的更新与完善,但面对技术应用的日新月异,仍旧显现出很多不足之处。

三、国内高校出版专硕人才培养存在的问题

(一)课程设置多而不精

出版专业硕士培养方案的课程设置中具有数字化、融媒体等相关的核心课程数量相对较少、课时有限;有的偏重理论,有的偏重实践,从而造成

学生对知识的掌握与实践能力的锻炼均不够深入。对于出版专业硕士研究生的构成，一是本专业直升，二是跨考上岸，三是业界人员深造，统一的课程设置难以实现因材施教。培养在融媒体环境下的复合人才并没有系统化、科学化和合理化的理论与实践课程设置的支撑，这会造成学生对于所学知识不够精准或者系统、动手能力也得不到充分锻炼，难以满足出版深度融合发展对于人才的需要。❶

(二)培养方向不够凝练

有的高校没有区分学科专业方向，实行的是"通识教育"。虽然有的高校对于学科方向进行了细分，但实习和实践内容与环节无差别。还有的情况是学生跟随导师的研究方向，而有些导师的研究方向偏于理论与传统方向，导致学生掌握的知识体系不够完整，也没有更多的机会在实践中接触新技术，造成学业与产业脱节的情况。出版的深度融合需要具有创新性、懂技术的应用型人才，当下的培养方式难以满足产业现实的要求，这是亟待解决的问题。

(三)师资队伍结构不够完善

目前，国内相关数字化、融媒体等方面的出版专业师资队伍结构单一，缺少具有完整知识体系的数字出版高等教育类人才，师资力量远远不能满足行业发展对出版人才培养的需求。相关高校师资队伍存在的问题可概括为三个方面：一是相关高校虽然都有对应数字出版或者媒体融合研究方向的导师，但数量较少，难以满足实际培养需要。二是随着招生人数的扩大，一个导师带五六个研究生成为普遍现象，该数额达到了专业学位全国教育指导委员会发布的试行文件中关于出版硕士专业学位授权审核审批基本条件，指出的"骨干教师每年指导的出版硕士专业学位研究生不超过六人"的上限。实践中导师往往对个别人、个别问题开展"一对一"的指导力不从心。三是导师自身的教学与课题偏于理论教学与研究，没有行业背景与经验，从而很难胜任应用型人才培养的任务。

---

❶ 吴平,高兆强.出版专业硕士培养：问题与进路[J].现代出版,2023(1):8-15.

(四)双导师机制难以落实

所调查的高校基本采用了双导师机制的培养方式,但从业界聘请完全符合标准并能够切实指导学生毕业设计与实践的专家并非易事。虽然学校会请学界和业界专家进行专题讲座,但大多数情况仍是片面学习,也没有太多能够应用的机会。在实习实践的环节有的是学校安排、导师推荐,但很多情况是学生自己找专业实习机会,如此难以保证实践能力培养的专业性与系统性。另外,校内的实践项目、研究中心、基地平台等也并不是向全体学生开放的,学生的参与度有限。❶

综上,国内出版专业硕士培养现状及问题提示我们在今后的教育教学中进行调整与改变,以便使我国出版专业高等教育与时俱进,培养出符合融媒体时代需要的出版栋梁之材。

四、完善我国出版专硕人才培养方案的建议

(一)明确学科专业方向,个性化制定培养方案

培养方案的制订是出版人才培养的起点。面对不同的生源结构,因人定制个性化培养方案。学科交叉也是出版融合发展的一大体现,学生可以在出版专业的基础上进行延伸学习,掌握多项专业技能,充分利用原有的学习基础,进行出版知识的升级转化。再者就是设置明确的专业学科专业后,除了公共基础课和实践外,不同的学科方向要有不同的培养方向,基于学科方向还要落到更专业化的实践环节,制定个性化、动手能力强的人才培育机制。

(二)构建核心课程体系,培养专门人才

推动出版深度融合发展,需要更加精准的课程设置,除了进行相关理论知识的学习外,对于技术课程要有阶段性的实践能力考核,延长学习的时效性,设置理论与实践一体化课程体系。例如,对于数字出版的理论与实践的课程配套展开,从而加深学生对于课程的认识,增强实践能力。推

---

❶ 郑志亮,连叶燧.技术赋能:数字教育出版新路径探索[J].中国编辑,2022(11):68-71,85.

进产学联合培养的方式,在实际应用环境中培养学生创新思维和解决问题的能力。

(三)组建新型师资队伍,丰富学院结构

高水平师资队伍的构成与水平是人才培养的关键。在基础教学之上需要更加专业的教师,带领学生进行专业实践。在媒体融合的背景下,复合型人才的稀缺要求增加相关教育中师资的数量,同时专业性也要增强。因此,相关高校需要构建拥有较高理论水平、懂技术、有行业经验的复合型师资队伍,具体措施之一就是在学界和业界进行定向人才招聘和引进,确保出版教育教学高质量发展。❶

技术是出版高质量发展的重要支撑,内容生产和技术的相加相融是出版深度融合的核心动力。高校应该结合出版学科方向的设置设立数字出版、融合出版、媒体融合等方面的科研机构、添置实验设备为学生提供更加深入的学习和研究的平台。构建融合出版实训环境,还需要在管理、制度、考核等方面制定一系列保障措施,才能更好地实现技术环境对于复合人才的培养。❷

(四)加强与学界业界的合作,保证专业实习的需求

业界、学界的合作交流可以采取学科共建的方式,其典型案例就是2022年7月,5所高校新设的出版学院、出版研究院集中亮相,将以共建工作为抓手,进一步建强出版学科。结合出版学科在出版强国建设中的历史使命,加强出版学科共建的顶层设计,以推动各共建参与方强化责任担当、形成工作合力,共同推动出版学科发展与出版强国建设迈上新台阶。❸校企合作是另外一种可行的方式,增加与出版企业和产业的交流,学生可以进入工作环境去见习,尤其是对于出版产业前沿问题,如数字技术和媒介融合应用与发展的了解。再有,聘请专家进行主题讲座无疑是

---

❶ 方卿.守正创新:学科交叉融合背景下的出版人才培养[J].科技与出版,2023(1):6-11.

❷ 龚丹.融合出版生产型实训平台建设探索[J].印刷杂志,2022(6):75-78.

❸ 方卿.强化出版人才培养服务出版强国建设——学习党的二十大报告之"人才篇"[J].出版科学,2022,30(6):1,76.

使学生补充知识、了解新技术发展与应用的理想渠道。❶不容忽视的是国际合作交流的作用,它可以有效扩大中国特色出版学科的国际影响力,以出版学科全球话语权提升促进出版强国建设。不论是知识还是技术,都会有难以涉及或者达到的地方,这也是加强国际交流的有益之处。

通过出版专业人才培养不断向行业输送高质量的新鲜血液,是推动出版行业健康发展的动力。出版专业的实践实习是保证人才质量的重要环节。在校内,要加强实践教学考核,为学生学习经典出版案例、开展出版实验、参与校内出版实践项目提供必要的条件与指导。在校外,要在出版实际工作中进行长时段、深度融入的出版业务实习实践,以便帮助学生了解出版前沿,认识出版企业,激发学习兴趣,树立爱岗敬业的工作作风。

基于对16所高校的出版专业硕士的培养方案如何体现与时俱进、融入媒体融合教育内容的具体分析,本文总结了目前出版教育的现状,探讨了存在的问题,提出了对应问题的建议。高校的出版教育需要面对环境的不断发展所带来的机遇和挑战,不断完善人才培养机制,担当出版融合发展赋予出版教育的使命。

五、结语

面对融媒体环境下出版新业态,出版专硕人才的培养也要顺应时代潮流,提升出版学科的社会服务水平。在出版人才的培养中明确培养目标与定位,合理安排课程设置,夯实实践环节;同时,实时关注出版行业的发展动态,及时调整相关出版专业教育培养方案、构建完善的学科专业方向,形成一套科学的人才培养机制。另外,创新与学界业界的合作方式,增强人才的实践技能培训,培养行业需要的高质量、复合型人才。❷只有这样才能保证高校教育输出符合当下环境的优秀出版人才,进而推动出版的深度融合、出版行业的可持续健康发展。

---

❶ 徐志武,田蔚琪.融媒体环境下出版人才培养工作的不足与变革[J].中国编辑,2021(7):86-90,96.

❷ 张赟.融合出版视域下出版人才培养路径探究[J].新闻研究导刊,2023,14(4):197-199.

数字出版背景下有声读物配乐技巧及案例分析

李 理

(高等教育出版社有限公司)

- **摘 要**:目前在数字出版逐渐兴盛的背景下,有声读物的飞速发展有目共睹。如何通过高质量的配乐进一步提升有声读物的总体制作水平,是一个非常值得探究的话题。本文通过分析有声读物配乐技巧及案例分析对此问题进行了一些探讨,希望可以抛砖引玉,为更多有声读物配乐作品提供参考。

- **关键词**:数字化出版　有声读物　配乐

近年来,有声读物作为一种全新的阅读方式掀起了一场新的阅读革命,在数字出版逐渐兴起的大背景下,有声读物也渐渐成为数字出版和阅读的中心,这从其使用量和销售额等方面都可以得到证明。众所周知,有声读物的主要构成因素包括语言、音乐及音响几个部分。而音乐则是决定有声读物制作水平的重要因素。❶

高等教育出版社(以下简称"高教社")最近几年也推出了很多优秀的有声读物。在制作有声读物的过程中,为录音中的人声配乐是非常重要的一个录音制作环节,然而怎样才能令有声读物的配乐既不喧宾夺主,又能起到锦上添花的作用呢?本文将通过几个案例对有声读物配乐技巧进行详尽的分析,希望能够对更多配乐作品起到借鉴与指导的作用。

总体来说,为有声读物配乐一般分为三个步骤❷:第一步,需要仔细研究待配乐录音作品的语言风格,并确定音乐总体风格,从而选定音乐的节

---

❶ 托马斯·西贝尔.认识数字化转型[M].毕崇毅,译.北京:机械工业出版社,2021.

❷ 茶乌龙.知日52·BGM之魂[M].北京:中信出版社,2018.

拍类型、配器等元素；第二步，将根据确定的音乐风格收集的大量音乐素材作为备选配乐素材；第三步，则是对众多备选音乐素材逐一筛选聆听，选择音乐在曲风、配器及细节等元素方面最适合作为录音配乐的素材，并根据语言段落进行淡入淡出等剪辑操作。

下面以"《21世纪马克思主义：展望与回眸》录音制品配乐""《高教伊人》有声片头制作""《孟子》教育智慧品绎有声读物配乐"及"大型有声读物《谢觉哉家书》配乐"为例，对有声读物的配乐进行分析。

《21世纪马克思主义：展望与回眸》配套录音制品是由一位男播音员用成熟、沉稳的声音朗读这本书的导语，强调这本书从历史、理论和现实的结合中，从马克思主义"化中国"和"中国化"的螺旋式上升的过程中，以及从不断赋予马克思主义以时代内涵的理论升华中，对21世纪马克思主义作出了深湛理解和研究。与学科编辑沟通后，我们认为这段配乐整体风格应是深沉、大气、富有力量感的主旋律音乐风格。同时考虑到录音的总体时长较长（约为5分30秒），几个段落表述了逐层递进的含义，因此笔者决定选择几段既能做到总体风格统一，又能契合每段内容特点的配乐。

在决定每个段落的配乐之前，首先需要对录音的整体结构进行大致的分析。《21世纪马克思主义：展望与回眸》配套录音制品总体分为两大部分——片头和导语。

片头的出现一般会带给人整体作品的第一印象，并将定下录音的总体基调。因此，片头部分笔者选择了以小号为主奏乐器的一段管弦乐，表现《21世纪马克思主义：展望与回眸》的出版仿佛清晨冉冉升起的朝阳，在展望习近平新时代中国特色社会主义思想发展中回应人类发展的新课题，赋予马克思主义以时代内涵和理论升华。

导语部分又可以细分为5个小的段落。第1段主要阐述党的十九届六中全会通过的《中共中央关于党的百年奋斗重大成就和历史经验的决议》的重要作用和历史意义。这段笔者选择以吊镲的"开幕音"引入，然后选择沉稳厚重的4/4拍进行曲式风格音乐作为背景，体现了历史意义的逐步深化。

第2段内容先讲中国共产党百年奋斗，不断推进马克思主义中国化时代化,进而强调习近平新时代中国特色社会主义思想不断推进中国特色社会主义新的伟大进程,成为21世纪马克思主义的理论主题。这段音乐在编辑的建议下通过3/4拍的一首充满希望感的管弦乐作品,表现出了"新时代""新的伟大进程"中的创新意义。

第3段谈到"大道之行也,天下为公",再次强调马克思主义中国化时代化不断取得成功,使两种社会制度较量有利于社会主义的重大转变,以及习近平新时代中国特色社会主义思想的重大意义。这一段落考虑到音乐总体风格的统一性,笔者再次使用了第1段的4/4拍进行曲式风格音乐,用沉稳大气的曲风体现出"重大转变"和"重大意义"的重要性。

第4段内容先从恩格斯的重要阐释谈起,重申21世纪马克思主义作为"新的学说",对它的理解和研究也要从"已有的思想材料出发",并分为"展望"和"回眸"两个方面进行。这个段落音乐风格与前几段略有不同,由于此段先从恩格斯的重要阐释引入,所以笔者换了一段能够表现"讲述与弘扬"含义的新乐曲作为背景,主要通过小提琴和低音鼓等乐器表现了对"展望"和"回眸"两个方面的详细阐述。

第5段内容主要是对"展望"和"回眸"两个方面进行简短的概况和总结。这段我们又用到了前面曾用过的3/4拍的充满希望感的管弦乐作品。在这里之所以重复使用这段音乐,一方面是希望起到首尾呼应的作用;另一方面这个段落作为结尾,通过这段音乐也表达了对光明的未来充满希望。

在总体配乐完成后,还需要对每段音乐的衔接处进行精修,完成交叉淡入淡出等细节雕琢。这段导语的配乐是一项具有挑战性的工作,要把这项工作完成好需要对作品深入的分析和对音乐的深刻理解。

如果说为《21世纪马克思主义:展望与回眸》配套录音制品进行配乐需要把握的是沉稳、大气的主旋律乐曲风格,那么为《高教伊人》制作有声片头和配乐的工作就可以看作是对清新、文艺音乐风格的一次全新的诠释。

《高教伊人》杂志制作的总体风格是比较文艺、清新的,而为其制作有声片头就需要与其总体风格相一致。因此,我们请来一位具有温柔声线的女性来给《高教伊人》录制片头语。女播音员的声音亲切自然,如同春风习习柔软地滋润着读者的心田——"伊人风采,伊人心声,本节目由《高教伊人》杂志倾情奉献","《高教伊人》,把文心读给你听"。这两句简短的片头语娓娓道来,瞬时带来清新、优雅之感,并把杂志的总体基调传递给读者。

"片头语"录制好后,就要着手为两个小片头进行配乐了。配乐工作主要设计了三组不同风格的方案,即"清新版""时尚版"和"古典版"。

"清新版"突出的是"清新""典雅"的风格,钢琴的音色单纯又带给人干净、优雅的听感,所以笔者选择了十几段钢琴的音乐作为备选。在筛选钢琴背景音乐时,考虑到女性音色温暖亲切的风格,便选择了4/4拍的暖调音乐做衬底,用钢琴清透的音色营造了典雅的氛围。音乐开始处用音阶的上升爬坡引入人声进入,情绪渐渐酝酿并逐层加深,直至高潮处渐近收尾,通过和弦的渐弱逐渐远去……此外,为了表现"伊人"如同清泉一般润物细无声、沁人心脾的感觉,又添加了水滴的"叮咚"音效作为点缀,从而给"清新版"小片头又添加了"清澈通透"之感。

"时尚版"则从高教社女性紧跟时代步伐,积极为工作、生活奉献的角度考虑,突出节奏感,体现快节奏的韵律。而这样的乐感最适合运用小提琴、中提琴、大提琴等拨弦乐器来表现,在节奏上则选择2/4拍的音乐带入快节奏的工作和生活。笔者从近10段拨弦乐器演奏的音乐中挑选了一段时尚而轻盈的乐曲,它的旋律在节奏的复叠上进行了一些高低层次的变化,因此作为简短的片头音乐非常合适。最后的结尾部分在节奏的叠加中渐隐,仿佛余音绕梁……

"古典版"的构思则融入了中国传统文化的风格,考虑到《高教伊人》杂志创办宗旨之一是"注重发挥妇女在弘扬中华民族家庭美德、树立良好家风方面的独特作用","古典版"便更加注重渲染中国文化的博大精深之美。音乐的进入选择的是琵琶乐器的下滑音,透过"美人卷珠帘"的效果引入片头语,仿佛牵着你的手进入"高教伊人"美丽的庭院里漫步。琵琶的音色营造出诗词歌赋般古典美的氛围,令人不由自主地想走进杂志精彩的内容中去。

片头的引入往往映射出读者对作品的第一印象,三种不同风格的片头可以为不同风格的文章起到点睛之笔的作用,这样的创意也令"伊人"越来越美,散发无尽的魅力……

制作完成《高教伊人》有声片头配乐之后,笔者又接到了为《孟子》教育智慧品绎有声读物配乐的任务。

与以往的有声读物不同,众所周知,《孟子》是儒家经典之一,也是中国传统文化与教育的重要内容。其言简义丰,在中国教育史上影响深远。《孟子》教育智慧品绎则是一部蕴含深厚中国古典文化的有声读物作品。其围绕"人性本善""浩然之气""内圣外王""扩充善性""自求自得""教以多术""中权得宜""英才教育"等专题对《孟子》中的教育智慧进行品绎,具体分析尽心知性、庠序之教、"大丈夫"理想人格及教学之道等内容及其意蕴,把握《孟子》的教育话语体系及其意义,增益教育知识和人生思考。

这部作品分为原文和译文两大部分,每个部分又分为7篇,共包含260篇原文和与之对应的260篇译文。在对作品进行了深入的品读与分析之后,我们确定了"原文、译文各用一组片头片尾音乐,其中7篇内容分别选取不同风格音乐来衬托"的配乐方案。在对音乐进行选择的过程中,我们首先把握了基本的乐风——原文文言文部分选用先秦音乐基调的古典主义乐曲,曲风大气沉稳,经典厚重;译文由于是用现代白话文来对文言文进行解释和翻译,因此决定选用同样是古典主义风格,但更倾向于流畅、轻松的音乐曲风。

确定了基本的音乐基调后,笔者开始了对音乐的大量收集和选择。原文片头音乐是贯穿原文7篇260个文件的关键部分,并将建立作品带给听众的第一印象。本着这个原则,笔者选择了一段近10秒时长的古琴韵律作为原文片头背景音乐。古琴的音色深沉厚重,加上4/4拍节奏的控制,营造了一种余音绕梁、荡气回肠的乐感,使听众在听到音乐衬托的原文片头时,瞬间便融入了《孟子》博大精深的精神世界中,与孟子一起开启了对人生哲理的探究之旅。在对原文的7篇正文进行背景音乐选择时,秉承了原文音乐的总体风格,主要选择了《梅花三弄》《平沙落雁》《渔舟唱晚》《广陵散》和《关山月》等经典古曲作为背景音乐。这几首乐曲的配器主要是古琴、琵琶、古筝、笛子等乐器,在正文与片头衔接之处,我们设计了2~3秒的留白,从而让听众在沉浸于片头的意蕴之后能够有几秒的回味时间,于品味过后再开始对正文的欣赏。由于原文正文背景音乐选择的大多是经典的古曲,因此营造出深厚的中国古典文化氛围,有气韵生动之美。

在为译文选择配乐时,我们选择了琵琶的拨弦乐曲作为背景音乐,由于译文是将原文的文言文翻译成为白话文,因此译文带给人的感觉应该更加亲切、通俗易懂。琵琶行云流水般的滑音倾泻而下,瞬间拉近了经典著作与每位听众之间的距离,使相隔几千年的我们与先贤展开了思想的碰撞与精神的交流。

为经典有声读物《孟子》教育智慧品绎配乐是一次为古典风格有声作品配乐的尝试,这次珍贵的经历为笔者今后的配乐之路开启了一扇新门,也为不同类型有声读物配乐积累了更多经验。

在尝试了古典风格《孟子》教育智慧品绎配乐之后,笔者又接到了为现代有声读物《谢觉哉家书》配乐的工作任务。

《谢觉哉家书》原著作品由四辑内容构成,其中收录了谢觉哉写给妻子、儿女和家乡干部及友人的100多封信件,我们把这部作品制作成有声读物,并请著名演播家白钢老师来诵读。下面就对每部分配乐思路进行深层次的剖析。

第一辑的标题是"致何敦秀夫人、儿女及家乡亲人,顾名思义,这一段落主要是谢觉哉写给第一任妻子何敦秀夫人和亲人们的信件。在这一段落中,首先体现出的是谢觉哉对第一任结发妻子的深情,谢觉哉在年轻时就开始从事革命工作,因此对家庭有着种种的牵挂和眷恋,在字里行间都能感受到他对家人的挂念和深厚感情,有夫妻之间的家长里短,也有对家中各项事情的看法和指导。为了表现谢觉哉这种深沉厚重的感情,笔者选择了大提琴音色来衬托朗读。大提琴音色主要以中低频为主,非常适合表现中年男性沉稳、内敛的性格特点。再加上较为缓慢的4/4拍节奏,便把谢觉哉深厚的文化底蕴和儒雅温和的性格自然而然地呈现给听众朋友们。此外,由于这一辑的内容主要是新中国成立之前的一段时间,因此笔者适当选择了一些具有叙事、舒缓风格的钢琴曲作为背景音乐。这是谢觉哉年轻时读书并刚开始接触进步思想的时期,因此音乐的风格也带有较强的叙事性。用叙事性的音乐非常符合谢觉哉写信的口吻,且与信件的内容也十分匹配。钢琴的音色平缓而优美,仿佛潺潺细流般讲述着谢觉哉的思念和对家庭、对儿女的各种期望,令人不禁为之动容。

第二辑的标题是"致何敦秀夫人、儿女及家乡亲人",这主要是新中国成立之后的一个时期,其间谢觉哉曾三次回湖南故乡探亲,书信中记叙了他的乡情及对故乡发展的意见。书信中还涉及了他处理与夫人何敦秀的关系,教导儿女子孙们在土地改革、合作化、"大跃进"等不同时期,遇到的劳动、择业、生活、家庭、疾病等问题,具有丰富的历史、社会与人生价值。在这一辑中笔者主要选择了管弦乐合奏、长笛独奏等音乐形式来表现谢觉哉对新中国各个不同时期问题的指导和关心。象征希望和积极意义的音乐贯穿在播音员富于磁性的声音之中,谢觉哉对建设社会主义的热情和对家人投身革命生产的鼓励之情跃然耳畔。音乐的选择除了注意到配器元素之外,还考虑到这一时期总体音乐风格中的主旋律因素,因此主要选的是大调调性,节奏仍然是4/4拍表现稳健、深沉的风格。在主旋律音乐的衬托下,五星红旗仿佛在高高飘扬,我们似乎切身感受到革命时期谢觉哉对家人的种种期望。

第三辑是"致王定国夫人及儿女",这一辑里主要是谢觉哉给现任夫人王定国和儿女们的信件。王定国是在延安时期与谢觉哉结为伴侣的。他对这位夫人依旧非常有耐心,并曾经教夫人写字、画画,写诗论赋,还教夫人习得一手好书法。为了表现新中国成立后谢觉哉与这位夫人相濡以沫、举案齐眉的深厚情感,笔者选择了小提琴、钢琴和长笛作为这一辑的主要配器。小提琴和长笛音色的交替出现表现出谢觉哉对美好生活的憧憬和向往之情,同时也有对家庭的关爱和对孩子们的教育和关心。谢觉哉给子女的信件中字里行间凸显着一位老父亲对儿女们的谆谆教诲和深切的关爱。在这一段落中笔者选择了轻快的2/4拍节奏来衬托孩子们的调皮可爱,有时一声清脆悠扬的笛声令人仿佛看到了谢觉哉笔下孩子们那满含天真的笑脸。

第四辑主要是写给"家乡干部及友人"的书信。作为老一辈共产党人，谢觉哉把自己的亲情、乡情扩展到家乡的干部、群众中去，把通信作为了解下情、交流思想的重要工具。他身居要职，却主动和比自己小三四十岁的基层干部长期自由通信，从中了解家乡经济、社会实情，提出中肯的改进意见。从这些信件中，可以感受到谢觉哉一贯的调查研究、实事求是的思想工作作风。在表现这一段落的内容过程中，笔者选取了弘扬中国共产党优良传统的旋律，运用钢琴平实、深沉的旋律彰显我党实事求是、脚踏实地开展工作的优良工作作风。这段的音乐与前几段相比感染力更强，从而在结构层次上起到了逐层递进的渲染效果。

音乐是作用于人的潜意识的，有声读物中好的配乐会增强作品的感染力，提升作品的总体水平。在当今数字出版逐渐兴盛的背景下，大量有声读物通过各类媒体、各个平台呈现在听众耳畔，希望通过我们录音工作者的不懈努力与追求，能使有声读物配乐呈现更高水平，并使我们的作品在有声读物市场的激烈竞争中立于不败之地。

融媒体环境下出版行业 AIGC 人才培养探索

肖　倩
(北京印刷学院出版学院)
李思闽
(北京印刷学院出版学院)

- 摘　要：人工智能生成内容(Artificial Intelligence Generated Content，AIGC)正成为出版行业的关键驱动力，以 ChatGPT、Midjourney 为代表的前沿技术正冲击着出版行业传统的内容创新与生产范式，加之 AIGC 的多模态特性也与融媒体、数字出版所倡导的内容资源融合相契合，上述趋势在极大丰富出版业创新内涵的同时，也为创新型出版人才的培养提供了新的机遇。本文首先在梳理相关文献的基础上总结了当前出版人才培养的困境；其次从 AIGC 推动出版行业范式变迁出发，讨论了 AIGC 赋能出版行业人才发展的契合点；最后总结了出版业 AIGC 人才的产学研一体化培养内涵，并针对融媒体环境下出版行业 AIGC 人才培养体系的构建提出了若干建议。本文有助于高校更好地理解、把握并应对出版行业在人工智能时代的创新型人才培养机会与挑战，助力出版行业健康发展。

- 关键词：融媒体　出版行业　AIGC　人才培养

一、引言

人工智能(Artificial Intelligence，AI)技术浪潮正迅猛袭来，以大语言模型(Large Language Model，LLM)、多模态技术(文生图、图生图、图生视频、图片转 3D)等突破为号角，多样化的颠覆性产品与服务纷至沓来，如自然语言对话工具(ChatGPT、文心一言)、图片自动生成工具(Midjourney、

Stable Diffusion)、智能化团队协作工具（Notion）等。受技术爆炸带动，数字媒体企业均快速跟进。例如，2023年3月24日，Adobe在全球数字体验峰会Adobe Summit上发布了生成式AI（Generative AI，是AIGC的另一种称谓）创新服务（Sensei GenAI），融合了近百种从内容生产到数字营销的智能化工具，其Firefly产品被视为Photoshop在AI时代的升级版。同时，产业升级推动行业范式与人才需求的变迁，诸如提示工程师（Prompt Engineer）等新职业、新概念不断涌现。总之，根植于算法、算力、数据三重突破的生成式AI正深刻影响着数字媒体、新闻出版、文化传播等行业，并给融媒体环境下相关专业的教育工作者提出了重大挑战。

就出版行业而言，当下正历经专家生成内容（Professional Generated Content，PGC）、用户生成内容（User Generated Content，UGC）迈向人工智能生成内容（AIGC）时代。广义的AIGC可视作像人类一样具备生成创造能力的AI技术，依靠训练数据和生成算法模型，它可以自主创造新的文本、图像、音视频、代码、3D交互内容等数据和内容以及几种媒介类型相转换、组合的"多模态内容"，还可以实现科学新发现等，具有通用性、基础性、多模态、训练数据量大、生成内容高质稳定等特征。❶"内容与技术相融合""交叉学科培养"一直被出版专业及细分方向（如数字出版）的学者所热议，上述议题也呼应着国家在习近平新时代中国特色社会主义思想引领下对出版人才的需求。例如，2021年，《出版业"十四五"时期发展规划》提出，到2035年，出版业数字化水平要迈上新台阶；2022年，中共中央宣传部印发《关于推动出版深度融合发展的实施意见》，提出要构建数字时代新型出版传播体系。❷AIGC相比于新媒体、元宇宙、5G、区块链、Web3.0等概念的不同之处在于：其将知识模型化，从生产力层面大幅降低了知识创作的边际成本，极大提升了知识工作者的个体能力，对出版行业既有的范式产生颠覆性影响。于是，"如何把握智能时代提供的新机遇，培养出版行业适应社会需求的创新型人才"等议题便凸显出来，而诸如"能力本位教

---

❶ 腾讯研究院. AIGC发展趋势报告2023[R/OL].（2023-4-1）[2023-5-25]. https://cloud.tencent.com/developer/article/2255694.

❷ 秦瑜明，白晓晴. 数字出版专业人才的胜任力模型建构研究[J]. 现代出版，2023（2）：77-84.

育（Competency Based Education，CBE）""终身教育"等问题也亟待纳入高校相关人才的培养探索中。❶

目前已有一些高校展开了若干创新性的教学实践，旨在培养文化传媒、新闻出版领域高端的内容生产、技术支撑与运营管理人员，为学生提供AI时代所需的跨学科知识和技能。培养方案以多学科理论为支撑，配合广泛的选修课，让学生掌握内容叙述、编辑出版、数据处理、品牌推广、媒体运营、受众分析、咨询决策等方面的内容。例如，北京师范大学—香港浸会大学联合国际学院推出了传播学文学硕士课程——人工智能与数码媒体专修（Artificial Intelligence & Digital Media Concentration，AIDM）课程。❷本文以产学研一体化人才培养为出发点，以业界技术趋势和教育界改革探索的一致性为目标，分析融媒体时代创新型出版人才培养的困境及AIGC赋能出版人才发展的契机，为出版行业AIGC人才培养提出建议，以供相关专业教育工作者借鉴。

二、融媒体时代创新型出版人才培养的困境

融媒体环境下，各行业急需新的人才画像与培养模式，该问题已得到学界和业界的一致认可。易龙等指出融媒体人才需要对技术内涵有一定认知，并认为融媒体产业需要三类人才——新兴内容的创意型人才、跨界连接的枢纽型人才、洞察趋势的引领型人才。❸而且，对于近年来的新兴技术趋势，出版行业人士也深知传统人才培养模式的桎梏，沈秀等剖析并指出，出版行业人才培养的层次性与多元性不足，同时也缺乏专业区分度和核心竞争力。❹

对此，教育界普遍的看法是通过培养"复合型人才"以应对多元融合

---

❶ Firdevs Güneş, Yusuf Söylemez. The skill approach in education: from theory to practice [M]. Newcastle upon Tyne: Cambridge Scholars Publishing, 2018.

❷ 北京师范大学—香港浸会大学联合国际学院.传播学文学硕士人工智能与数码媒体专修[EB/OL].[2023-5-26]. https://gs.uic.edu.cn/graduate/graduate1/skxyjskc/cbxwxss_rgznysmmtzx.htm.

❸ 易龙,潘星宇.5G时代融媒体人才新需求及培养策略[J].中国编辑,2021(1):82-85.

❹ 沈秀,赵青,王文华.行业需求视域下高校数字出版人才培养思考[J].科技与出版,2019(8):149-152.

的出版行业变革。许剑颖指出数字出版人才培养存在的问题包括：人才培养缺乏产业化和国际化视野，人才培养的复合性及培养模式的开放性不足。❶李良荣等认为，在媒体融合时代，我国新闻传播教育体系显现出功底不深厚、能力不稳固、技能不适配等问题，因此，构建适合当下媒体环境的复合型新闻传播人才培养体系已是燃眉之急。❷李薇也指出当前出版业人才培养的问题之一就是"复合型出版人才缺乏，供需矛盾突出"。❸对于上述复合型人才的培养问题，有学者给出了直接明了的建议，杨开源认为未来的媒体人一定是能够适应融媒体技术发展的技术性、复合型人才。为保证本科生紧跟时代技术的发展，培养方案除了已有的基础课程外，还应结合当下技术发展趋势，增加新的技术类课程。❹

不过，上述"叠床架屋"式❺的复合型人才培养方案虽然能解决一时之需，但仍存在诸多问题，包括：(1)知识体系融合缺乏系统性梳理；(2)出版行业学生培养同质化问题严重；(3)复合型人才培养方案缺少产学研资源的联动与支撑。具体来看，丛挺等总结了数字出版引入新理论和实践经验的三个角度，包括：(1)从互联网实践中引入产品经理、用户画像、新媒体运营等概念；(2)从国际数字出版发展热点中吸收开放科学、数据出版等知识理论；(3)从传播学、社会学等学科引入成熟的理论范式。对于上述情况，丛挺认为多元知识体系缺乏良好的梳理与交融，在科学性、自洽性上存在不足，导致数字出版核心概念模糊、知识体系缺位。❻吴炜华与徐志武等诸多学者也认为，基于简单叠加的领域知识整合导致学科边界模糊，培养方案同质化严重，出版专业反而缺乏了与相近学科的知识差异

---

❶ 许剑颖.论高校数字出版人才培养的融合性[J].科技与出版,2017(1):113-117.

❷ 李良荣,魏新警.论融媒体时代新闻传播复合型人才培养的"金字塔"体系[J].新闻大学,2022(1):1-7,119.

❸ 李薇.融媒体时代复合型出版人才高质量培养发展探析[J].出版广角,2021(16):31-33.

❹ 杨开源.5G融媒体时代下的网络与新媒体专业人才培养探究[J].传媒,2020(8):84-86.

❺ 吴炜华,张守信.面向智能传播的数字出版人才培养定性比较研究[J].现代出版,2020(2):23-31.

❻ 丛挺,李锦田.数字出版自主知识体系建设与数字出版人才培养策略优化研究[J].出版广角,2023(4):27-34.

性与核心竞争力。[1]实践是检验真理的标准,因此,对于出版行业而言,在生产实践、科学研发中淬炼学科内涵是一条可行之路。于是,诸多学者将产学研一体化、产学协同教学视为融媒体时代出版相关人才培养的有效途径。[2][3]不过,这对高校产学研体系化的资源配置和培养体系设计提出了高要求。[4]尤其是当前出版业已然步入AIGC时代,方兴未艾。在AIGC即将推动出版行业内容创新与生产范式变迁的背景下,以产学研一体化人才培养为逻辑出发点,在追求业界技术趋势与教育界改革探索一致性的目标下,就需要我们进一步厘清AIGC赋能出版行业人才发展的契合点,并在此基础上将培养出版业AIGC人才作为解决融媒体环境下出版业创新型人才培养困境的出路。本文接下来便以此为目标展开论述,并在此基础上总结出版业AIGC人才的产学研一体化培养内涵,以及就出版业AIGC人才培养体系的构建给出若干建议。

三、AIGC赋能出版行业人才发展剖析

(一)AIGC能力对出版学科及其外延的覆盖面

近年来,出版专业衍生出了丰富的学科外延,形成了诸多具有交叉学科性质的研究方向。本文通过网络爬虫从中国研究生招生信息网(yz.chsi.com.cn)采集相关数据,梳理了这些开设出版专业及相关交叉学科研究方向的高校和具体方向(如表1所示),并就AIGC能力对出版各专业方向的影响进行了归纳(如表2所示)。而结合AIGC的概念及内涵可知,其本质所蕴含的人工智能生成及创造新内容、创新发现等能力足以覆盖绝大多数出版相关研究方向,满足其所涉及的人才能力需求。综上,从AIGC能

---

[1] 徐志武,田蔚琪.融媒体环境下出版人才培养工作的不足与变革[J].中国编辑,2021(7):86-90,96.

[2] 王冬冬."产学研创"教育平台构建:融媒体创作人才培养[J].现代传播,2020,42(1):164-168.

[3] 李华昌,嵇安奕.基于产学协同的融媒体人才培养模式探究[J].出版广角,2022(5):92-96.

[4] 李世娟,张涵.学科共建背景下出版人才培养体系化建设[J].出版广角,2022(17):51-56.

力对出版学科及其外延的覆盖面来看,AIGC将充分赋能出版行业人才发展,解决复合型人才缺乏、技能不适配等一系列问题。

表1 开设出版专业及相关交叉学科研究方向的高校和方向汇总

高校名单 (39所)	北京印刷学院(15)、南京大学(9)、中国传媒大学(7)、四川大学(5)、暨南大学(5)、南昌大学(4)、上海理工大学(4)、南京师范大学(3)、河北大学(3)、云南民族大学(3)、济南大学(3)、广东财经大学(3)、广州体育学院(2)、青岛科技大学(2)、四川省社会科学院(2)、湖南师范大学(2)、陕西师范大学(2)、华东师范大学(2)、复旦大学(2)、中央音乐学院(2)、北京语言大学(2)、华南师范大学(2)、昆明理工大学(2)、重庆大学(2)、湘潭大学、中国科学技术信息研究所、杭州电子科技大学、上海师范大学、西南政法大学、河南大学、扬州大学、南开大学、浙江理工大学、武汉理工大学、广西艺术学院、西北政法大学、北京外国语大学、北京师范大学、南京林业大学
研究方向 (58个)	出版学、马克思主义出版理论与实践、出版理论与实践、报刊出版、编辑出版、编辑出版理论、编辑出版实务、出版物编辑、编辑出版与语言文字、创意写作与编辑出版、体育编辑出版、音乐编辑与出版、音像出版、出版策划与设计、出版策划营销、创意出版与营销、出版产业经营与管理、出版产业与媒介经营管理、出版创意与营销、出版营销管理、出版经营管理、出版企业管理、出版财务管理、出版发行学、版权经营与出版法律法规、出版传媒艺术设计、出版美学、出版物设计与媒体传播、出版史与出版文化、出版与文化产业、苏区文化出版、传统文化与出版、古籍整理与出版、艺术科技与出版文化、中国少数民族语言文字出版、出版物版本学、媒介融合与新媒体出版、融合出版业务、融媒体与主题出版、新媒体出版、新媒体与出版、数字出版、数字出版理论与实务、数字出版与出版融合、数字出版与媒体融合、新媒体与数字出版、数字出版与新媒体管理、数字出版与传播、数字出版与文化产业、数字人文出版、数字出版与影像、数字图书馆与数字出版、数字出版与跨媒体技术、大数据与出版、出版人工智能、出版物联网技术、国际出版、外国出版

注:1.各高校名称后括号中的数字表示该高校所开设的出版相关研究方向的数量,未标注数量的高校,所开设的出版相关研究方向数量为1。2.表格第二行统计所有研究方向时,对名称相似的方向进行了合并,例如,将"出版经营管理"和"出版经营与管理"合并为"出版经营管理"。

表2　AIGC能力对出版专业方向的影响

AIGC能力	赋能出版相关专业方向
艺术设计、灵感创意	出版传媒艺术设计、艺术科技与出版文化、创意写作与编辑出版等
法务咨询、案例检索	版权经营与出版法律法规等
内容生成、智能编辑	报刊出版、数字出版与影像等
智能营销、数字化决策	出版创意与营销、出版经营管理等
AI技术支撑	出版人工智能、大数据与出版等
知识检索与自动生成	古籍整理与出版、传统文化与出版等
跨语言	国际出版、外国出版、中国少数民族语言文字出版等

(二)出版业AIGC人才及其培养所处的时代环境

放眼国外,早在2018年《福布斯》(Forbes)便报道了市场营销人员正在迅速意识到人工智能与机器学习对其工作的帮助,84%的营销组织着手进行相关实践。❶若干出版商,如纽约媒体集团(New York Media)、瑞士《新苏黎世报》(Neue Zürcher Zeitung,NZZ),使用人工智能基于地理位置、消费习惯、访问行为、终端设备来判断受众的付费意愿,从而更好地优化在不同平台上的内容分发策略。❷2019年,施普林格·自然出版集团(Springer Nature)出版了由人工智能技术生成的图书《锂离子电池:机器生成的最新研究综述》(Lithium-Ion Batteries: A Machine-Generated Summary of Current Research)。采用AI方案生成该书缘于爆炸式增长的研究成果已很难通过人力梳理,必须通过计算机来完成编纂与自动摘要。❸整体上,国外出版业对于AIGC的探索主要由大型传媒集团发起,如《福布斯》《华盛顿邮报》(The Washington Post)、彭博社(Bloomberg)、路透社(Reuters)等。《福布斯》的Bertie工具可以根据作者之前写的内容为其推荐未来主题、生成写作提

---

❶ Srihari Sasikumar. How companies are using AI in digital marketing [EB/OL]. (2023-5-19) [2023-5-23]. https://www.simplilearn.com/how-companies-are-using-artificial-intelligence-ai-in-digital-marketing-article.

❷ Damian Radcliffe, Carolyn S. 6 ways media companies use AI to meet their strategicneeds [EB/OL]. (2022-12-15)[2023-5-23].

❸ 胡珉琦.一本AI写作的科研综述你读吗[N].中国科学报,2019-6-14(5).

示等；《华盛顿邮报》的Heliograf工具通过人工智能进行叙事，该工具在2017年就写了850多篇文章；彭博社的Cyborg工具通过人工智能撰写财经、通讯类文章；路透社的Lynx Insights与Bertie类似，能够帮助作者获得与报道相关的关键数据。❶❷❸总的来说，国外媒体与出版商对AIGC的采纳主要聚焦在"将AI引入自身价值链"❹和"AI自动生成内容"两个关键点。

相比于国外，我国在AIGC技术研发领域起步略晚，但对其学术研究的跟进以及商业价值的探索并未落后。林泽瑞分析了AI赋能数字出版的角度，包括：(1)内容定位与创作，如选题策划、内容创作、协同编辑、内容整合；(2)内容加工与完善，如伦理审核、规范校对、编排设计；(3)内容共享与传播；(4)内容反馈与评价。❺2023年1月，上海蜜度信息技术有限公司的智能校对系统入选国家新闻出版署"2022年出版业科技与标准创新示范项目"。❻方卿和丁靖佳认为AIGC技术及其应用的发展将彻底改变出版的内容生产范式和内容供给模式，并呼吁出版学重点关注由此所引发的若干著作权问题、伦理问题和文化安全问题。❼北京印刷学院也组织学术

---

❶ Don. How major media publishers are using AI for contentproduction[EB/OL].(2023-3-22)[2023-5-25]. https://blog.getadmiral.com/how-major-media-publishers-are-using-ai-for-content-production.

❷ 哈斯日志.写作机器人综述[EB/OL].(2019-7-2)[2023-5-25]. https://mp.weixin.qq.com/s/hFvDXXGlXwySN4LT7oPpag.

❸ 科技推视频.《福布斯》记者将使用人工智能来撰写文章初稿[EB/OL].(2021-8-9)[2023-5-25]. https://www.163.com/dy/article/GGV1FI9L0531ILVV.html.

❹ Nic Newman. Journalism, media, and technology trends and predictions 2022[EB/OL].(2022-1-10)[2023-5-25]. https://reutersinstitute.politics.ox.ac.uk/journalism-media-and-technology-trends-and-predictions-2022.

❺ 林泽瑞.人工智能时代的数字出版创新探析：内容场景应用与服务能力提升[J].出版与印刷,2022(5):8-16.

❻ 中国经济新闻网.AI助力数字出版行业发展 蜜度获评"优秀数字技术服务商"[EB/OL].(2023-2-17)[2023-5-25]. https://www.cet.com.cn/wzsy/cyzx/3325624.shtml.

❼ 方卿,丁靖佳.人工智能生成内容(AIGC)的三个出版学议题[J].出版科学,2023,31(2):5-10.

研讨会,聚焦于AIGC对出版行业影响的研究与展望。❶

综上所述,出版行业及相关学术领域已然关注到了AIGC对行业所产生的深刻影响,并积极探索AIGC的行业应用,因此,对出版业AIGC人才的培养也正逢其时。

四、融媒体环境下出版业AIGC人才培养建议

在上文明确了出版业AIGC人才培养能够解决融媒体时代创新型出版人才培养困境的基础上,接下来本文进一步确定了出版业AIGC人才培养的基本原则,并据此梳理了其产学研一体化培养内涵。具体来说,在AI时代,AIGC已将知识固化为模型,模型转变为服务(知识即服务,Knowledge as a Service,KaaS)。出版业作为知识密集型产业,其从业者正变成"超级创作个体",他们拥有核心能力后,可通过调用各类知识服务快速拼装出不亚于专业公司团队所具备的生产能力。在此情景下,本文认为出版业创新型AIGC人才培养的基本原则是要使其"守正出新"。"守正"即恪守本专业的社会价值与职业操守,呼应国家宏观规划和产业定位,站在本专业视角审视并吸收各类知识,在"融媒体""AIGC"等技术背景及相关产业链中凸显出版专业的独特价值。"出新"则要求学生将新理念、新方法、新工具融会贯通于出版行业之中。特别是AIGC领域正蓬勃发展,新事物层出不穷,快速迭代,为确保学生所学内容的时效性、持久性,需要提倡"能力本位教育",其核心是从职业岗位的需要出发,确定能力目标,贯彻"授人以鱼不如授人以渔"的教学思路,让学生加强自学能力,以适应AI时代,学会从"解决问题"出发,构建自己的生成式学习能力。上述"守正出新"的人才培养原则与"产学研一体化培养"思路相呼应,因此,遵循该培养原则,结合对AIGC技术理念及其所辐射维度、融媒体概念等进行剖析。最后,在明确了人才培养基本原则及产学研一体化培养内涵的基础上,本文从培养目标、培养对象、培养内容、培养形式、培养支撑多个角度给出在构建出版业AIGC人才培养体系方面的以下四点建议。

---

❶ 刘广东.学校举办"出版再想象:AI与内容生产变革"学术研讨会[EB/OL].(2023-3-3)[2023-5-25]. https://news.bigc.edu.cn/xykb/1b20b310ebcc4bcd99acf85a73bfea1e.htm.

(一)守正出新以培育新时代的创新型出版人

AI技术浪潮将知识固化为模型并打包成服务,各类模型的训练通常基于海量的素材库(图片库、语料库等),其中存在"知识内隐"问题。由于模型多原创自国外技术公司,许多意识形态、价值观、审美观的信息便悄然嵌入模型中。为响应新时代中国特色社会主义人才需求,需要对技术加以分辨。正如习近平总书记在中国人民大学考察时指出:"建构中国自主的知识体系。要以中国为观照、以时代为观照,立足中国实际,解决中国问题。"

因此,在构建出版业AIGC人才培养体系时,要注重培育学生对AI的认识和理解,除了对当前风靡的AI产品形态有所掌握之外,对AI技术爆发的逻辑、原理也要有所了解,以加深对事物规律、竞争格局的认知。另外,对AI潮流下社会伦理、民众心态、法治要求要广泛涉猎,对自身专业的职业发展、岗位需求清晰明了。

(二)学科交叉并设置层次化、个性化的培养方案

虽然出版业要培养复合型人才,但这并不与层次化培养模式相冲突。任何产业均有各自的发展规律,出版行业也由上下游串联构成,对层次化人才的需求是客观现实。而且,复合型、层次化的人才培养目标推导出个性化培养与终身学习的命题。

从交叉学科的角度,学生可自主选择学习组合并明确学习重点,包括选题策划、内容生成、美工设计、编辑出版、活动运营、媒体运营、营销推广、社群维护、用户调研、产品管理、数据分析、模型训练、代码开发、项目管理等。上述技能的组合与产业界的项目经理、产品经理、媒体运营等岗位对应,保障学有所成、学以致用。同时,为适应AI技术发展更迭的速度,要培育学生终身学习的意识,一方面适配快速变迁的技术趋势;另一方面持续应对出版行业自身的范式变迁。在培养对象上,还可广泛吸纳相关学科的学生选修AIGC与出版相融合的课程,学生专业背景的多样化更利于出版专业学生及出版未来从业人员的多学科知识融通。

(三) 问题导向并以灵活创新的模式训练AIGC实践能力

如前所述，要尤其重视对学生的"能力本位教育"，培养学生的核心能力——以问题为导向的生成式学习能力和思维模式，强调提升学生的认知水平和能力水平，因此，在进行人才培养体系设计时，要以产学研一体化为视角去挖掘实际问题（如出版流程再造及所涉环节中的具体实践问题）。问题明确后，便可以创新驱动、实践引领的思路进行课程设计。例如，AIGC工具的使用以提升岗位工作效率，AI项目管理工具的使用以提升项目协作效率，AI写作助手助力新媒体运营等，在上述实践过程中，训练学生对具体工作思维和工具的掌握。

此外，针对AIGC工具百舸争流的局面，要认真梳理课程体系和导入顺序，将"认知类课程""方法类课程""工具类课程"交叉开展，在确保课程内容衔接的基础上逐渐递进。课堂模式要灵活创新，可采用创新项目式、科研项目式、创业大赛式、翻转课堂等多种形式，激发学生学习热情。还可以适当引入国内外优秀课程，多借鉴产业界的培训课程，并综合运用MOOC模式，鼓励学生课外学习，及时获取最前沿的知识与技术。

(四) 构建从评价机制到师资梯队的配套资源

良好的AIGC人才培养体系需配合科学合理的评价机制与师资资源。如何评价学生学习效果、如何评价课程质量都是关键问题。对于学习效果仍然可从理论掌握与实践效果两方面进行评定。虽然AIGC工具种类繁多，但其用于解决出版行业实际问题的目标是恒定的，在评价中兼顾学生的探索能力、创新能力，着重考察原创性，严守学术道德和职业道德。对课程质量的评价则可以"解决融媒体环境下出版行业人才培养困境"及"守正出新"的AIGC人才培养原则等为目标或标准制定评价机制。例如，从以下多个角度展开评价：(1)课程内容的前沿性；(2)对出版行业问题的针对性；(3)课程内容的丰富性和价值性；(4)学生认知与能力提升的持续性；(5)课程内容的实践性与用人市场的需求性。

此外，人才的培养需要配套师资力量才能得以实施，就目前出版学科及行业发展的现实情况来看，现阶段可通过AIGC人才引进来解决专业人才短缺问题;通过交叉学科师资体系建设,组建泛出版专业所需的教师队伍,并通过双师模式(校内教师+行业导师)进行课堂教学;聘任产业界的专业人士担任实训导师,借鉴其行业知识,明确企业用人标准,深入推进产学研一体化培养。

五、结语

首先,本文概述了出版业面临的AIGC技术浪潮和将要发生的行业范式变迁,分析了融媒体时代创新型出版人才培养的困境,梳理了教育界对出版业创新型人才培养的相关工作和复合型人才培养的难点。其次,本文从AIGC能力对出版学科及其外延的覆盖面、出版业AIGC人才及其培养所处的时代环境两方面论述了培养出版业AIGC人才对于解决融媒体时代创新型出版人才培养困境的适应性和契合点。最后,在总结出版业AIGC人才的产学研一体化培养内涵的基础上,本文从培养目标、培养对象、培养内容、培养形式、培养支撑多个角度给出了在构建出版业AIGC人才培养体系上的若干建议。其精髓在于:(1)守正出新以培育新时代的创新型出版人才;(2)基于学科交叉的层次化、个性化培养;(3)重视培养以问题为导向的生成式学习能力;(4)强调评价机制与师资梯队的搭建。由于AIGC尚处于快速发展阶段,本研究学理深度略浅,有待进一步深入研究。

英国大学出版社融合发展状况浅析

章　萌
(北京印刷学院出版学院)

- **摘　要**:英国大学出版社在融合发展方面走在世界前列。特别是牛津大学出版社和剑桥大学出版社,积极应对数字时代带来的挑战,在管理制度、服务模式、技术应用方式等方面采取了有益的改革举措,促使大学出版管理制度逐渐与新业态相融合,大学出版产品形态与新型增值服务模式相融合,大学出版内容资源与新技术深度融合,推动了学术出版和高等教育出版等核心业务实现可持续增长。

- **关键词**:英国　大学出版　融合发展　管理制度　增值服务

当前社会,技术的发展和用户知识需求的变化驱动大学出版发生重大变革。在融合发展关键时期,英国大学出版社主动抓住发展机会,表现出强势的发展势头。

英国拥有最古老的大学出版社——剑桥大学出版社(1534年成立)。牛津大学出版社也一样历史悠久,于1586年正式成立。它们之所以能保持巨大的市场影响力,并不仅仅是因为资历深,还得益于其领导的精明判断力和积极应对时代变革的魄力等。[1]而且,不同于美国,英国并没有广泛资助高等教育事业的传统,因而英国大学出版社普遍得不到太多补贴。这也促使英国大学出版社无论在应对学术性和商业性的平衡上,还是在迎接融合发展时期的挑战上都积极作为,表现卓越。

---

[1] COND A, RAYNER S. The University Press Redux: Introduction[J]. Learned Publishing, 2016(29):314-315.

一、英国大学出版管理制度与新业态相融合

现代社会,英国对大学出版业的管理以法律手段为主、经济手段为辅、行政手段为补充。英国大学出版管理制度总体呈现相对自由、完善和细致的特征,相关法律条文明确、具体,政府相关部门之间职责清晰,行业协会与政府之间、行业协会与企业之间协调有序。高度自律的行业协会,如英国出版商协会等,代表着英国出版从业者及团体的利益,并引导出版商不断进步。除了政府部门、行业协会以外,对大学出版业发挥管理作用的还有英国的牛津大学出版社、剑桥大学出版社等出版企业,它们走在市场前沿,持续改革创新,促使大学出版业融合发展不断迈上新台阶。

在法律管理制度方面,作为世界上法律制度最为健全的国家之一,英国并无专门的《出版法》,但涉及出版的法律约有20项。英国政府对数字出版内容的管理始终采取"监督而非监控"的理念,将网络媒体视为出版物的一种,在已有的相关法律规定中扩充有关数字出版内容管理规范的条文,包括《刑法》(Criminal Justice)(涉及淫秽出版、诽谤性出版的有关规定)、《诽谤法》(Defamation Act)(明确出版责任)、《青少年保护法》(Protection of Children Act)和《数据保护法》(Data Protection Act)等。2000年12月,英国政府发布的《通信白皮书》(Communications White Paper)规定,网络用户可以利用过滤和分级软件工具,控制自己及其子女在网页上浏览的内容。2003年7月17日,英国议会通过《通信法》(Communications Act),将原有的五家电信和广播电视管制机构合并为统一的通信行业监管机构OFCOM(Office of Communications,通信办公室),由其全面监管英国的无线电、电信和广播电视行业,包括媒体内容等。通信办公室主要职责为保护受众不受具有冒犯性的、破坏隐私的内容等侵害,确保公共电子通信网络和公共电子通信服务的安全性和可取性,并充分实施保护。2017年,英国国会通过了《2017年数字经济法》(the Digital Economy Act 2017),对电子通信基础架构和服务提出明确要求,包括创建宽带通用服务订单(USO),要求每秒10兆位(Mbps)的最低宽带连接标准,并对公共机构之间的数据共享提出具体要求。该法案要求互联网服务提供商使用互联网过滤器来阻止所有包含成人内容的网站,除非客户选择退出;允许OFCOM

对未能遵守许可承诺的通信提供商进行经济处罚,并作为外部监管者对BBC进行监督;将公共借阅权扩展到远程借阅电子书;修改1988年《版权、设计和专利法》,将侵犯互联网版权的最高刑期提高至10年监禁,并允许英格兰和威尔士法院在此类案件中拥有更大范围的量刑选择。明确且严谨的法律法规使得英国政府对大学出版业的监管呈现出"外松内紧"的特征。❶

在经济管理制度方面,英国主要通过税收和借贷制度等经济手段对出版业实施调控。目前,英国对纸质图书、纸质报刊、电子书、数字报纸、数字杂志等出版物均实行免增值税的政策。❷作为特殊的文化产品,出版物具有独特的正外部性。通过采取免增值税的方式,可以降低出版物成本,进而提升出版物质量、增加出版物销量,促使出版物所承载思想内容的广泛传播。

在行政管理制度方面,在英国目前并没有一个专门的政府部门对出版行业进行特定的管理,而是通过有关财政税收部门、文化教育部门等制定的政策等对出版行业进行管理,并筹建民间组织如英国出版商协会(The Publishers Association,PA),间接实现对出版业的管理。就相关政府部门来看,英国登记所(Company House),英国数字、文化、传媒和体育部(Department for Digital,Culture,Media and Sport)以及英国大使馆文化教育处(British Council)与大学出版最为相关。其中,英国登记所负责出版企业的登记注册;英国数字、文化、传媒和体育部是管理创意产业的核心部门,该部门在推动数字出版发展上作用突出;英国大使馆文化教育处与行业协会协同组织出版活动,拓展英国出版物的海外市场。英国与出版相关的行业协会大概有50家,位居全球首位。其中,学术与专业学会出版商协会(Association of Learned and Professional Society Publishers,ALPSP)作为最大的全球性非营利性学术和专业出版商行业协会组织,在全球学术出版界十分活跃,英国诸多大学出版社都加入了该组织。此外,英国通过在线出

---

❶ 黄先蓉,冯博.英国数字出版法律制度的现状与趋势[J].出版学科,2013(1):81-85.

❷ Government in UK. VAT Rates in Different Goods and Services[EB/OL].[2023-6-14]. https://www.gov.uk/guidance/rates-of-vat-on-different-goods-and-services#printing-postage-publications---books-magazines-and-newspapers.

版商协会(Association ofOnline Publishers,AOP)来监管数字出版业务,包括开展数字出版行业调研,加强会员之间的联系和信息共享等。

总体来讲,网络时代,英国大学出版管理制度不断与新业态相融合,旨在保护公众利益、维持行业秩序稳定、推动其高质量发展。

二、英国大学出版产品形态与新型增值服务模式相融合

在融合发展背景下,英国大学出版产品形态日益丰富,除了传统的学术期刊、专著、高校教材教辅等,还形成了数据库出版物、电子教材和数字化解决方案等数字产品形态。技术的进步也推动了个性化定制、开放存取、大数据分析等增值服务的建立,并形成了相应的新型盈利模式。

(一)对学术期刊数据库采取个性化的数字资源付费模式

作为种类丰富且享誉盛名的学术资源平台,牛津大学出版社所建"牛津学术期刊"平台提供灵活、多样化的数字资源付费模式。牛津期刊库主要包括两类:一是"牛津期刊过刊库",提供1791年至用户初始使用年前2年间牛津大学出版社出版的学术期刊内容。例如,用户从2023年开始使用牛津期刊过刊库,其囊括1791—2021年牛津大学出版社出版的所有学术期刊内容。二是"牛津期刊现刊库",收录自1996年以来最具权威性的期刊。同时,牛津期刊库的内容始终处于更新和扩展状态。❶

对于牛津期刊库,用户可按照使用期限,选择三种付费模式:第一种是针对牛津期刊过刊库机构用户的"永久访问"(Outright Purchasing)模式。在此模式下,牛津大学出版社可以提供承载期刊内容的可移动硬盘(属于购买成本)。所有期刊文章都以PDF格式保存,并附有期刊内容存档和交换通用格式NLM DTD标头。购买机构可在本地网络中管理相关信息。如果不能在本地管理信息,牛津大学出版社也可以收取年度管理费的方式代办。此类机构用户可获取期刊内容的永久访问权。第二种是"按年订阅"(Annual Subscriptions)模式。通过按年交付订阅费来获取期刊内容,超过约定年限通常将无权在线访问。第三种为针对个人用户的"临时在线

---

❶ 朱峻莹.英国学术期刊出版制度研究[D].西安:长安大学,2017:58-60.

获取"(Temporary Online Access)模式。当个人用户想要在线阅读期刊文章时，可以订购当年和前两年出版的期刊，也可以按次付费访问单篇期刊文章。

此外，按照数据库学科范围，又可划分为全库购买、学科专题库购买和定制期刊(Title-by-Title)模式。用户既可以采用永久访问或按年订阅形式购买牛津期刊过刊库全库内容，又可以从医学、法律、人文科学、社会科学和自然科学等学科领域中任选一类或多类专题库进行购买。而且，用户可以任选一种或几种期刊进行定制化购买。

对于义务教育学校、公共图书馆和部分发展中国家采购团体等机构用户，牛津大学出版社会按照产品形态、机构规模、用户数量和所在地域等设置不同的价格优惠政策。牛津大学出版社还对发展中国家和地区实施文章处理费(APC)豁免政策，即通讯作者在其完全开放获取期刊上发表文章可以免除文章处理费。而且，位于发展中国家的非营利机构图书管理员可以申请享受牛津大学精选期刊和在线产品的折扣访问价格。

(二)对部分电子书刊实施开放存取模式

英国的许多大学出版社都较早开始采取开放存取模式。以开放存取方式出版的学术期刊或图书文稿内容一经发布就可以被免费获取，有利于促使研究成果在全球范围内迅速、广泛传播。而且，该模式能够保证文稿经过充分的同行评审，对稿件质量提升有一定的促进作用。

开放存取模式分为绿色开放存取和金色开放存取两种模式。

绿色开放存取模式是指将经评审通过但未编辑加工的期刊文稿发布到作者个人网站、机构或非商业性主题仓储等平台上。所有支付订阅费的用户都可在内容正式出版前免费访问。其他用户的访问和许可使用活动均受限制。文章版权通常归与作者相联系的出版商或协会所有。一般由出版商制定政策来确定文章的哪一版本可开放存取，以及设定时滞期(Embargo Period)来明确用户何时可以在仓储库中访问文章等。

对于电子学术期刊来讲，绿色开放存取模式涉及四种不同状态下的文章版本：一是预印本(Preprint)，是指未进入投稿系统的原始文章版本。作者对其内容和排版负全部责任。二是已提交、在审查中的文稿版本（Submitted Manuscript Under Review），即文章由作者提交到出版社、正在接受正式审查的版本。作者可以在个人网站，部门、机构或非商业性主题仓储，商业仓储和社交媒体上发布前述两种版本文章。三是后印本（Postprint），是指通过期刊审阅并同意出版但未经编辑加工、排版和校对修改等，包含作者基于同行评审意见所作的修改内容。文章正式出版后，作者可能要经过一定滞期才可以将后印本上传到个人网页，部门、机构或非商业主题仓储平台上。而且，通常只能将摘要发布到商业仓储和社交媒体上。牛津大学出版社的期刊文章后印本封锁期多数为24或12个月，剑桥大学出版社通常较短为6个月。四是记录版本（Version of Record），即正式发表在期刊上的文章版本，包括在期刊编辑之前就已经于出版社官网提前发表的文章。通常，只能将摘要和出版社官方文章链接上传到其他网站上。不同版本期刊文章在各类平台发布的内容和时间要求都有所差异，如表1所示。作者通常签署知识共享署名（CC BY-NC 或 CC BY-NC-ND）协议，以在文章正式出版后，将其发布于非商业性主题仓储库等平台上。❶

表1　剑桥大学出版社不同期刊文章版本的可上传内容和发布时间情况

期刊文章版本 发布平台类型	个人网站	部门、机构或非商业主题仓储平台	商业仓储或社交媒体平台
预印本、已提交、在审查中的文稿版本	全文，任何时间	全文，任何时间	全文，任何时间
后印本（科学、技术和医学期刊）	全文，文章被接收后	全文，出版后6个月	摘要和出版社官网的记录版本文章链接，任何时间

❶ Oxford university press. Accepted manuscript embargo periods［EB/OL］.［2022-6-23］. https://academic.oup.com/pages/open-research/open-access-charges-licences-and-self-archiving/accepted-manuscript-embargo-periods.

续表

期刊文章版本发布平台类型	个人网站	部门、机构或非商业主题仓储平台	商业仓储或社交媒体平台
后印本(人文与社会科学期刊)	全文,文章被接收后	全文,文章被接收后	摘要和出版社官网的记录版本文章链接,任何时间
记录版本	摘要和出版社官网的记录版本文章链接,任何时间	摘要和出版社官网的记录版本文章链接,任何时间	摘要和出版社官网的记录版本文章链接,任何时间

金色开放存取模式是指文章正式出版后,用户即可免费、永久访问经编辑加工后的最终版本。作者或其资助机构需要支付一定文章处理费。作者保留版权,通常选择签署知识共享署名(CC BY)协议,以在任何地方(包括商业仓储库)分享和发表文章。在没有签署相关开放存取许可协议的情况下,作者可在其机构或非商业机构的私人团体内分享,前提是这些私人团体签署过基于在学术合作网络(Scholarly Collaboration Network)上分享文章需遵循的STM自愿遵守协议(STN Voluntary)。

依据所采取出版模式的差异,学术期刊可分为订阅期刊、完全开放获取期刊和混合开放获取期刊三种。订阅期刊是指需要用户以按期付费订阅方式获取内容的期刊,可采取绿色开放存取模式进行出版;完全开放存取期刊是指所有文章都采用金色开放存取模式进行出版;混合开放存取期刊是指同时发布开放存取和订阅内容的期刊,它允许作者以金色开放存取或绿色开放存取模式进行出版。

截至2023年7月,牛津大学出版社拥有超过100种完全开放存取(Fully Open Access)期刊和400种混合开放存取(Hybrid Open Access)期刊。[1]剑桥大学出版社拥有83种完全开放存取期刊和384种混合开放存取期刊。

除了电子期刊,英国大学出版社对部分电子书也采用开放存取模式。

---

[1] Oxford university press. Oxford academic journals. [2023-6-16]. https://academic.oup.com/journals.

例如,牛津大学出版社从2012年就开始支持以开放存取方式出版图书,以提高图书内容的可访问性和可发现性。其现在每年出版40种开放存取图书。用户可以在"牛津学术"(Oxford Academic)平台浏览和下载PDF格式电子书,也可以在谷歌图书平台在线预览完整的内容。剑桥大学出版社目前拥有255种开放存取图书。在大多数情况下,电子书的开放获取费用由研究资助者来支付。

与电子期刊相似,绿色开放存取模式下的电子书(通常是学术专著)也具有四种不同版本:一是预印本,即在将作品交付出版社之前创建的早期专著版本。二是已提交、在审查中的专著版本,即书稿提交给出版社,正在接受正式审查的版本。三是后印本,即出版社已接受出版但未经编辑、排版的专著版本,可能包括同行评审人员要求的修订内容。四是记录版本,指正式发布的专著版本,包括任何出版后的更正内容。与电子期刊不同,电子书在作者个人网站等平台发布的时间通常与出版时间相关,且不会区分自然科学和人文社科等学科类别,如表2所示。剑桥大学出版社只允许在一定条件下将专著的一部分(通常最多为一章)发布到个人网站等平台上。一般情况下,专著预印本,以及已提交、在审查中的专著版本可以随时发布到以上个人网站或机构仓储等平台。而后印本和记录版本只能在正式出版的6个月后按照知识共享署名协议规定将其中至多一个章节发布到第三方平台。

表2 剑桥大学出版社不同版本专著的可上传内容和发布时间情况

专著版本 发布平台类型	个人网站	部门、机构或非商业 主题仓储平台	商业仓储或 社交媒体平台
预印本	全文,任何时间	全文,任何时间	全文,任何时间
已提交、在审查中的 专著版本	全文,任何时间	全文,任何时间	全文,任何时间
后印本	一章,出版后6个月	一章,出版后6个月	一章,出版后6个月
记录版本	一章,出版后6个月	一章,出版后6个月	一章,出版后6个月

除了以开放存取方式出版电子形态的新书,牛津大学出版社等还支持将已出版的印刷书籍以开放存取方式在线发表。通常,出版社会鼓励作者签署知识共享署名(CC-BY-NC-ND 4.0)协议,在作品是非商业性的、不变的和完整的情况下,无限制发布内容,并完全归功于作者。根据这一协议,出版社还将为作者管理商业权利,包括翻译出版权等。该协议允许他人出于学术目的使用作品。它在一定程度上能通过促进纸质版和电子版图书的销售,从而帮助降低作者的图书处理费。因为学术专著的文稿处理费相对于期刊论文是很高的。剑桥大学出版社对于12万字及以内篇幅的专著,收费标准是9500英镑。每增加1000字,就多收取55英镑。不过,和传统出版模式一样,作者依然可以获取销售版税。

(三)对电子书数据库实行大数据驱动的采购模式

根据梅特卡夫定律,互联网的价值会随着用户数量的增加而增加。其根本内涵在于,依托用户大数据来指导生产和传播实践活动,能够为企业持续创造显著价值。对于大学出版社来讲,在平台上汇集海量学术图书、高等教育教材等电子资源,可以吸引大规模用户。基于平台用户数据,大学出版社为采购者提供大数据分析等增值服务,可有效提升采购有效性,并从中获利。

剑桥大学出版社自建数字平台"剑桥核心"(Cambridge Core)平台,整合出版社自身及合作伙伴出版的5万多种学术类和教育类电子书,面向高校图书馆等机构用户实行大数据驱动采购模式。机构用户可以先订阅1年的电子书库内容,从而获取大量电子书及其基于大数据分析的使用报告,以决定永久购买哪些电子书。使用报告可以表明在此期间哪些电子书是该机构中最受欢迎的。剑桥大学出版社系统会每月都向用户发送一封包含新MARC数据的电子邮件,以提醒机构及时将更新的书目添加到系统目录中。这样既有助于确保电子书的使用最大化,又可以在使用报告结尾处查看准确的热门书目。在年底,用户将被要求永久购买一定比例的电子书。如果机构续订,仍然可在续订期间访问之前订阅的内容,以及在续订期间新添加的电子书。在续订期结束时,用户将再次被要求购

买一定比例的内容。这种模式可以大大提高购买决策的针对性和有效性。❶

三、英国大学出版内容资源与新技术深度融合

英国大学出版数字化发展起步最早且数字化程度最高。从20世纪90年代起，英国大学出版社就开始进行学术期刊数字化的工作。不过，这还只是将数字化作为一种技术工具，没有与出版内容资源进行深度融合。

牛津大学出版社从2008年起加大对新技术的投资力度，除了推出印刷品的配套数字产品，还在运营理念和出版流程等方面不断改革，以快速响应市场变化。例如，牛津大学出版社拥有世界上规模最大、最权威的英语词典《牛津英语词典》。基于此，2000年首次推出《牛津英语词典》线上版。之后不断改版，尤其自2008年后不但对内容进行更新，而且会优化界面设计、嵌入其他参考资料以及实现与移动设备的兼容等。

英国大学出版社跨媒体、跨产业、跨地域发展活跃，传统出版与新媒体、内容和技术、内容提供商与渠道服务商的融合，成为一种非常活跃的现象。譬如，剑桥大学出版社与微软、谷歌、日立等高科技公司组成策略联盟，共同出版电子书，建设学术数据库和英语学习网站等。

为了提高产品技术含量和扩大产品市场规模，牛津大学出版社近年来不断收购新兴教育技术公司和较为领先的教育出版商。在词典领域，牛津大学出版社收购了在线多语种词典品牌bab.la，并将其与"牛津在线词典"内容资源相整合。一方面，bab.la提供涉及28个语种的36部在线词典，进一步丰富了"牛津在线词典"的内容资源，使其目标市场不局限于以英语为母语和讲英语的国家，还覆盖到其他语种国家。另一方面，bab.la遍及全球的在线语言社区有利于"牛津在线词典"内容的广泛传播。此外，其词汇课程、语言类游戏和测试等相关产品将大大提升用户的学习体验。在高等教育出版领域，牛津大学出版社收购了高等教育专业技能在线课程品牌Epigeum。其在全球27个国家230所大学提供在线课程，具有

---

❶ Cambridge university press. Evidence-based acquisition[EB/OL].[2023-6-10]. https://www.cambridge.org/core/services/librarians/evidence-based-acquisition.

领先的市场地位[1]，因此有助于提高牛津大学出版社的品牌影响力。在中小学教育出版领域，牛津大学出版社收购了互动数学教育资源网站My-Maths，并主要用于配合牛津社KS3阶段数学课程的开发。牛津大学出版社还收购了Nelson Thornes——一家领先的教育出版商，含大量优质的中小学教育阶段纸质和数字化内容资源。作为收购的一部分，牛津大学出版社还获得了数字教学和学习服务品牌Kerboodle的近1.3万名顾客。Kerboodl一直为英国中学提供线上教学、学习和评估服务，目前应用到牛津大学出版社中学各学科领域，实现课堂和数字资源的无缝衔接。[2]

四、结语

英国大学出版社始终以服务于学术研究和高等教育为使命，在数字时代，努力构建以内容建设为根本、先进技术为支撑、创新管理为保障的新型出版传播体系。英国大学出版社主要从法律、经济和行政三个层面，推动大学出版管理制度逐渐与新业态相融合；推出学术期刊数据库、电子书刊、电子书数据库等大学出版产品形态，促使其与新型增值服务模式相融合；通过技术变革和兼并收购等方式，推动大学出版内容资源与新技术深度融合。在科技迅猛发展的环境中，英国大学出版社还将不断吸收新技术、拓展新的产品形态和创新管理制度，引领大学出版融合发展迈向新高度。

---

[1] Publishers Weekly. Global Publishing Leader: Oxford University Press [EB/OL]. [2023-6-22]. https://www.publishersweekly.com/pw/by-topic/industry-news/publisher-news/article/71302-global-publishing-leaders-2016-oxford-university-press.html.

[2] Oxford University Press. Annual Report of the Delegates of the University Press 2020/2021 [R]. OUP, 2021.

印度数字出版的现状考察及平台发展路径探析
——以印度最大数字出版平台 Pratilipi 为例

卢欣悦

（云南民族大学民族文化学院）

郭瑞佳

（云南民族大学民族文化学院）

- 摘　要：考察印度数字出版的发展具有理论与现实层面的双重意义。从理论层面上看，印度数字出版代表着印度出版业新兴的产业发展方向及趋势，同时也是印度文化传播接入全球化的重要表征。通过对印度代表性数字出版平台 Pratilipi 的考察，可以对印度数字出版平台经济本土化发展模式予以界定梳理，对其本土化创新比较优势形成的特点、路径予以厘清。从现实层面上看，分析 Pratilipi 数字出版本土化发展的过程与经验，有助于分析影响印度数字出版战略实施的因素，这对推动中印两国目前及未来在数字出版领域的交流合作具有现实参考价值。

- 关键词：数字出版　数字平台　印度　Pratilipi

数字出版代表了出版业新兴的产业发展方向及趋势，同时也是一个国家的文化传播接入全球化的重要表征。印度政府于 2015 年 7 月 1 日推出了旨在将印度推向数字化转型的计划——数字印度计划（Digital India），其目标是通过数字技术的应用来改善印度公民的生活和经济状况，以及提高印度在国际舞台上的竞争力。该计划包含建立覆盖全国范围内的城市和农村地区的高速宽带基础设施，提供电子政务、电子制造、数字支付等数字服务，提高印度公民数字技能普及率和加强其数字安全意识等主要内容。印度凭借其人口发展红利期、强大的计算机软件技术、相对完善的汇率金融制度、巨大的市场潜力和有利的国家环境,已经具备成为数字大国的要素和条件。

一、印度数字出版的发展环境及相关法律法规

印度数字出版的发展伴随着技术的提升,除了技术之外,还有很多因素在其中发挥着重要作用。这些影响因素主要包括经济产业政策、人口基础、互联网基础、数字技术及法律法规体系等,其综合作用推动着印度数字出版从最初的单一结构发展到产品结构相对丰富的程度。

(一)经济发展态势迅猛,人口增长红利初现

根据国际货币基金组织(IMF)发布的各国国内生产总值数据,2022年印度名义GDP约3.38万亿美元,实际国内生产总值增长6.7%,经济总量已超越英国,已接近日本的八成,成为世界第五大经济体。印度国家银行(SBI)在同年发布的报告中预估按照目前经济增长速度,印度可能在2027年超过德国、2029年超过日本成为世界第三大经济体。

2022年7月,联合国经济与社会事务部发布《世界人口展望2022》报告,指出印度人口即将超过中国,到2023年年底其人口可能接近14.29亿人,成为全球人口第一大国。作为人口最年轻的国家之一,印度人口确实呈现多且年轻的状态。印度60岁以下的人口约占总人口的90%,其中35%的年龄在19岁以下。❶根据皮尤研究中心数据,全球每五个25岁以下的人就有一个是印度人,印度劳动力在未来10年将达到10亿人,拥有可观的经济增长潜力。❷英国《卫报》分析近年来印度经济持续增长的关键因素之一是得益于拥有庞大的、受过良好教育的、能够熟练运用英语的年轻劳动人口阶层,印度制造业的发展和出口能力不断增强,人口红利也为

---

❶ 王建宾.人口"最年轻"的印度,"人口数量"="人口红利"吗?[EB/OL].(2023-2-25)[2023-5-15]. https://baijiahao.baidu.com/s?id=1758796113970608820&wfr=spider&for=pc.

❷ 正观新闻.印度人口超越中国成全球第一,是人口红利还是负担?[EB/OL].(2023-4-11)[2023-5-15]. https://baijiahao.baidu.com/s?id=1763254869571741628&wfr=spider&for=pc.

印度提供了持续的消费市场,强大的消费需求甚至占到经济总量的55%左右。❶

(二)互联网用户基数大,数字阅读前景广阔

印度是全球互联网用户第二多的国家。十年间,印度互联网用户实现了高速增长。通过梳理印度电信监管局(Telecom Regulatory Authority of India, TRAI)公布的年度工作报告发现,近十年来印度全国互联网用户数量自2013年的16481万增长到2022年的82489万,除2022年度受疫情影响以外,均保持正向增长,年增长率最高达到52.65%。在此后每一财年,印度全国互联网用户基数保持持续增长,年增长率都保持在11.04%以上。根据思科公司(CISCO)发布的《思科年度互联网报告(2018—2023)》,印度将有21亿台联网设备、14亿移动连接设备、约7亿有线或Wi-Fi连接设备,4G连接将占移动连接总数的53.1%,5G连接总数将达到6720万个。这一趋势在印度电信监管局发布的最新年度报告中得到了印证,该报告显示截至2022年3月31日,印度互联网用户数已超过8.25亿,与2021年同期相比有线宽带用户增长19.77%、无线宽带用户增长75.17%,如表1所示。

"数字印度计划"实施8年来取得了显著效果,印度互联网用户数量实现快速增长,电子政务服务开始普及,数字支付得到广泛使用。❷2022年8月,印度正式开始提供5G商用服务,距离2016年大规模推出4G服务间隔仅7年时间。5G服务现已覆盖包括孟买、德里、班加罗尔、海得拉巴、勒克瑙、浦那、钦奈、艾哈迈达巴德、昌迪加尔等13个主要城市。印度最大电信运营商Bharti Airtel推出了覆盖印度5000个镇的5G行动计划,2024年3月其5G服务将覆盖印度所有的城镇及部分重要的农村地区。❸印度互联网

---

❶ 梁霞.印度超英国成为世界第五大经济体,2030年前或成为第三[EB/OL].(2022-9-13)[2023-5-15]. https://business.sohu.com/a/584694900_121019331.

❷ 竺道资本.印度的互联网速度正快速提高[EB/OL].(2023-3-22)[2023-5-16]. https://www.163.com/dy/article/I0F8459T0511AFKC.html.

❸ 新华财经.印度进入5G服务时代数字经济有望再添火[EB/OL].(2022-8-21)[2023-5-16]. https://baijiahao.baidu.com/s?id=1741750236112258925&wfr=spider&for=pc.

的高速发展离不开印度政府提出的有效举措，如改善电信业务的营商环境、不断制定修改国家电信行业的政策法规等。印度电信监管局对大部分互联网服务采取较为宽容的做法，不断修订下调电讯资费，以确保电讯服务的透明度、非歧视性和非掠夺性，全方位推动本国互联网行业的稳健发展，如图2所示。

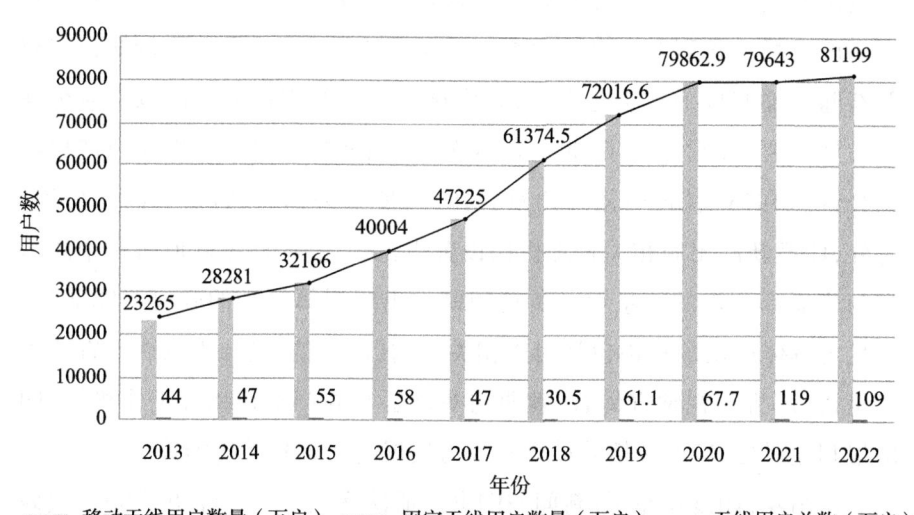

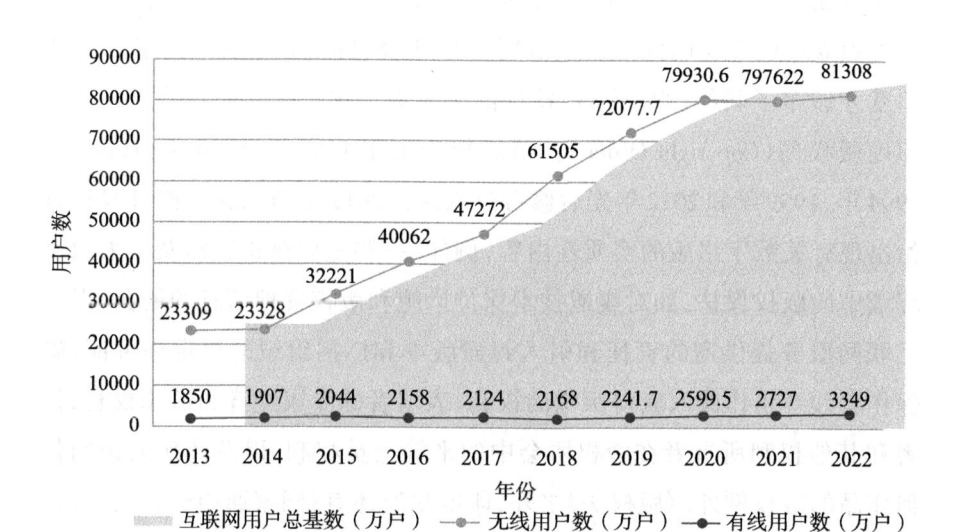

图1 2013—2022年印度互联网无线用户总数统计

图2 2013—2022年印度互联网用户总数统计

(三)新闻出版制度比较完善,法律体系较为成熟

印度知识产权建设起步较早,目前已形成颇具该国特色且相对趋于成熟的知识产权法律体系。印度知识产权立法最初是由英国统治者完成的。从印度沦为英国殖民地的第二年起,印度便开始陆续搭建起印度知识产权制度的雏形。这一时期英国统治者制定专利法的目的只是为了保护英国专利持有者的利益在印度区域内不受侵犯,从而更有利于控制整个印度市场。直到1947年印度独立之后,印度才有自主权进行知识产权及新闻传播制度的本土化设计,并尝试改变其知识产权制度以适应全球化发展需要,陆续加入了《世界版权公约》(1957)、《建立世界知识产权组织公约》(1975)、《日内瓦公约》(1975)、《罗马公约》(1979)等国际公约。另外,印度新闻出版相关管理机构设置也比较完善,印度政府机构中的信息与广播部下面的信息司是负责印刷与出版媒体管理的政府职能部门,信息司具体所辖的机构包括出版相关机构(出版信息署、影像署),宣传相关机构(广告与视觉宣传署、歌曲与戏剧署),新闻法律相关工作机构(印度报刊注册处、印度包括委员会),人力发展与培训相关机构等。

1876年,印度颁布了《新闻与图书注册法案》,至今已经历了30余次修订。印度现行法律中与出版事业最为密切相关的法律为《版权法》。1847年印度制定了第一部《版权法》,其后1911年和1914年对其进行了修订。印度独立后的十年时间里仍然沿用1914年修订的《版权法》,到了1957年印度才颁布了新的《版权法》,并且依法规定于次年在首都新德里设立了印度版权局(Copyright Office)。该版权法案于1983年、1984年、1992年、1994年、1999年和2012年先后修订过六次。2012年的《版权(修订)法》开始出现有关数字出版的实质性内容,例如,一些重要修正案涉及扩大数字环境中的版权保护,如对规避技术保护措施和版权管理信息的处罚,以及互联网服务提供商的责任和引入封面版本和广播组织的法定许可证;确保作者和音乐作曲家获得版税的权利,表演者的专属经济和道德权利,作者和其他权利所有者在版权协会中的平等会员权利,以及残疾人访问任何作品的版权例外。《版权法》之外,印度政府还有《国家通用语言文字法》作为印度新闻出版的法律依据。而《出版管理条例》《印刷业管理条例》

《版权法实施条例》等法规，《图书出版管理规定》《图书质量管理规定》《期刊出版管理规定》《音像制品管理规定》等重要规章，《图书、期刊、音像制品、电子出版物重大选题备案方法》等规范性文件，与《版权法》等法律相辅相成，共同规范印度的新闻出版市场。

二、印度数字出版平台Pratilipi内容特色及运营机制

Pratilipi在梵语中的原意为"复制"，后引申为"您成为阅读人"。根据官网的介绍，这家公司于2014年9月发起的旨在促进印度语言发展的数字阅读项目。这个项目的愿景是试图打破"出版"作为精英文化代表的刻板印象，扭转传统文学的傲慢态度，使新时代的阅读更为民主化，并为数字时代的用户提供新的阅读体验。到2015年3月，凭借前期的阅读项目推进，Pratilipi从Tlabs和Nexus那里获得了4000万美元的风险投资，创造一个为用户提供文章阅读、鼓励作家自由书写的自助出版平台。在这个数字平台上，作者和读者聚集在虚拟社区中，用户能够以文字、音频、漫画等多种形式分享他们的故事。目前Pratilipi除了拥有自己的门户网站，还开拓了手机端的不同App功能应用，如网文写作阅读平台Pratilipi、有声阅读平台Pratilipi FM、漫画平台Pratilipi Comics等。

（一）平台语言多元化，适应不同语种用户需求

印度是一个多语种、多文字使用的国家。印度立国之初便规定了14门法定地区语言，2007年12月1日之后，印度宪法第八号附表更是列出了22种官方语言，还有6种官方认定的古典语言。

Pratilipi的创始人曾经在接受新闻媒体的采访中公开表示印度绝大多数人不懂英语，但印度互联网的内容基本上都是用英文在进行传播，这样的现状非常不合理。中国的字节跳动公司旗下Helo应用出海印度的市场调研报告也印证了这一点，该报告显示印度消费者可分为三个圈层：第一圈层约1亿人，由城市人口和富人组成，主要的沟通语言是英语；第二圈层约1亿人，可以看作印度的中产，他们的语言以英语和印地语为主；第三圈层约10亿人，以印度新兴互联网用户为主，使用当地语交流。谷歌的印度

区经理也曾说过,每个印度人可以用两三种语言进行交流,有的甚至会四五种当地语。❶随着移动互联网的逐渐普及,多语种用户体量在不断扩大,语言文字使用习惯的差异化、本土语言内容供给的巨大缺口,为印度的本土互联网创业公司在世界网络巨头的重重包围下创造了突围良机,并在竞争中树立起天然壁垒。

作为本土数字出版平台,Pratilipi结合印度国内多语言使用状况,在自身平台中为用户提供了包括印地语(Hindi)、古吉拉特语(Gujarati)、孟加拉语(Bengali)、马拉地语(Marathi)、马拉雅拉姆语(Malayalam)、泰米尔语(Tamil)、卡纳达语(Kannada)、乌尔都语(Urdu)、泰卢固语(Telugu)、旁遮普语(Punjabi)、奥迪亚语(Odia)和英语在内的12种语言模式选择。无论是创作者还是普通用户,都可以根据自身的语言偏好加以切换和选择。

多语言的应用模式产生的作用是双向利好的:对于用户而言,一改以往因使用人数较少等客观原因而被迫选择其他使用语言的被动局面,小语种语言在Pratilipi平台上也可以占据一席之地,提升了自身的平台使用体验。对于平台而言,从多语种的角度出发替用户深层考虑,一是增加了平台的用户数量,从而产生一定的经济效益;二是推动本土语言多样性发展,体现了一家出版文化企业的责任与担当。Pratilipi具有网络图文创作平台和有声阅读发布平台,在此条件下,从视听的双重维度适应了印度本土多语言的和谐共生发展。

(二)数字内容供给多样化,提供不同内容形态供用户选择

Pratilipi平台在参考多国的数字内容平台运营经验的基础上,建立起具有印度特色的平台数字创作体系。不同于其他国家的数字平台多打造垂直领域内容供给的发展模式,Pratilipi更倾向于打造数字平台"内容超市",以适应印度民族众多、文化多样性、宗教信仰多元格局的国情。在这一平台上,专业作家和业余写作爱好者都可以在上面发布自己的作品,题材包括但不限于小说、诗歌、散文、杂文等,还允许用户上传音频故事(目前多为单人配音作品),助力其在印度本土数字出版平台可以获得更多用

---

❶ Yvonne. 产品分析:印度方言内容社区Helo[EB/OL]. (2019-10-25)[2023-5-30]. https://www.woshipm.com/data-analysis/3013605.html.

户的青睐。

Pratilipi平台页面设置上会显示正在阅读的文章、高级会员内容、最热门内容和用户根据自己喜好选择类型的内容推荐、最近更新的内容等。值得注意的是,主页的每日系列(Daily Series)板块会从周一到周日每天推送不同的内容。在"每日话题和讨论"板块,用户可以围绕官方提供的话题写下自己的故事、经历,其他用户可以对他写作的内容进行评价,更进一步地降低了写作门槛。不过这一板块目前活跃的用户量较低。主页面也设置有有声书板块,但是因为Pratilipi专门开设了有声阅读平台,所以主页上有声书板块用户很少。通过对Pritilipi平台发布内容形式的梳理,目前该平台上的内容大致分为以下类型:浪漫、恐怖、儿童、喜剧、悬疑、传记、青年人、生活、社会、女性、商业&经济、短篇小说、悲剧、科幻、历史、动作&冒险、纪实小说、诗歌。

第一,设立适应本土使用者的平台创作机制。12种应用语言以及包括浪漫、喜剧、恐怖故事、悬疑、传记、历史等在内的近20种内容类型,对于创作者和读者而言,既满足了多种语言使用需求,又丰富了创作、阅读的内容偏好。用户在登录Pratilipi App之后可以选择感兴趣的内容类型。点击进入一本小说,页面上会显示作者、作品得分、总阅读量、平均阅读时长、作品类型及作品简介。下拉内容目录则会具体显示章节名称、更新日期、阅读量、评分、阅读时长等。小说是Pratilipi平台上最受读者欢迎的内容,几乎占据所发布全部内容的70%,而在所有小说题材中,最受欢迎的是悬疑、惊悚和言情这三种类型小说。平台会根据用户的选择进行内容的推荐,且有多重推荐机制,其推荐引擎参照的参数多达150多个,能够收集具有相似阅读习惯的用户的阅读历史,向其他用户推送相关内容建议,或是基于用户正在阅读的内容进行相似类型内容的推荐,还能够基于用户关注的作者进行偏好推荐,并且用户可以对作品评分(满分5星)、发表评论,用户之间可以点赞和交流。总之,多维度从用户的偏好进行切入,精准满足了读者阅读需求的同时也丰富了作品创作的数量。

第二,基于网络平台内容进行IP开发。Pratilipi FM将受众喜爱排行榜上的文章在征得作者授权许可后,对原有文字进行了有声二次创作,使得原本单一的文字阅读模式成为富有情感色彩的有声阅读行为,丰富了用户的阅读选择。对于大部分热门有声阅读而言,用户如果有连续的阅读需求,是需要进行付费订阅的,这样一来便在网络阅读的视觉经济基础上,延伸出有声阅读的耳朵经济,拓展了平台营收渠道。同一内容,不同种呈现方式的联动既促进了多个平台的综合使用,也让用户以多样化方式对自己喜爱的内容进行深度体验,用户对平台的使用黏性也在这一基础上得到了有效提升。

第三,设置内容发布的过滤机制。平台运用技术筛选结合受众监督,建立起内容生产和发布的良性生态,提高作品内容质量。Pratilipi平台在内容的过滤机制上基本遵循两种方法:一是类似于元宇宙和YouTube的机制,用户可以通过填写屏蔽理由,自主选择屏蔽劣质内容,这些理由会反馈到后台的语言团队进行处理;二是平台专门设置了检测系统,用于检测平台的不良言论、仇恨言论、侵犯版权之类的行为,并对此进行标记,再反馈到后台语言团队核查后进行处理。Pratilipi因为已拥有大量的用户和内容,积攒了较多的数据,可以作为参数设置给机器学习,从而完善平台的推荐引擎。但是,相比英文,印度本地语言训练的数据仍然比较欠缺,所以这块内容的推荐上准确度还有待提高。与文本相比,音频的甄别难度更高,Pratilipi参考了中国喜马拉雅App的发展经验,进行了本地化改良。

三、建立数字平台综合性收益机制,激发创作热情

在Pratilipi平台上,作者可以选择与读者免费分享他们的作品,或收取订阅费。但是,越来越多的人尝试通过知识产权来使他们的作品盈利。在平台发布的作品是作者产生收入的来源。目前,Pratilipi平台大约有95%的内容为免费获取,5%的内容需要付费。Pratilipi网页端支持免费内容的获取和在线阅读,付费内容仅支持移动端付费和阅读。

(一)会员订阅

Pratilipi平台提供了会员订阅机制,分为高级订阅和超级粉丝订阅两种类型,两种订阅机制并不互通。通过Pratilipi高级订阅,读者可以随时访

问平台的任何内容。高级订阅一个月收费150卢比（约合人民币12.9元）、半年750卢比（约合人民币64.5元）、一年1500卢比（约合人民币129元）。官网显示当前已有5万多位读者成为高级会员。通过超级粉丝订阅，读者能够订阅喜欢的作家并支持他们，获得超级粉丝徽章，拥有提前5天解锁内容的特权，但是，想提前看到更新，读者需要支付"早鸟费"，如果愿意等待一周，那么仍然可以免费看内容。读者可以通过超级粉丝订阅来支持他们喜欢的作家，平台通过分享阅读活动，从而打造读者与喜欢的作家之间的共同兴趣。按平台功能介绍，未来还将计划推出超级粉丝独享的一些功能，如建立超级粉丝专属聊天室、开通与自己最喜欢作家的直播视频会议等福利。

(二)粉丝打赏

除了会员订阅机制，Pratilipi平台还推出了粉丝打赏机制。读者可以自愿向作者打赏贴纸来支持自己喜欢的内容。贴纸需要使用平台金币进行兑换，金币则通过实际购买获得，10卢比（约合人民币0.86元）可以购买20个金币，50卢比（约合人民币4.3元）购买100个金币并赠送5个，以此类推。而作者能够将获得的贴纸进行实际兑换，获取36%的实际收益。

(三)广告收入

Pratilipi平台的创作者还可以通过平台所提供的广告收益分享机制获得稿酬。平台会根据广告收入的比例将收益分配给创作者，创作者的收入会根据他们的作品在平台上的受欢迎程度、点击量和播放量等因素进行计算。一般来说，Pratilipi平台上的广告收益分成比例为70%~90%，其中70%~80%的收益将分配给创作者，剩余的20%~30%则归平台所有。具体分成比例可能因作者的贡献和平台政策等因素而有所不同。

与其他同类型的付费产品相比，Pratilipi的付费水平在印度市场上处于较高档次。在印度的互联网市场上，Pratilipi的主要竞争对手包括像Juggernaut、Storytel和Amazon的Kindle等付费内容平台。虽然这些平台的具体数据并没有公开，但Pratilipi在印度市场上拥有着庞大的用户基础和广泛的影响力，其付费用户数量也已经超过了100万，相对来说是比较可观的。同时，Pratilipi还不断推出新的优惠活动和促销，吸引更多的用户来订阅付费服务。除了关注读者和创作者，Pratilipi还在寻求拓展B端业务。它正在与图书出版商寻求合作，帮助作者达成出版协议，让优秀的网文作品进军线下市场。由此可见，综合性的收益机制在很大程度上促进了用户的创作热情。

四、印度数字出版平台发展潜力及趋势

根据印度电信监管局TRAI的报告，印度已经拥有仅次于中国的全球第二大网络用户群，随着4G的普及和5G的商用，印度数字经济规模也迅速发展壮大。麦肯锡全球研究所的报告也证实了这一趋势，在世界17个数字化程度最高的经济体中，印度的数字化增量排名第二。印度的核心数字部门在2017—2018年创造了约1700亿美元的产值，占当时印度国内生产总值的7%，预计到2025年，这一数字将增长到印度国内生产总值的8%~10%。数字网络正成为印度未来发展的重要支点。❶

（一）利用印度互联网人才优势，吸收多国数字平台发展经验

据平台方声称，Pratilipi全平台拥有37万名作家和3000万月活读者。作为印度数字出版产业的杰出代表，Pratilipi目前运营的网站和几个主要平台App之中，文字阅读平台与有声阅读平台凭借其多语种的涉猎，平台建设在一定程度上已相对完善。相比之下，Pratilipi FM有更进一步的改进和创新空间。Pratilipi FM现已能支持英语、孟加拉语、印地语、古吉拉特语、马拉地语、马拉雅拉姆语、泰米尔语、泰卢固语、卡纳达语9种语言进行文本和音频叙事。从当下发展的状况来看，对于自有平台之上热门的网文，Pratilipi会与作者进行合作，经其授权许可，将该类文章经过专业播音人员运作，转换为音频形式的有声作品。专业播音人员所承制的作品固然在一定程度上会赢得更多的潜在受众，但是通过同类产品的运作模式来看，以平台为依托，培养用户成为有声阅读作品的创作者，也未尝不是一个新的盈利创收点。

---

❶ 华佳凡.印度网络安全体系建设[J].信息安全与通信保密，2022(6):21-31.

(二)吸纳多国投资,共促数字阅读产业经济新增长

产业的发展既要有龙头企业的带动,也需要众多同类企业的联动,在竞争与合作间不断助力产业向好发展,共促产业经济新增长。成功的经验在适应的条件下是可以进行复制的,以Pratilipi为例,在其发展的过程中,其所创立的营收机制就是可以被复制并进行创新的一点。Pratilipi平台上对于创作者的多重奖励以及吸引读者付费订阅的多重机制,促使更多的创作者和用户深度参与到Pratilipi平台之中,刺激了平台的营收增长。Pratilipi是目前印度最大的数字出版平台,其盈利水平在印度国内同类企业中赢得头把交椅,由于其起步较晚,虽然获得多轮融资,但尚未达到上市的程度。因此,对于印度同类数字出版平台而言,其成长空间和市场占有率仍有机会获得提升。Pratilipi FM的竞争对手——印度另一家有声阅读平台Pocket FM的发展态势也比较迅猛,该平台支持包括英语和印地语在内的8种语言。成立于2018年的Pocket FM分别于2020年获得了由中国腾讯公司领投的560万美元A轮融资,2021年从美国Lightspeed公司领投的B轮融资中筹集到2240万美元,2022年由美国Goodwater Capital公司领投,韩国Naver及其现有投资者Tanglin Venture Partners等参投的C轮6500万美元的投资。❶在竞争和创新的过程中,印度数字出版产业经济得到相应的新增长。

(三)适应多语种环境,开拓文化传承新赛道

语言是民族文化的重要载体,是一个民族形成的重要因素。印度作为一个多民族国家,多样化的民族语言丰富了国家的文化脉络,促进了国家文化构成的多样性。无论媒介如何演变,其终究可以成为文化传承的有效载体。从单一化的纸质媒介再到数字化的新兴媒介,出版物产生了不同的形态,但文化传承一直可以成为贯穿不同形态的一条主线。作为印度本土最大的数字出版平台,Pratilipi在追求营收的过程中,也承担了文化传承的使命。考虑到多重语言用户的实际使用需求,Pratilipi平台上的可

---

❶ 动点科技.曾获腾讯领投,这家印度有声读物平台再获6500万美元融资[EB/OL].(2022-3-4)[2023-5-30]. https://baijiahao.baidu.com/s?id=1726297561097844552&wfr=spider&for=pc.

供使用语言达到12种，创作者可以根据自己的语言偏好去创作相应的作品，而普通用户也可以对不同语种的作品进行自由访问。在创作者和用户的互动间，在用户与用户的实际讨论中，语言的使用选项尽可能地增多，本土语言也在这样的过程中得到不断运用和发展。相应地，不同的民族文化也在这样的进程中得到了传承与弘扬。无论是多语言还是多文化，皆是各美其美，美美与共。Pratilipi作为印度国内数字出版的领军企业，以数字化的新模式开拓文化传承的新赛道。

数字丝绸之路建设为中印数字经济合作提供了机会，中国的网络文学、英文有声阅读等文化内容已经通过包括版权贸易在内的多种形式进入印度市场。中国数字出版平台的发展经验也被印度公司参考借鉴，中印两国在数字出版领域拥有广阔的市场合作前景，发展潜力巨大。然而，近年来，印度政府发展数字经济的过程中也面临平衡吸引外资和保护本土企业的难题。未来如何厘清两国合作中的机遇与威胁，探索双赢合作的新模式、新思路，是摆在中印两国数字经贸合作中的重要问题。

DOI提升学术期刊传播效能的内在机理与实践路径研究*

聂 弯
(北京印刷学院)
陶云云
(北京印刷学院)
吴永凯
(北京印刷学院)

- 摘 要：DOI作为数字对象标识符，对提升我国学术期刊传播效能具有重要作用。鉴于此，从保护学术期刊传播过程的版权、有助于出版时效性、提供多渠道访问入口、有助于学术资源集成共享、提升学术期刊显示度、提升学术期刊影响力和促进学术期刊的国际传播七个方面厘清DOI提升学术期刊传播效能的内在机理，提出政府、数据库运营商、出版机构推动DOI在我国学术期刊应用的策略，实现借助DOI来提升我国学术期刊的传播效能。

- 关键词：DOI 标准 学术期刊 传播效能

学术期刊作为学术前沿成果的重要发布平台和传播载体，在推动中国学术迈向高质量发展的进程中发挥着重要的作用。2022年6月25日，中共中央宣传部、教育部、科技部联合印发《关于推动学术期刊繁荣发展的意见》，明确指出学术期刊是开展学术交流的重要平台，是传播思想文化的重要阵地，是促进理论创新和科技进步的重要力量。加强学术期刊建设，对于提升国家科技竞争力和文化软实力，构筑中国精神、中国价值、中

---

* 北京市教育委员会科学研究计划资助项目(项目编号：SM202310015007)。

国力量具有重要作用。❶提升我国学术期刊传播效能不仅有利于增强我国理论自信和学术自信,也有利于推动我国学术期刊"走出去"。因此,提升我国学术期刊传播效能,已成为当前学界和业界共同关注的重要问题。

DOI(Digital Object Identifier)作为全球通用的数字对象标识符,可以为互联网上的数字内容资源提供唯一性的编码,因此被誉为数字内容资源的"条形码"。它的出现无论是对数字出版信息的收集、检索,还是对知识产权的保护都有着极为重要的意义。❷学术期刊作为DOI应用最广泛的领域,充分利用DOI不仅能提升学术期刊的传播效能,同时还可以促进学术期刊标准化发展。基于此,本文旨在阐释DOI提升学术期刊传播效能的现实逻辑,厘清DOI提升学术期刊传播效能的作用机理,并立足中国探寻DOI,助推我国学术期刊传播效能提升的路径,以期为提升我国学术期刊传播效能提供有益参考。

一、文献综述

DOI是应对互联网出版知识产权保护而产生的一种永久性标识符,由美国出版协会(the Association of America Publishers,APP)组织开发,于2010年通过ISO(国际标准化组织)认证为国际标准。DOI通过为互联网上的数字对象提供唯一标识,保护网络环境下数字资源的知识产权,使各种数字产品的流通和交易成为可能。❸

随着技术的不断发展,数字资源数量激增,信息资源共享成为国内外共同关心的主题。在此期间,学者们对DOI的认识也进一步加深,除版权保护外,学者们还意识到DOI对信息资源共享的深远影响。任瑞娟等认为DOI具有的唯一性、永久性、兼容性、可扩展、互操作、动态维护等特性,这决定了应用DOI进行数字内容的链接和解析是今后实现信息资源互联及

---

❶ 中共中央宣传部、教育部、科技部印发《关于推动学术期刊繁荣发展的意见》[EB/OL]. (2021-6-25)[2023-1-15]. http://www.gov.cn/xinwen/2021-06/25/content_5620876.htm.

❷ 周永立. 数字版权保护和资源标识问题[J]. 编辑学刊,2011(3):83-85.

❸ 龙健,赖茂生. DOI的兴起与我国的对策[J]. 情报杂志,2009,28(12):159-161,166.

共享的发展趋势。❶此后,学者在针对DOI在学术出版中的应用的研究中,发现DOI在学术期刊,特别是科技期刊传播方面的作用。姚戈、王淑华等研究认为,我国学术期刊应注重DOI的建设,并通过建立数字化平台网站或与国内外大型出版集团合作,使DOI成为我国学术期刊数字出版的"利器",实现国内与国外数字出版同步发展。❷

可以看到,尽管目前围绕DOI已经形成了一些研究成果,但尚未有学者从DOI提升学术期刊传播效能的视角,对DOI提升学术期刊传播效能的现实基础、内在机理及实践路径进行研究。而厘清DOI提升学术期刊传播效能的内在机理与实践路径对于指导DOI在我国的发展具有重要的理论意义和现实价值。鉴于此,本文基于版权保护理论和传播学理论,深入剖析DOI提升学术期刊传播效能的内在机理,并从政府和市场两个维度提出利用DOI提升我国学术期刊传播效能的实践路径,以期为提升我国学术期刊的传播效能提供有益的参考和借鉴。

二、DOI提升学术期刊传播效能的现实逻辑

(一)提升学术期刊传播效能是DOI的历史使命

随着网络技术和数字出版业的迅速发展,依旧沿用传统的标识符统一资源定位符(Uniform Resource Locator,URL)来代表数字对象已不能适应当前数字环境的发展要求。一方面,URL只是对数字资源的物理位置进行标识,并不是对数字资源本身标识,一旦数字资源的物理位置发生变化,文献链接就会因URL资源地址的变动、失效而成为"断链""死链""坏链",原有的数字资源将无法追踪❸;另一方面,URL也无法保护数字出版物在传播过程中的版权。DOI的产生正是为了解决数字出版领域的版权

---

❶ 任瑞娟,孙玲玲,赵然,秦向东.DOI在网络信息资源管理中的应用价值分析[J].情报科学,2010,28(8):1143-1146,1228.

❷ 姚戈,王淑华,王亨君.大数据时代DOI的应用意义与中国科技期刊应用现状[J].编辑学报,2014,26(1):63-65.

❸ 贾东琴,董伟.DOI在政府信息公开中的应用初探[J].图书情报工作,2009,53(15):138-141.

问题而出现的一种数字内容标识符。DOI是对数字资源本身进行标识,因此,只要数字资源附上DOI,无论传播到何处都将有迹可循。DOI作为知识产权保护的利器,既能保障学术期刊在网络传播过程中的知识产权不受侵犯,同时也能够确保数字资源实现永久保存,这意味着DOI从创建之初就肩负起提升学术期刊传播效能的历史使命。

(二)提升学术期刊传播效能是DOI的新趋势

在出版"走出去"的战略背景下,学术期刊"走出去"也已成为当前学术出版的主流趋势。2021年,习近平总书记指出:"高品质的学术期刊就是要坚守初心、引领创新,展示高水平研究成果,促进中外学术交流。"❶DOI因具备唯一性、持久性、兼容性、互操作性和动态更新等特点❷,能够促进学术资源知识产权保护及资源共享,这使DOI在学术期刊方面的应用不仅提供了一个向全世界展示中国高水平学术成果的流通渠道,同时也能增加我国学者与国际学术同行交流的机会。另外,从用户使用习惯来看,随着信息技术的不断发展,用户倾向于方便、快捷地获取学术信息,而DOI的出现恰好满足了用户这一方面的需求。通过DOI系统,用户可以实现从传统的"文献检索"转至"引文链接",即用户只需要根据DOI链接的指引即可到达提供该文献的网页。与将文献的相关信息作为关键词或主题词等进行文献检索的方式相比,这种基于DOI引文链接、一键式查找文献的方式显然更契合当下用户检索信息的使用习惯。因此,在学术期刊领域推广和应用DOI是时代发展的必然趋势。

(三)提升学术期刊传播效能是DOI发展的根本依靠

DOI因在知识产权保护、数字资源管理等方面具备得天独厚的优势,从问世之初就备受出版界、学界关注。目前,国外Elsevier、Blackwell、John Wiley、Springer等大型出版商都使用DOI对数字资源进行标识,形成了比较完整的命名、申请、注册、变更等管理机制,DOI的解析系统发展也比较

---

❶ 习近平.习近平给《文史哲》编辑部全体编辑人员的回信[N].光明日报,2021-5-11(1).

❷ 李琳,姜辉.新媒体环境下科技期刊影响力提升途径探讨[J].编辑学报,2019,31(S1):84-86.

成熟。❶然而在我国实际应用过程中,特别是在学术出版数字化的过程中,DOI对于学术资源的价值远未得到充分的认识和利用。通过DOI构建的数字资源传输方式,能够让数字资源在传播过程中实现强流动性,缓解和降低以往知识文献传输封闭性的弱点,尤其在文献传输中较容易体现出以数字化期刊访问和阅读效应作为核心价值的目标。❷提升学术期刊传播效能是DOI应用价值的最大体现。因此,我国学术期刊要想谋求更长远发展,必须借助DOI发挥其传播效能。

三、DOI提升学术期刊传播效能的内在机理

(一)DOI保障学术期刊传播过程的版权

DOI能够对文献进行知识产权保护的原理在于:每个出版商为其出版的每一个数字对象编制一个含有出版社本身前缀的DOI,并将其附加到文献元数据(Metadata)上,这样DOI就成为数字对象的一部分,始终与该数字对象共存,并在DOI注册中心数据库进行登记和永久保存,通过解析机制实现DOI与源数据的链接。❸一方面,DOI的出现打破了传统粗粒度的标识符分配模式,开启了标识单个数字对象的时代,目前已实现面向期刊、论文、科学数据等数字对象的标识系统构建。❹这样就为数字内容的原创者提供了更多元的保障服务,也使数字内容的版权管理更加健全。另一方面,DOI还可以通过对数字对象版权状态的持续追踪,检测数字内容的获取和使用情况。无论是对数字对象进行唯一性的标识,还是进行持续性地追踪,DOI都从技术层面实现了数字信息资源的版权保护。正因如此,早在2007年,国际DOI基金会(International DOI Foundation,IDF)就积极参与数字版权相关标准的制定工作,力争使DOI成为版权许可技术标准

---

❶ 韩永吉,蒋函,崔桐.DOI的由来及使用[J].吉林大学学报(地球科学版),2016,46(5):1311.

❷ 李彬,霍速.基于DOI系统的学术数据资源传播模式研究[J].图书馆学研究,2018(13):33-38,54.

❸ 杨小平.DOI发展现状及其在学术出版中的意义[J].科技与出版,2008(5):51-54.

❹ 贤信,曾建勋.科研实体唯一标识系统研究[J].图书情报工作,2015,59(12):113-119.

的内嵌标准。❶

(二)DOI有助于提高出版时效性

将学术成果标注DOI并进行优先出版,意味着可以将最新的研究成果以最快的速度呈现给全世界的用户,这对作者、读者、期刊乃至整个社会都具有积极的影响。优先出版是数字时代出版发展的一种创新模式,相比于以往传统的印刷出版模式,优先出版在保证出版内容质量的前提下将发布电子版的步骤尽量提前,以期实现最快速度的数字出版。❷优先出版的最大优势在于出版时间快,能够缩短研究成果发表时间。国际优先出版技术成熟,可以使审稿通过的稿件在几周内、几天甚至几个小时内就实现优先出版,大大提高了学术成果的传播速度和范围。同时,承认有DOI号优先发表论文的首发权,也使论文的知识产权更加完备。❸优先出版文章与DOI的结合可以在保障作者首发权的同时使作者的研究成果能够快速、广泛传播,达到快速服务社会的效果。在疫情期间,中华医学会杂志社将DOI注册权控制在自己手中,基本实现发稿后12小时内上线,最快的文章1小时内上线。❹

(三)DOI多重解析提供多渠道访问入口

DOI多重解析是继单一解析功能后升级的一种一对多的解析方式,使得DOI的作用不仅局限于一对一的资源标识与定位,还可以为单一的数字资源提供多重访问入口。期刊出版机构可以在DOI注册代理机构申请使用DOI多重解析服务,即可实现一个DOI编码集成多个链接地址。以发表在《植物生态学报》2008年第32期中的《西双版纳不同斑块望天树种群的密度、结构和生物量》为例,在DOI网站上对其DOI编码"10.3773/j.

---

❶ 周月娟,田杰.DOI对科技期刊网络传播的影响[J].科技与出版,2008,167(11):55-57.

❷ 张俊彦,黄林美,林琳,吴一迁.国内科技期刊的优先数字出版现状及问题分析[J].中国科技期刊研究,2015,26(11):1187-1193.

❸ 孔艳,颜帅.学术期刊距离优先数字出版有多远[J].科技与出版,2013,218(2):72-75.

❹ 沈锡宾,刘红霞,李鹏,赵巍,张文娜,赵亚楠,刘冰,魏均民.突发重大公共事件下科技期刊数字出版平台的社会责任与使命担当[J].科技与出版,2020(4):26-34.

issn.1005-264x.2008.01.005"进行解析,网页指向链接显示中文和英文两种获取原文的访问途径,让读者能够更快、更方便地获取到所需要的资源。DOI的多重解析功能为用户的信息检索提供了更多的选择空间,其目的是确保用户更快、更方便地检索到想要获取的目标文献,从而促进期刊论文的传播。

(四)DOI有助于学术资源集成共享

学术资源集成共享指的是基于DOI建立一种开放式的引文链接系统,实现国内外不同类型学术信息之间的交叉参考链接,从而促进学术出版中的资源整合与共享。其背后的原理为:对文章进行DOI编码和注册后,将文章的DOI链接提交至各检索系统,即可实现期刊网站与检索系统之间的链接。❶在学术信息资源检索过程中,引文链接的来源对象与目标对象往往存在着极强的学术联系,因此,引文链接通常是学者用以发现问题、研究问题的重要研究工具。CrossRef作为DOI在西文期刊领域的主要应用者,已经初步建立了一个基于引用关系、以DOI为核心、开放的文献知识链接。❷通过这个链接体系,研究人员可以实现学术资源开发与利用,这对揭示知识的起源及学术的关联具有重大意义。我国三家大型的数据运营商万方数据、清华同方、重庆维普均对其期刊制定了一套唯一标识符标准,但是这三家数据运营商所服务的期刊文献仅为其数据库内部的互链接,均未实现跨出版商网络平台的链接。

(五)DOI有效提升学术期刊显示度

DOI能够唯一性地标识每个数字资源,并为用户提供该数字资源永久访问的链接,这就意味着在学术文献中引入DOI可以提升搜索的质量。当用户发现了有价值的文献时,往往希望通过其参考文献去了解更多的相关研究。传统搜索参考文献的方式可能因文献重名导致查找失败,而DOI

---

❶ 丁燕,南娟,王玥等.《中国肺癌杂志》中文DOI应用实践[J].中国科技期刊研究,2012,23(4):667-669.

❷ 丁燕,南娟,王玥等.《中国肺癌杂志》中文DOI应用实践[J].中国科技期刊研究,2012,23(4):667-669.

搜索可将用户直接引导至目标文献所在的页面,从而有效提升学术期刊的显示度。一方面,DOI可以让用户轻松地获取目标文献的全文,提升文献的访问量;另一方面,用户往往会将阅读过的文献引入其研究当中,继而能增加文章的被引频次。此外,用户可以通过DOI,进入期刊的网站,进行相关主题论文的检索,从而进一步增加期刊的显示度。❶根据科学出版社的统计,国内STM(Scientific、Technical、Medical)期刊从注册DOI开始,其论文下载量直线上升,有的期刊在两三年内论文下载量增加了7~8倍,有一两个期刊还因此被SCI收录。❷

(六)DOI有效提升学术期刊影响力

学术期刊影响力是指学术期刊在一定时期内发表的学术研究成果,在某段时间里促进相关学术研究与应用的发展的能力,即反映学术期刊在学术研究领域当中被关注、被认可、被转化、被传播、被应用的程度。❸DOI有效提升学术期刊影响力表现在:(1)DOI可纳入学术期刊的评价体系。目前学术期刊的主流评价体系中,主要将文献的被引频次、期刊的影响因子等列为统计指标。国际上许多国家将DOI列为参考文献的著录项,而参考文献标注DOI能够显著提高引文统计的准确性和自动化程度,从而为学术期刊的引文统计提供良好的技术支持,这点已经在国外的应用中得到证实。CrossRef为期刊出版机构提供基于DOI的被引用情况,且提供的DOI数据已被科学计量学2.0统计工具列为单篇论文计量时使用的标识之一,作为论文、期刊计量的统计源。❹(2)DOI通过增加文献的被访问次数,扩大期刊的影响力。在国外,DOI已经广泛应用于科技文献、图书期刊、科

---

❶ 孔艳,颜帅.学术期刊距离优先数字出版有多远[J].科技与出版,2013,218(2):72-75.

❷ 王昕,方立国,骆瑾.当前期刊数字化发展的特征分析[J].科技与出版,2009,178(10):52-55.

❸ 张倩.学术期刊提升影响力指数的关键与实践路向[J].出版广角,2021(22):77-79.

❹ 戴婷.论DOI对我国科技期刊传播效能的提升[J].西南石油大学学报(社会科学版),2015,17(4):112-117.

学数据等领域,实现了引文与全文之间的开放链接。❶这是因为DOI的元数据记录着每一篇论文的网络URL存储地址,并且由出版商进行维护,因此可以最大限度地保障持久链接,而不会出现死链、断链等问题。❷即使文献所在的网址发生改变,用户仍然可以通过期刊的引文链接准确地找到对应的文献原文,从而提升文献的被访问量,扩大其传播范围,进而提高期刊的影响因子。而随着学术期刊影响因子的提高,自然会吸引众多学者的投稿,留存更多的优质论文,期刊的影响力也将进一步扩大。韩向娣等曾针对国内科技期刊DOI的应用现状开展调查,发现DOI对期刊学术质量和国际影响力的提升具有积极作用。❸

(七)DOI促进学术期刊的国际传播

突出表现在DOI有助于获取国内外研究资源、有助于不同领域和不同范畴数据之间的链接,以及增强国际学术交流。首先,基于DOI的引文链接功能,用户可以跨越时间、地域的限制,实现文献的跨平台检索。DOI在不同学科、不同领域的学术信息之间搭建了一条信息高速公路,能够让国内外用户方便、快速地获取来自世界各地的研究成果。其次,DOI开创了一种开放式的知识链接服务体系,实现了既可以从二次文献直接链接到全文,也可以从所引用的参考文献获取被引文献的双向链接。这种双向链接使得来自世界各地的出版商和不同领域期刊出版商提供的数字文献信息资源通过DOI实现相互印证并有机地联系在一起。而且,由于DOI具有可兼容性,可以与其他标准、技术兼容,故所链接的资源类型非常丰富,从期刊到图书、电子本、科学数据等,实现了不同领域、不同范畴数据之间的资源共享。最后,DOI与优先出版的结合,使最新的学术成果得到及时传播,并与国际上的其他学者在同一时间、同一平台形成对话,这对改变我国"西强我弱"的学术传播态势、全面破解我国"信息流进流出的'逆

---

❶ 任瑞娟,刘丽斌,濮德敏,米佳.中文DOI路在何方——从参考文献著录与DOI的关系探讨中文数字对象唯一标识符的发展方向[J].中国图书馆学报,2010,36(2):115-121.

❷ 田杰.DOI在引文规范与链接中的作用[J].科技与出版,2008(12):61-62.

❸ 韩向娣,边钊,闫珺.国内科技期刊DOI应用现状调查分析[C]//.中国科技期刊新挑战——第九届中国科技期刊发展论坛论文集,2013:277-282.

差'"等国际传播难题具有非常重要的意义。❶此外,DOI作为一项国际标准,可以成为引领中国学术资源进入符合国际标准体系的通道,为打破传统中文学术文献资源不具备国际传输能力的局面做出跨越性的贡献。

四、DOI提升我国学术期刊传播效能的实践路径

(一)国家层面

1.将参考文献著录DOI制定成强制性标准

对于电子文献的著录,我国现行标准GB/T 7714—2015《信息与文献参考文献著录规则》规定了其著录内容与格式,即"主要责任者.题名:其他题名信息[文献类型标识/文献载体标识].出版地:出版者,出版年:引文页码(更新或修改日期)[引用日期].获取和访问路径.数字对象唯一标识符."❷。尽管该标准明确指出DOI是电子文献参考文献的著录项目,但只是作为推荐性标准,并不能强制性要求执行,导致很多用户在参考文献中并不著录DOI。因此,应将著录DOI制定成强制性标准,以促进DOI的使用与推广,进而提升我国学术期刊的传播效能。

2.将DOI列入学术期刊评价体系

在我国学术期刊评价体系中,存在过度追捧以影响因子为代表的评价指标,而忽略了被访问次数、引用率等其他国际上常用的评价指标的现象。而DOI能提高期刊的访问次数、增加文献的引用率,在国际期刊评价方面具有重要作用,因此应将DOI纳入我国学术期刊评价指标体系。事实上,除了国际上将DOI应用于学术期刊评价体系,早在2013年,我国第二届中国高校科技期刊优秀网站评选就将DOI列入评价指标体系,并使用中文DOI作为统计源。❸

---

❶ 张彩霞,杨永军.新时代我国学术期刊国际传播能力提升路径研究[J].科技与出版,2022(11):86-90.

❷ 信息与文献参考文献著录规则:GB/T 7714—2015[S].北京:中国标准出版社,2015.

❸ 王健.湖南省本科院校理科学报DOI应用情况分析[J].湖南师范大学自然科学学报,2016,39(6):89-93.

3. 加强DOI标准的管理工作

要想借助DOI提升我国学术期刊的传播效能,必须加强DOI标准的相关管理工作。政府有关部门和行业协会应成为DOI标准推广和应用的引领者、指导者和督促者,并制订出一系列行之有效的监督、评价DOI标准执行情况的措施及奖惩条例。例如,政府有关部门可以将学术期刊执行DOI标准的情况列为期刊年检、质量评估、评选优秀期刊等的必要考核项目。

(二)数据库运营商

1. 加强DOI的宣传推广与培训

DOI标准的宣传推广与培训是DOI标准执行的必要前提,我国已有万方、知网和台湾华艺三家数据库运营商设立了中文DOI注册与服务中心。❶作为DOI的应用主体,数据库运营商需要加强DOI的宣传推广与培训。在合作期刊方面,数据库运营商可以通过举办专题会议,向参会期刊介绍DOI标准及其应用价值。例如,中国科学技术信息研究所和万方数据股份有限公司曾举办过北京、武汉、长沙站的DOI培训会,让更多的期刊认识到DOI的价值。在用户方面,数据库运营商可通过数据库页面宣传DOI并进行操作演示。例如,当用户进入数据库网站时,数据库页面会显示有关DOI的公告,并用短视频,H5(一种交互式多媒体形式,主要通过图片、视频、音频等形式呈现内容)等形式呈现DOI的解析过程。

2. 优化收费机制

作为DOI注册代理机构的数据库运营商,能够为期刊等出版机构提供DOI注册服务,但出版机构注册DOI的前提是成为代理机构的会员且需要缴纳一定的会员费用。以中文DOI为例,中文DOI的出版机构会员费用包括会员年费和DOI注册费两大部分。出版机构会员年费以期刊数量为计量单位,按照500元/(年·刊)收取,如果一个出版机构为多份期刊进行注册,会员年费则会累加,但最高额度不超过人民币20000元/年(如表1所示)。单篇文献DOI注册费为1元/条(如表2所示)。我国学术期刊多数为非独立法人单位,有限的办刊经费主要由主办单位下拨,因此注册DOI会

---

❶ 杨郁霞. 推动DOI在我国科技期刊领域的发展——基于推广普及视角的思考[J]. 出版发行研究,2016(10):70-73.

员费用对于部分出版机构来说是不小的压力。而用户点击DOI进行文献检索时，往往指向的是数据库运营商的服务器，导致用户进入的是数据库运营商的网络平台，这势必会影响读者对期刊本身网站的关注度，从而对期刊网站资源的利用率和传播率造成一定影响。❶因此，需要优化收费机制，协调数据库运营商与期刊出版机构之间的收益分配机制。

表1 出版机构注册DOI会员年费表

出版机构类型	出版内容	收费标准
期刊编辑部	非营利性的期刊	按照每年的注册期刊数量计算： 1~3本期刊，500元/年 ≥4本期刊，按照200元/(年·刊)递增 最高不超过2万元/年
科研单位等	科学数据	500元/年

资料来源：http://www.chinadoi.cn(2023年2月20日11:20)

表2 单个DOI注册费

出版物	注册内容	收费标准
期刊	期刊标题	免费
	卷、期	1元/条
	期刊论文（现刊）	1元/条
	期刊论文（过刊）	1~5000条DOI，0.5元/条 >5000条DOI，0.3元/条
图书	图书	1元/条
	章节/条目	每本书1~200条DOI，0.5元/条 每本书>200条DOI，0.3元/条
科学数据	科学数据	1元/条
	数据集	1~5000条DOI，0.5元/条 >5000条DOI，0.3元/条

资料来源：http://www.chinadoi.cn(2023年2月20日11:25)

---

❶ 杨郁霞．我国科技期刊加入DOI的途径探析[J]．出版发行研究，2017(3):59-61．

(三)出版机构

1. 提高编辑加工质量

编辑加工是执行学术规范、展现期刊出版标准、提高期刊编辑质量的重要环节。为了助推我国学术出版实现高质量、高标准发展,学术期刊的编辑需要全面、深入地了解DOI对于提高学术期刊传播效能的重要意义,并通过积极参加DOI标准方面的培训,做好DOI标注工作及著录DOI的后续追踪工作,如收集、对照学术期刊使用DOI前后的相关指标数据(如被访问量、影响因子等),深刻认识DOI提升学术期刊传播效能的作用和价值。

2. 运用新媒体宣传DOI

除了在期刊的醒目位置标明DOI的应用、作用与意义,出版机构还应当利用期刊官网、微博、微信公众号等平台来扩大传播面,让更多的用户了解DOI,接受并主动使用DOI,从而推动我国学术期刊不断向标准化、规范化方向发展。

3. 注重用户反馈

卡茨提出的"使用与满足"理论指出,每个人都是出于一定的目的来使用媒介的,而影响用户使用媒介的关键因素之一就是既有的媒介印象。虽然DOI标准已在国际上被广泛使用,但是,我国用户对DOI的作用和价值还知之甚少。要想让用户习惯标注DOI并通过DOI来进行文献检索,除了施加DOI宣传与指导服务等外力之外,还应重视用户使用DOI的反馈意见。例如,在期刊和数据库的网页上设置用户评价入口或者通过问卷调查等方式,收集用户在使用DOI过程中存在的问题,并提供针对性的解决方案,从而提升用户体验,扩大DOI的应用范围。

跨国出版集团融媒体实践探析
——以企鹅兰登书屋为例

何倩莹

（北京印刷学院）

- 摘　要：本文首先就融媒体在学理层面上的研究进行了简述，并以世界上最大的图书出版商企鹅兰登书屋的融媒体实践为研究对象，归纳和总结其融媒体实践呈现两个特点：一是注重纵向并购重组整合数字出版业务；二是基于内容资源为基础的融媒体开发。企鹅兰登书屋的融媒体实践对我国传统出版机构应在微观、中观和宏观三个层面展开融媒体建设有启示意义。

- 关键词：跨国出版集团　融媒体　企鹅兰登书屋

一、"融媒体"简述

目前，关于"融媒体"的概念在业界尚无较权威的定义，研究者们倾向于将其置换为"媒体融合"或"媒介融合"，甚至用以置换的两者的定义也是不明确的。2014年，中央全面深化改革领导小组第四次会议审议通过了《关于推动传统媒体和新兴媒体融合发展的指导意见》，因此，2014年被称为我国媒介融合"元年"，自此关于"媒介融合"的研究如火如荼，而"媒介"这一概念源于19世纪末20世纪初，是大众传播学中最基本、最核心的概念，意思是"事物之间发生关系的介质与工具"。有学者认为"媒介融合"的思想最早可以追溯到20世纪60年代麦克卢汉"媒介总是以叠加的方式向前发展的，新的媒介的出现并不代表旧媒介的消亡"。随后麻省理工学院媒体实验室创始人尼葛洛庞帝首先提出计算机工业、出版印刷工业和广播电影工业正在趋于融合。1983年,同为麻省理工学院的学者伊契尔·索勒·浦尔(Ithiel De Sola Pool)在其著作《自由的科技》中提到一种"模式融合"的过程模糊了媒介之间的界限,甚至连邮件、电话、电报这些点对点传播和报纸、广播、电视这些大众传播之间的界限也被模糊了。此后,在浦尔的基础之上,一批国外学者又对"媒介融合"这一概念进行补充和再认识。

笔者通过精读国内的文献,发现"媒介融合"的概念更多是被作为一种新的时代背景以探讨业界的问题,其自身成为不言自明的概念,或只是将其理解为一种过程状态,始终缺乏学理性的研究。例如,学者栾轶玫就提出"我国媒介融合大致经历了四个阶段:报纸(广电)上网阶段、网络报纸(广电)阶段、全媒体阶段(后期全媒体与融媒体概念并行使用)、融媒体阶段。目前,正处于融媒体阶段。"❶其主要对媒介融合的理念嬗变过程进行了阐述。

"融媒体"与"媒介融合"的情况相似,按照以下条件在知网进行检索:检索项"篇名",检索词"融媒体",搜索范围"学术期刊",时间"2015—2023年",匹配"精确",共获得16001篇论文,学科涵盖范围广泛,包括:新闻与传媒、高等教育、出版、电信技术、中国共产党、计算机软件及计算机运用、戏剧电影与电视艺术、行政学及国家行政管理、文化、农业经济和企业经济。可见,融媒体已形成跨学科的研究。其中,出版学科下的"融媒体"研究论文809篇,占比仅为5.1%。纵向来看,笔者通过改变搜索条件:检索项"篇名",检索词"融媒体",搜索范围"学术期刊",时间"2010—2014年",匹配"精确",共获得136篇论文,出版学科下的研究论文6篇,占比为4.4%。从数量上来看,2014年以后,出版学科下关于"融媒体"的研究论文呈现迅猛上涨的趋势,但通过精读2010—2023年的文献,问题仍旧体现在学科理论构建不足上。例如,国内最早提出融媒体概念并进行系统研究的学者栾轶玫认为"融媒体时代的创新,首先是理念上的创新。除了理念上的创新之外,还有一系列的模式创新。融媒体带来的最重要的一个后果即'媒

---

❶ 栾轶玫,杨宏生.从全媒体到融媒体:媒介融合理念嬗变研究[J].新闻爱好者,2017,477(9):28-31.

介之间的边界由清晰变得模糊',因此,'打通'是融媒体时代模式创新的关键"❶。他还提倡用"融媒体"的概念代替"全媒体"的概念,对此,有学者提出异议,邓涛认为"全媒体"不等同于"融媒体",从基本概念上对二者进行阐释便可知,"全媒体"是"物理"融合,而"融媒体"是"化学反应",两者看似差不多,实则不同。但邓涛最后还是没有对"融媒体"概念进行明确的界定。

可见"融媒体"在出版学科中仍未引起足够的学理上的重视,缺乏理论指导的出版融媒体实践正处在初级阶段。需要指出的是,业界普遍认同"融媒体"的概念来源于国外,早期实践出现在1993年,美国的论坛公司(The Tribune Company)建立融合新闻工作室,但我国无论是在理论上还是实践上都缺乏对国外融媒体发展状况的研究,因此本文旨在以企鹅兰登书屋融媒体实践为样本,为我国传统出版机构融媒体发展提供思路。

二、企鹅兰登书屋融媒体实践分析

(一)注重纵向并购整合数字出版业务

相较于内生性增长所强调的依靠企业自身积累实现经济稳定增长不同,如今面对互联网技术所引发出版产业结构的巨大变革,各大出版集团更多地采用外延式发展战略,即采用资本收购和兼并的方式快速使企业战略资源聚焦,做大、做强、做优主营业务,优化企业产品结构,进而快速占领市场空间。❷

2013年7月,贝塔斯曼集团与培生集团签署最终合同,合并各自旗下的图书出版公司兰登书屋和企鹅出版集团在全球范围内的业务,这两家公司分别持有这家新的全球贸易出版商53%和47%的股份。世界上最大的图书出版公司企鹅兰登书屋自此诞生。2017年,企鹅兰登书屋收购文

---

❶ 栾轶玫.融媒体时代:我拿什么奉献给你?[J].视听界,2009(4).

❷ 王军,翟旭瑾.五大国际大众出版商的经营概况与发展策略分析[J].出版发行研究,2020,338(1):93-98.

化创意品牌Out of Print,以布局图书衍生品业务;同年10月,贝塔斯曼通过从培生集团手中进一步收购22%的股份,将其在企鹅兰登书屋的股份增加到战略性的3/4。2018年,企鹅兰登书屋收购了德国本土音频出版品牌Der Audio Verlag,从而扩大了其有声书出版计划。2019年,其通过一系列收购和投资,扩大了在成长型市场和有前景的细分市场的投资组合。例如,收购美国领先独立出版商Sourcebooks 45%的股份,这是一家以快速发展以创新、市场信息和数据驱动的出版方式而闻名的出版商。2020年,企鹅兰登书屋被贝塔斯曼集团全资收购。11月,企鹅兰登书屋宣布从媒体公司派拉蒙全球(前身为ViacomCBS)手中收购图书出版商西蒙与舒斯特。2021年11月2日,美国司法部向华盛顿特区地方法院提起诉讼,要求禁止该交易,理由是担心与获得作者权利有关的垄断。该收购在2022年11月1日的法庭裁决中被禁止。

目前,企鹅兰登书屋作为世界上最大的贸易图书出版商,在全球拥有近250家编辑独立的出版社,320个独立出版品牌,包括Viking(维京图书)、Allen Lane、Portfolio、Hamish Hamilton、Bantam Books、BBC Books等。这些品牌分属于多个部门,每年出版超过15000种印刷刊物,超过70000种电子读物。企鹅兰登书屋每年销售超过16000种新书,超过7亿本印刷、音频和电子书,作者当中包括80多名诺贝尔奖获得者。

根据贝塔斯曼集团2014—2022年的年度财务报告,合并后的企鹅兰登书屋获得了明显的经济效益。2014年企鹅兰登书屋收入突破33亿欧元,增长率达到惊人的25.2%;2015年,增长率仍在10%以上,当年收入达到37.17亿欧元;虽然在2016年受负面的货币影响和投资组合变化等原因的影响,收入略有下降,2017—2022年企鹅兰登书屋的收入均稳定上升,并在2021年超过40亿欧元。值得注意的是,2020年,全球出版业受疫情的影响,营销渠道受阻,但企鹅兰登书屋的收入仍呈现增长趋势,这主要得益于数字产品在其销售组合中所占比例的提高。

此外,企鹅兰登书屋通过一系列合并或收购行为,还取得了协同效应。协同效应(Synergy Effect)指的是企业生产、营销、管理的不同环节,不同阶段,不同方面共同利用同一资源而产生的整体效应。而并购行为产生的协同效应包括：经营协同效应（Operating Synergy）和财务协同效应（Financial Synergy）。协同效应主要源于以下三个方面。一是范围经济：并购者与目标公司核心能力的交互延伸。二是规模经济：合并后产品单位成本随着采购、生产、营销等规模的扩大而下降。三是流程/业务/结构优化或重组：减少重复的岗位、重复的设备、厂房等而导致的节省。协同带来的效益不仅体现在财务上，更是通过获得目标公司核心能力，实现并购者经营上的多元化和可持续发展。

（二）基于内容资源为基础的融媒体开发

企鹅兰登书屋通过一系列的合并或收购成为全球最大的图书出版商和贸易商，在此之前，英国企鹅出版集团和美国兰登书屋已凭借多年在出版业深耕优秀出版作品的经验，受到广泛读者的赞誉。完成合并之后，企鹅兰登书屋继续以优质的内容资源为基础，在新技术新媒体的加持下，引入新形式以进行品牌建设、扩大其主营业务的影响范围，核心在于加强与广大读者的直接联系，使其进一步巩固在传统出版和数字业务方面的市场领导地位。

在品牌建设方面，企鹅兰登书屋2018年开发的Bookful应用程序，旨在为年轻读者提供经典儿童书籍和非小说类书籍，在AR技术的帮助下为选定的书籍提供生动的插图。年轻的读者可以与故事中的人物进行互动，达到加强学习和理解的目的。企鹅兰登书屋还推出了一种名为Good Vibes的语音技能，亚马逊Alexa在此基础上从畅销书和畅销书作家的名言中摘录鼓舞人心的语句。2021年，企鹅兰登书屋推出了全球在线选角平台Ahab，以更好地帮助有声书、视频游戏、纪录片、演员和视觉内容创作者找到多元文化的演员。2022年，企鹅兰登书屋继续在各种平台上开展"All Ways Black"活动，该活动旨在提高人们认识黑人在整个社会特别是文学方面所作出的积极贡献。在营销渠道上，企鹅兰登书屋在TikTok上以"BookTok"为标签推出了一个新工具，读者可以通过视频中的链接直接标记图书，从而进入有关该作品的信息页面。

此外，企鹅兰登书屋还通过IP开发延长其图书产业链，利用新的零售渠道和电影制作公司进行合作，尝试以大规模的商品销售，将电影的粉丝转变为书籍的购买者。

在与读者建立直接联系方面，2016年，企鹅兰登书屋在美国开展为期八周的"地铁阅读"(Subway Reads)活动，向火车通勤者提供企鹅兰登书屋的电子书；公司营销团队还开发了一个内部的专有工具——"今日热门图书"(Today's Top Books)，用于挖掘网络数据，推广企鹅兰登书屋排名前五的图书，并每天与企鹅兰登书屋平台的订阅者分享。2019年，企鹅兰登书屋推出了"读者奖励"(Reader Rewards)计划，该计划奖励购买和阅读书籍的消费者。研究表明，许多千禧一代更喜欢体验而不是购买物质商品。出于这个原因，企鹅兰登书屋在纽约举办了第一个自己的书展"成人书展"。这次活动在年轻人和社交媒体之间都广受欢迎。

三、对我国传统出版机构的启示

（一）微观层面：以技术为力量再造出版生产流程和出版模式

第一，实现生产融合。应根据读者阅读需求的变化，并借助技术的发展，开发和利用多样化的出版形态，如数字图书、数字期刊、数字报纸、有声书、视频书等。但技术力量对于出版业的影响，更多来自外部，"若仅仅跟随外部技术的发展而被动变革，出版业将陷入对技术不确定性的突破性创新中，感到手足无措、难以适应"❶，因此，出版必须从多维度、多功能出发进行内部的创新性转型，无论未来出版业态朝着何种方向、何种形式来变化，只要坚持出版精品为基础，以前沿技术为力量，以追求社会效益与市场效益相统一为导向，那么出版将始终走在我国建立文化强国道路的最前面，担负起做国家文化旗帜和先锋的重要任务。

第二，实现渠道融合。目前，出版营销存在传统渠道失灵，新兴渠道薄弱，出版社主动意识不强等问题，由于读者消费和阅读习惯的改变，我国实体书店普遍面临生存危机，流量时代，出版社都意识到营销的战场已经从线下转移到了线上，具备前沿眼光的出版社通过布局抖音、快手、小

---

❶ 张志强，杨阳. 新中国成立70年来出版形态变迁[J]. 编辑之友, 2019, 277(9): 19-25.

红书、B站等平台,实施直播营销、短视频营销、KOL营销、社群营销、盲盒营销、外卖平台送货等新形式。例如,果麦文化公司在2018年开始试水新型营销方式,从最初的做内容到2020年后的开始变现,从最初账号运营到如今的全民直播。目前,果麦通过旗下的70多个账号,链接了超过5500万用户,拥有或运营的微博账号有"知书少年果麦麦""果麦文化"等,抖音账号有"好书博物馆""好书电台""小嘉啊";微信公众号有"2040BOOKSTORE""张皓宸""庆山""榕榕读童书"等。这些出版公司在融媒体时代为出版业如何跳出困境提供了参考,但也有其局限性,因为即使是已经实现了全渠道布局的公司,也不能实现每本书都畅销,《出版商务周报》公众号定期邀请各个出版社的编辑复盘自己做过的畅销书,编辑们无一例外地都谈到了内容始终是书籍畅销的核心,营销只是"锦上添花",但有时正是这种"锦上添花"使很多被埋没的好内容重新进入人们的视野,因此每本书的畅销过程并不是不可复制的,只要在保证内容上乘的前提下,根据出版社自身的特点和能力,认真研究这些新型营销平台的运营方式,并进行有的放矢的布局,就能在流量时代留住读者。

  第三,实现模式融合。信息技术的进步为出版业催生了一批新型的出版模式,如数字出版、众筹出版、自出版、智慧出版、开放获取等,这些新型的出版模式与媒体融合的时代背景、读者需求的不断变化密切相关。以众筹出版为例,该模式最早出现在国外,成立十余年的Kickstarter凭借其成熟的运作模式已成长为全球最大的众筹平台,项目包括出版在内的众多文化领域,运作方式为发起人发起众筹项目,感兴趣的用户出资,共同助推新产品的出现。国内众筹平台以摩点为例,其在出版领域的布局吸引了众多出版商的关注,江苏凤凰美术出版社出版的《敦煌岁时节令》走的就是众筹之路,项目自2022年2月19日正式在摩点平台上线以来,1分钟便达成3万元的众筹成功目标。直到2022年3月20日,共筹得金额超过20万元,项目目标完成度高达695%。最后,《敦煌岁时节令》依托敦煌研究院提供的优质内容、出版机构专业的编辑工作使其成为大热的现象级图书,这也印证了《敦煌岁时节令》策划团队的想法:出版走众筹之路

"不仅是可行的,还是不可不行的"! 但其众筹之路也不是走得一帆风顺的,首先是对平台用户心理的不了解;其次,是对文创市场的不熟悉。这启示出版机构在面对新型的出版模式时,不能站在其对立面思考,而是要站在旁边以开放和谦虚的态度去学习和融入,并积极发挥出版人的专长,在新型出版模式这片蓝海中开拓属于自己的天地。

(二)中观层面:探索积极的市场化道路,重构盈利模式

由于我国出版机构转企改制的时间还不长,市场化意识不强,缺乏出版品牌文化宣传的意识。❶品牌文化宣传的深层含义主要体现在构建出版机构的品牌影响力,其基础是一批优质产品与产品线。我国出版机构应突破现有的单一对出版品牌的理解,即认为品牌就是一种标识和风格,只要设计一套符号体系(如名称、Logo、slogan等)就完成了品牌建设。事实上,出版品牌的建立必须满足两个前提条件:第一,一批充足且优质的选题库存;第二,一批具有丰富出版实践和经验丰富的编辑。

《出版人》杂志于2022年9月中旬发起的"图书子品牌生存与发展情况调查",对于出版市场上的43个图书子品牌进行了摸底调查,结果显示:人员配置上,53.49%的图书品牌人数小于10人;25.58%的图书子品牌人员在11~20人;9.3%的图书子品牌人员配置为21~30人;仅有11.63%的图书子品牌人数超过30人。而在"图书子品牌销量超过1万册图书品种数"调查结果分布中,48.84%的图书子品牌销量过万的图书超30种,这些子品牌在人员规模上普遍大于10人;约1/5的图书子品牌销量过万的小于10个品种,多为创立时间晚、人员配置少,尚处于起步阶段的图书子品牌。由此可以看出我国出版机构在进行品牌建设当中忽视了对编辑人才的重视。实际上,在适应新渠道营销环境的巨大压力之下,许多出版品牌更愿意招徕懂得新媒体的非专业编辑,或专业编辑转型学习新媒体,使原来的主营业务传统图书陷入质量堪忧的状况,"出版社,越来

---

❶ 贺敏,易图强.企鹅兰登书屋的媒介融合实践及其启示[J].出版参考,2019,791(1):24-28.

越像一个图书印刷厂,或者像一个图书推销员",此举于出版社而言无疑是竭泽而渔。

以近年来国内最具影响力和前瞻性的出版品牌"理想国"的发展历程为例:2010年,广西师范大学出版社通过开展"理想国年度文化沙龙"。2011年9月10日,"理想国年度文化沙龙"再次举办。2011年11月19—21日,"理想国文化沙龙"再一次以完全开放、完全免费的方式举办。一系列连续的沙龙活动使"理想国"品牌迅速深入人心。随后,在2015年,"理想国"推出"看理想"影像出版计划,以"影像纪录片"的形式为旗下的作者打造了多档垂直类的文化节目;2017年,与腾讯新闻联合出品了一档文化直播节目——理想国LIVE;2018年,"看理想"App上线;2018年,理想国创办"宝珀理想国文学奖",进一步在作者和读者群中提升了品牌的知名度。"理想国"品牌独特的建设发展路径核心主要在于"从产品品牌到文化品牌的转型或过渡"的理念,广西师范大学出版社集团董事长张艺兵认为文化品牌建设要"开展丰富的文化活动,而且不能仅仅是卖书的活动,要把出版回归到知识分享这一本质意义上来。更为关键的是,这个品牌的理念必须具有文化意味、人文关怀,必须获得读者的文化认同"。总之,出版机构要避免只看重经济效益,应该更强调出版传播知识的意义,通过打造出版精品、进行IP开发和将品牌建设列入出版社的发展规划之中等方法,使读者真正地认识图书背后的品牌并最终认同这个品牌。

(三)宏观层面:变革出版体制机制,注重出版高质量人才的培养

2003年,党的十六届三中全会通过了《完善社会主义市场经济体制若干问题的决定》,进一步深化和明确文化体制改革的目标,并提出文化体制改革要形成一批大型文化企业集团。截至2019年8月30日,我国累计已组建成立53家不同类型的出版集团,其中有15家在沪深A股上市。值得肯定的是,我国在建立出版集团的初期就取得了一定的成绩:集团化形成的品牌效应,吸引了新的作者和图书项目,扩大集团的市场份额;此外,由于资金和人才的聚合,使集团内的出版社有能力投资新市场和多样化的内容,为我国的小众图书出版领域和新兴的出版业态提供了机会。但新形势下,出版集团如何更好地实现传统媒体和新兴媒体的融合,突破集团发展的瓶颈期,实现可持续发展,建成"整合式"出版集团成为我国出版集团亟待解决的问题。贺敏认为:"新中国成立以来长期存在的条块分割的新闻出版传媒体制,成为我国建立整合式出版集团的最大阻碍。这种特殊的出版体制使我国现在的出版集团都以省份为单位划分,且旗下的出版社均包含人民出版社、教育出版社、少儿出版社、科技出版社、文艺出版社等,它们之间的业务不相近、资源不相通。这种情况造成了跨地区的出版机构不时存在恶性竞争,平台运营商技术垄断的情况也依然存在,因此,我国的出版集团难以成为整合式的出版集团。此外,建立整合式的出版集团并不意味着应该拓展其他完全无关的业务。目前,我国某些出版集团单纯地为了经济效益而开发与出版行业完全无关的业务,如酒店、房地产等,这在一定程度上分散了出版集团的精力,不利于出版集团的出版主业发展。"❶总结起来,我国出版集团目前存在的问题如下:长期存在的条块分割问题,导致出版机构之间不时存在恶性竞争,这也是阻碍我国建立整合式出版集团最大的障碍。第二,出版集团拓展的与出版主业无关的业务。通过查看广西师范大学出版社集团的官网业务板块可知,该集团的业务板块中就涉及鸡血玉艺术品和地产等与出版关联不大的产业。站在新的历史起点,我国应该进一步深化出版体制机制的改革和转型,内外联动共同推进出版集团融媒体的建设。

在人才培养方面,编辑除了具备扎实的基本功之外,还要注重培养前沿的眼光。历史学家陈寅恪先生在著作《敦煌劫余录序》(1930年)中写道:"一时代之学术,必有其新材料与新问题。取用此材料,以研求问题,则为此时代学术之新潮流。治学之士,得预此潮流者,谓之预流(借用佛教初果之名)。其未得预者,谓之未入流。此古今学术史之通义,非彼闭门造车之徒,所能同喻者也。"陈寅恪先生认为做学问的人要做"预流",即

---

❶ 贺敏,易图强.企鹅兰登书屋的媒介融合实践及其启示[J].出版参考,2019,791(1):24-28.

进入世界学术的主流,切勿闭门造车。出版人也应如此,尤其在此媒介融合的新形势下,面对新的技术、新的潮流,如果心存恐惧或不屑,因循守旧地做出版,将错失出版转型的良好机会。对于出版机构而言,人才培养则是要走"外部融合"加"内部重构"之路。

人工智能技术的突破对编辑能力培养的启示
——以 ChatGPT(智能聊天机器人程序)为例

由云静

(北京印刷学院)

- 摘　要:2022年11月30日,美国OpenAI公司发布了ChatGPT,一个智能聊天机器人程序。ChatGPT是一款人工智能技术驱动的自然语言处理工具,它可以学习和理解人类的语言来进行对话,还可以根据聊天的语境进行互动,真正做到像人一样聊天和交流,甚至可以完成写作。ChatGPT的成功开发标志着人工智能技术的关键突破,它可以像真正的人一样聊天和交流。融合型出版人才,掌握数字媒体技术,应对新时代的出版使命,更好地实现出版的社会功能,提高出版物的社会价值,是新时代对当今编辑和出版人的要求。

- 关键词:人工智能　编辑能力　ChatGPT　数字出版

一、研究背景

　　1936年,阿兰·图灵向伦敦的权威数学杂志提交了一篇题为《论数字计算在决定性问题上的应用》的论文,为人工智能的发展奠定了基础。如今,一些科学家为人工智能的发展提出了新的指导理念——"智力主义",即人工智能不能再依靠确定性环境下的固定逻辑推理模式,而主要是通过演绎推理做出及时反应,在不确定的环境中做出最佳判断和行动。智力主义思想下的人工智能将突破原有的、传统的已知知识,走出自己学习非常困难的逻辑推理和认识形式,走向每时每刻无限制的学习阶段,并且是走向人类智能或超越人类智能。

当前,全球的人工智能技术应用非常广泛,无人驾驶飞机、无人驾驶汽车、智能语音识别机器、智能机器人等技术已经从工业发展贯穿到人们的日常生活中,并可以代替人类工作。对于出版业来说,人工智能的应用也在逐步开展,如亚马逊的Alexa语音平台、AWS云服务平台、SageMaker机器学习平台等。这些产品将成为亚马逊人工智能的战略布局,在未来十年的人工智能发展中,必将对出版业产生巨大影响。

人工智能技术作为当前信息技术发展的前沿和最新技术形态,已经成为世界第四次科技革命的核心驱动力,日益影响着全球各个领域和行业的发展。当前,世界各国人民或多或少都受到了人工智能技术快速发展带来的益处和弊端,这些益处和弊端也引起了人类对人工智能更多的思考,人工智能是否会取代人类?近年来,这个问题一直盘旋在人们的耳边,等待着一个明确的答案。

2022年11月30日,OpenAI公司发布了ChatGPT——一个智能聊天机器人程序。ChatGPT是一款人工智能技术驱动的自然语言处理工具,它可以学习和理解人类的语言来进行对话,还可以根据聊天的语境进行互动,真正做到像人一样聊天和交流,甚至可以完成写作。ChatGPT的成功开发标志着人工智能技术的关键突破,它可以像和真人一样聊天和交流。

出版业是我国的思想文化阵地,是推进文化强国建设的重要主体。作为伴随着数字经济新时代的快速发展而出现的新模式,新的基础设施致力于为各领域、各行业的转型升级提供新动力。

2020年,中共中央宣传部文化改革局发布了关于建立国家文化数据系统的公告,新的基础设施为出版和文化产业的内容环境转型开启了新的篇章。通过整合以大数据、人工智能、工业互联网为代表的数字媒体技术,致力于实现出版业的深度变革。

随着新的基础设施建设成为国民经济和数字经济整体发展的重要支撑,作为国民经济重要组成部分的出版业必须顺应时代潮流,从政治、经济、技术和服务四个方面努力走在时代发展的前列,从而使出版业发生质的转变。❶

---

❶ 刘威,陈睿欣,高洪达.人工智能的应用及"数字新基建"实施路径[J].国家电网,2020(8):51-53.

二、国内外研究综述

近年来,人工智能技术作为新一轮产业和科技革命的核心驱动力,对全球各领域、各行业的影响越来越广泛,甚至成为保护国家网络安全、提高国际地位和国家核心竞争力的重要武器。

(一)全球人工智能技术竞争模式

在全球范围来说,中国目前在人工智能技术成果方面处于全世界领先地位,占全球人工智能专利申请总数的66.54%,其次是美国,占全球人工智能专利申请总数的20.49%。虽然韩国和日本排名第三和第四位,但在专利申请数量上与中国有很大差距。

从数量增长来看,2010年至2019年,在中国的人工智能技术专利申请数量一直持续处于领先地位。2020年,中国的人工智能专利申请数量达到46960件,而美国的人工智能专利申请数量则降至10408件。2020年,日本的人工智能专利申请数量为2386件,韩国为1929件。

专利申请者的集中度:市场集中度不高;增长前的CR10有所下降。从2010年到2021年7月,全球人工智能专利申请人的CR10呈现先下降后上升的趋势,从2010年的28.82%到2018年的5.38%,然后增加到2021年7月的8.10%。总体而言,全球人工智能专利申请者的集中度并不高。

全球人工智能行业的前十大专利申请者是百度公司、国际商业机器公司、华为公司、平安科技(深圳)有限公司、国家电网公司、华为技术许可有限公司、三星电子有限公司、LG电子有限公司、谷歌有限责任公司。全球有8家新进入者,分别是深圳一账通智能科技有限公司、平安人寿保险股份有限公司、平安国际智慧城市科技有限公司、上海寒武纪信息技术有限公司、平安普惠企业管理有限公司、平安财产保险股份有限公司、支付宝(杭州)信息技术有限公司和广东电网公司。这8家新进入者都是中国的企业,在2020年这些企业积极申请人工智能专利,其中深圳一账通智能科技有限公司申请的人工智能专利最多(224项)。❶

---

❶ 朱嘉文,杜华,顾小清.爱思唯尔报告《人工智能:知识的创造、传递和应用——中国、欧洲和美国的趋势》解读[J].中国教育信息化,2022,28(6):20-28.

（二）人工智能技术的主要组成部分

人工智能技术行业的技术架构通常由基础层、技术层和应用层组成。

基础层面。基础层一般由软、硬件架构和数据服务组成。软件架构主要包括智能云平台和智能大数据平台，在国外有谷歌智能大数据平台，在中国有百度智能大数据平台；硬件架构主要包括CPU处理器的硬件和芯片等，美国的高通和苹果是该领域的代表企业；数据服务包括大量的通用使用数据和行业特殊类型的数据，由于大多数积累了大量数据的互联网公司不愿意向外部民众分享自己的数据资源，所以市场上出现了很多的第三方数据供应商。市场上出现的第三方数据供应商，通常以本土的海天瑞声科技公司和国外的数据服务公司为代表。目前，中国在该层面上的技术基础还比较薄弱。

技术层面。技术层面由基本框架、算法模型和通用技术三个部分组成。基础框架主要涉及分布式存储和分布式处理，这也是大数据技术的基础；算法模型分为机器学习、深度学习和强化学习三种模式，其中机器学习是实现人工智能的重要手段之一，如iPhone手机助手Siri和收费站的车牌智能识别系统ETC都采用机器学习技术，机器学习技术包括深度学习机制和强化学习机制，最典型的是谷歌公司开发的阿尔法Go机器人（Alpha GO）；通用技术包括自然语言处理、智能语言系统、计算机视觉等技术。

应用层面。应用平台主要是各种智能操作系统的集合，如美国的IOS和安卓系统，中国的华为和红米系统；智能产品包括使用人工智能技术的设备，如面部识别、智能客户服务、无人驾驶等。在过去的十几年里，中国在零售、金融、电子商务服务、安全运营和教育部门等领域见证了这一发展水平的快速扩张。❶

（三）人工智能技术在数字出版中的应用

随着智能时代的到来，人们的阅读趋于碎片化，对出版内容的吸引力

---

❶ 王山，陈昌兵.中美人工智能技术创新的动态比较——基于人工智能技术创新大数据的多S曲线模型分析[J/OL].[2023-2-28].北京工业大学学报（社会科学版），http://ie.cssn.cn/academics/recent_papers/202305/t20230505_5626545.html.

和需求符合性的要求变得更高。人工智能在出版业的应用可以有效解决传统的个人体验较差的问题,提高市场需求的准确性,节省劳动时间。

人工智能能够自动、智能、快速地分析出版内容,在海量资源的基础上,聚集大数据的分析,在前瞻性预测的基础上很好地了解消费者的阅读偏好,然后在人工神经网络的帮助下同步处理多个任务,筛选出适合的内容。此外,与人体的生理疲劳不同,人工智能有足够的能力对编辑内容进行持续筛选,节省了很多不必要的时间。❶

三、研究的主要内容、方法

本文主要通过研究人工智能技术的开端和发展,进而引申至人工智能技术的新突破——ChatGPT(智能聊天机器人程序)的特征、优势及劣势,并分析其对出版行业中编辑这一职业的冲击,进而分析在此冲击之下未来编辑的前进方向。

本文主要应用案例分析法、二手文献研究分析法和观察法三种方法。

四、研究创新

2022年发布的智能聊天机器人程序ChatGPT是世界人工智能技术的新的突破,它弥补了以往的人工智能机器人不能同人类自主处理语言信息、进行带有人类情感的对话的缺陷。ChatGPT已经基本上通过了图灵测试。图灵测试是一个允许我们用行为主义的术语来思考人工智能的测试。一个人在没有面对面的情况下通过问题和机器人进行交流,如果在很长一段时间内,他们不能根据这些问题来确定对方是人还是电脑,那么我们就可以认为电脑具有与人类相当的智能,即它是有智慧的。

本文主要研究智能聊天机器人程序在编辑工作中的应用,从而探究ChatGPT对编辑工作者能力提升提出的新要求。本文应用了案例分析法,分析当前出现的、为数不多的智能聊天机器人的应用案例,研究选题具有一定的创新性。

---

❶ 林泽瑞.人工智能时代的数字出版创新探析:内容场景应用与服务能力提升[J].出版与印刷,2022,130(5):8-16.

五、ChatGPT概述

(一)ChatGPT的概念及核心技术

1. 概念

ChatGPT(Chat Generative Pre-trained Transformer Intelligent Chatbot)是一个大规模的语言模型,用于建模和预测自然语言输入。它建立在OpenAI的GPT-3架构上,并被训练成能够回答人类问题和进行自然对话。GhatGPT由于接近人类的对话和相对准确的结果而受到好评。

ChatGPT于2022年11月30日由OpenAI推出,OpenAI是一个人工智能(AI)研究实验室,由营利性公司OpenAILP及非营利性母公司OpenAIInc组成,目的是促进和发展友好的人工智能,为全人类造福。

2. 核心技术

ChatGPT是由"GPT-3.5"产生的,是"GPT-3"自然语言处理(NLP)模型的扩展。这个模型有1750亿个参数,大部分来自互联网,包括几十万个维基百科条目、社交媒体帖子和新闻条目,这使得ChatGPT能够学习人类生成的文本,并组织出自然的、类似人类的话语反应。

(二)ChatGPT的主要功能和负面影响

1. 主要功能

ChatGPT是一个强大的人工智能语言模型,能够完成各种任务,如文本创建、代码生成或编辑、语言翻译、总结文章大意、撰写文章摘要、写信和检索信息等。

ChatGPT目前在全球拥有超过一百万用户,以下是使用GhatGPT进行智能对话的实例。

案例一:实际工作中业务信件的撰写(撰写文章)。

当向ChatGPT提出撰写信件要求时,我们可以清楚地看到ChatGPT可以独立地进行信件的创作,只要用户提出基本的要求(如收件人姓名、写信人姓名、写信目的和敬语致谢等基本需求),ChatGPT就可以根据用户的要求创作出一篇语言符合人类逻辑、格式符合书写规范、语言风格较为生动的业务信件,体现出了非常强的实用性。

案例二:文本的分类。

通过向ChatGPT提出文本分类要求,我们发现只要用户给出明确的分类的标准,ChatGPT就可以根据其标准对用户提供的词条或语句进行分类。但ChatGPT需要用户给出非常详尽的分类标准和要求。不难看出,ChatGPT能够很好地完成用户下达的指令,进行较为科学准确的分类。

案例三:信息的检索。

例如,用户向ChatGPT提问:为什么土耳其经常发生地震？ChatGPT回答:土耳其之所以发生地震,是因为土耳其处于非洲板块和欧亚板块的交界处,这两个板块正在相互远离。这一板块边界是该地区许多地质活动的成因,包括地震。另外,土耳其的活动断层历史悠久,处于几个板块边界的附近,这使该国更容易受到地震侵扰。为了进一步了解和减轻土耳其的地震的风险,政府和地质专家必须定期进行地质调查并制订有效的地震应对计划。

在上述ChatGPT与测试者的对话中,我们能够发现ChatGPT可以清晰准确地根据测试者的提问进行信息的检索,并以较为通俗易懂的语言,将检索生成的信息反馈给测试者。

案例四:写作大纲的撰写与修改。

调查发现,ChatGPT能够根据用户的要求"写一篇关于ChatGPT的文章大纲",清晰准确、符合逻辑地撰写一篇文章大纲。首先介绍了ChatGPT的定义、技术及其特点,然后介绍了ChatGPT的技术模型和数据来源,第三章和第四章介绍了ChatGPT的应用和未来发展前景,最后第五章是本次研究的结论。由ChatGPT所创作的这份文章大纲符合逻辑、准确科学,但我们必须承认,这样一份大纲的创新性是严重不足的,并且在大纲中体现不出这篇文章的研究重点。如果按照这份大纲形成最终的文章,那只能是一篇"中规中矩"的文章。

2.负面影响

1)智能聊天机器人的创作可能构成抄袭。

根据美国语言学家诺姆·乔姆斯基(NoamChomsky)的说法,ChatGPT是一个高科技的抄袭系统,它能在大量的信息和数据中找到模式,并按照一定的规则把它们放在一起,形成类似人类的文本和内容,特别是在教育领域。人们担心ChatGPT为剽窃行为提供了便利。❶

当用户输入一个问题,ChatGPT的算法会根据每个字出现的频率及其上下文的组成,进行文段的组织,它给予用户的答案实际上是各种各样已经存在的文段的解构与重构。因此,ChatGPT所创作的内容本质上是对已经存在的内容的一种抄袭和剽窃。

例如,当用户输入"如何写一本书"这个问题,ChatGPT的算法会根据文字出现的频率和上下文的关系,一个字一个词地生成反馈给用户的答案段落,但实际上这段文字并不是一段"完整的"回答。

2)应用ChatGPT进行信息检索的不科学性。

由上文所叙述的"抄袭"的负面影响,我们也可以知晓用ChatGPT替代搜索引擎进行信息检索是不科学的。得出此结论的原因如下:首先,由于ChatGPT给予用户的答案并非一个"完整的"文段,而是一个经过其算法计算、根据每个文字出现的频率和与上下文的关系,在已经存在的答案中拼凑出的一个文段。因此,实际上它所生成的回答并不属于严格意义上的科学的内容。不可否认的是,目前ChatGPT的逻辑论证能力已经达到非常高的水准,但它生成的回答看似符合逻辑,其实只是在进行自我的逻辑认证,虽然已经能够达到说服人类的水平,但仍存在着科学性错误。

由此可见,如果我们把ChatGPT应用于医生、律师、编辑等科学性和知识性极强的职业,将会给这些行业造成不可估量的损失。一旦有人有针对性地利用ChatGPT来传播一些虚假消息,或者有虚假信息恰好符合它的论证逻辑,那人们将很难不被虚假信息诱骗。

3)技术革新速度过快颠覆社会原有秩序。

ChatGPT是人工智能技术领域一次质的突破,技术革新速度过快,可能会颠覆原本已经建立好的社会秩序,造成人们的焦虑和恐慌。例如,人们担忧的ChatGPT在教育界的负面影响已经出现,并且呈现出逐步加深的

---

❶ 文巧,蔡鼎,郑雨航."创作"有著作权吗?律师详解ChatGPT焦点问题[N].每日经济新闻,2023-2-14(5).

趋势。目前,据统计,在美国18岁以上的学生群体中,已经有超过90%的人在使用ChatGPT进行写作,这是一种事实上的"作弊行为",但是否认定为抄袭还需要新的规则和秩序去界定。因此,可以想见,新技术的出现和成熟速度已经远远超过了新的制度和规范的制定。ChatGPT在教育领域看似抹平了知识的鸿沟,但实际上扼杀了知识的真正获取。❶

六、传统编辑工作的特点、优势及劣势

(一)编辑工作的特点及优势

编辑工作有几个特点:政治性、思想性、科学性、知识性、创造性、选择性、加工性和中介性。

编辑在文化产品的生产中扮演着系列创造者和组织者的角色;在文化传播中扮演着文化前进的选择者和占有者的角色,过滤掉污垢,吸收精华;在文化生产中不断优化和创新,使文化产品成为人类精神世界发展的不竭动力,从而对现实物质世界做出回应。

编辑工作是对政治性、科学性和创造性给予高度重视的工作。政治是编辑的必修课,出版物的思想教育功能体现在编辑工作中对政治的严格要求。科学性是文化产品不可或缺的特点,要求编辑具有科学性和全面性的能力。编辑工作最重要的一个方面是在选题上寻找新的增长点,在形式和内容上尽力创新,有一点创新的成分都是值得欢迎的。

传统上,编辑工作是这样的:收集信息、策划选题、起草稿件、审阅稿件、签订出版合同、编辑加工、总体布局、审批和提交、校对核验、检查样本、宣传出版、收集反馈。这十二个关键步骤是相互联系的,每一个步骤都是必不可少、不可缺少的。合理、有组织地执行这些编辑程序,可以确保编辑工作的质量和出版物的最终质量。

(二)传统编辑工作的劣势与不足

1. 思维观念问题:长期坚持固有的出版流程,对新型开放市场认识

---

❶ 吕扬. ChatGPT会带来什么?[N]. 陕西日报,2023-2-15(11).

不足

传统出版商长期以来习惯于按照传统的出版流程、制度和模式开展工作,出版业已经形成了"编、印、发"和"产、供、销"的成熟闭合循环,收入相对稳定。他们倾向于忽视新兴的互联网文化市场,缺乏共享、互联等开放思维,不敢进行跨部门、跨行业合作。因此,出版业无法有效融入互联网文化市场,这很大程度上限制了其发展。

2.人才队伍问题:对数字媒体技术了解不足

在传统的编辑人才培养框架内,编辑人才以固定的、僵化的培养模式存在,按照传统的编辑、印制、发行的职责分工,划分为若干个相互区别的、独立的、明确的岗位。长期以来,出版社比较重视编辑人才队伍的培养,文案编辑几十年如一日地工作,上升到编审等责任岗位。这些人才对传统出版业很有价值,但不足以应对出版业的跨界竞争。在信息快速流动、行业界限模糊的时代,出版产业受到新内涵的冲击,从内容到形式,这种人才队伍培养模式已经不适应出版业的发展,人才队伍发展问题已经成为当前出版业高质量发展的阻碍。

3.商业模式问题:读者需求转变,编辑工作不适应新的市场需求

读者的需求已经发生了重大变化。消费者不再满足于传统的纸质图书阅读,电子书、有声书和知识服务产品成了读者的新宠;消费者不再满足于传统的阅读方式和阅读媒介,更加轻松、碎片化的阅读形式更受消费者的欢迎;消费者不再满足于购买产品,而是喜欢多样化、体验式的文化服务内容。

纸质书的时代已经过去,数字出版、有声读物、短视频等内容产品和阅读服务正在分流传统图书市场。这些数字出版产品正在以大量的方式抢占用户的时间。虽然目前这些新兴内容产品和服务的销售额与纸质图书相比还比较小,但互联网用户的覆盖面、用户使用时间和数字内容产品的增长速度不可估量,这预示着传统编辑面临着巨大的工作压力。

七、人工智能技术冲击下传统编辑的前进方向

(一)不断提高技术水平,成为新时代出版人才

1. 提高编辑各环节工作的准确性和效率,优化编辑作者沟通方式

人工智能技术可以取代编辑和作家的一些工作,这要求编辑提高各方面工作的准确性和效率。

明确共同的目标是双方合作和有效沟通的前提条件。以出版业为例,作者向出版商发送稿件的目标是希望出版商尽快审阅和出版该书。基于这种需要,作者常常给出版商写信,在信中明确表达自己对出版的强烈愿望。从出版社的角度看,出版社从专业角度审阅稿件后应迅速给作者答复,提出自己的意见,如是否应修改稿件,是否应接受出版。

出版社每天收到大量的稿件,再加上严格的同行评审程序,不可避免地会出现稿件积压的情况,而作者又希望他们的书能尽快出版,二者相互矛盾。因此,在就出书事宜进行沟通时,双方都应遵循效率原则,选择最合适的方式,尽快结束对话。这样可以节省双方的时间,并创造机会与其他作者交流。例如,如果在审阅书稿时,出版社发现部分书稿不符合出版格式的要求,就应该及时与作者协商沟通。在这种情况下,出版商有几种沟通方式,如发送电子邮件、电话沟通或直接与作者见面。因此,出版社应根据实际情况,选择最有效的沟通方式。

2. 不断学习与应用先进数字媒体技术

随着全球数字媒体技术的快速发展,中国的出版业也发生了翻天覆地的大变革,数字出版业亟须新的技术人才。

白寅在2022年11月5日举行的"2022年出版融合发展国际论坛"上表示,新时代的数字出版业人才应该是"三新人才"。所谓"三新人才"就是"新使命、新技术、新能力"。新使命是指培养能够顺应时代变化、承担国家复兴大任的数字出版人才;新技术是指精通新媒体技术、内容制作等融媒体技术的数字出版人才;新能力是指能够解决社会问题、履行各种融媒体社会职能的数字出版人才。

这三种新能力是编辑在新时代不可或缺的能力。随着数字媒体技术

日益渗透到人们喜爱的出版物中,出版物作为文化享受的产品,必须进行转型,以满足当今出版市场的需求和人们对美好生活日益增长的需要。掌握数字媒体技术,应对新时代的出版使命,更好地实现出版的社会功能,提高出版物的社会价值,是新时代对当今编辑和出版人的要求。

"以价值观培育为引领、以协同育人机制为驱动、以学科深度融合为赋能"给出了当前数字出版人才培养模式的标准,其中,价值引领是指以培养传承和传播中华优秀文化使命感为引领,设定数字出版人才的培养目标和培养规格;协同驱动是指以构建多向多维的协同育人机制为驱动,形成提升学生融媒体运用能力和传播能力的人才培养特色;融合赋能是指以多学科深度融合为赋能,重构融媒体环境下数字出版人才培养的课程体系。

随着我国综合国力的提升和国际地位的提高,我们需要让世界认识到真实的中国,我们要讲中国的故事。中国传统文化是我们文化信仰的最坚实基础,弘扬中国传统文化是新中国时代编辑出版人的内在责任和使命。使命感应该同科学的培养方案并行,建立健全新时代数字出版人才的培养体制,能够帮助新时代编辑出版人更好地完成自己的使命。

(二)大力发展融合出版,策划数字出版精品

融合出版是指利用现代信息技术充分开发内容资源,满足社会多样化文化需求的一种出版活动。它是传统出版与新技术在新形势下的结合,是满足读者和用户需求的一种创新方式。

在信息技术快速发展的背景下,从数字化、网络化到智能化的新高度,出版与大数据、人工智能、区块链等信息新技术的深度结合,是未来出版业发展的方向,也是对这一趋势的及时回应。中国科学院信息技术研究所研究员、博士生导师沈华伟给出了如下建议:以深度学习为代表的人工智能技术在数字内容的创作和精准传播方面具有广泛的应用潜力;大数据技术可以用来完善出版内容,为数字出版提供增值服务;区块链可以用来保护版权;同时,新型出版业态的发展也可以刺激和促进新信息技术在科学传播和普及方面的高质量发展。在技术应用层面,出版企业作为

创新主体，应加强对基于云计算、大数据、人工智能、物联网、区块链、VR、AR等技术的应用场景探索，通过提高技术应用水平，提升出版服务产品的质量。

近年来，主题出版的融合取得了很大进展，为了加大主题出版的深度融合，我们应该采取"两个主动"措施：主动积极跟踪读者阅读习惯的变化，以用户为中心不断更新内容生产方式，实施重点主题图书相关数字出版物的同步出版；同时要主动适应传播格局的变化，以提高传播力为核心，持续转变出版观念，吸引用户参与数字内容产品的生产与传播，为不同群体"量身定做"内容。

（三）大力推动编辑工作创新

创新是人类精神文化发展的不竭动力，无论是选题的创新，或是工作方式方法的创新，抑或是出版物内容、形式的创新都是编辑工作创新方式的体现。

一个编辑的创新能力主要体现在以下几点。第一，信息的敏锐洞察力。信息的敏锐洞察力是指编辑从各种渠道获取有效信息，并对其进行有效处理以用于编辑工作的能力。第二，创造性思维。编辑在选择题材和创作内容时要有创造性思维，在出版和编辑时要有前瞻性思维，努力追求吸引人的新闻和创意。第三，批判性思维。编辑需要对编辑工作的专业性和质量持批评、批判和怀疑态度，严格控制图书的质量。第四，自强不息。编辑具有较强的自我完善能力，能够不断培养自己的创作能力，优化自己的知识体系，提高自己的专业水平。第五，独特的风格。在创新的驱动下，编辑会逐渐展现出自己独特的风格，吸引读者的目光。

提高编辑创新能力的特殊价值可以体现在以下几个方面。首先，它可以促进出版活动，保证出版业和出版部门的可持续发展。其次，它可以有效提高编辑部的信息数量和质量，保证信息传递的效率，丰富编辑的知识，满足不同人群的需求。最后，它可以提高出版部门的竞争力，形成中国出版业的良性竞争。

虚拟影像技术对个体身份认同塑造的可能探究

萧伟婷

(清华大学新闻与传播学院)

- **摘　要**：随着时代发展变化，人们从原来居住地前往他乡或异国生存发展的情况日益增多，地域的边界逐渐模糊，其中多数人仍能够传承原来生长地与先辈的重要传统生活习性，然而随着代际产生而逐步简化与流失。当多元身份逐渐趋向单一时，人类丰富多样态的文化则将面临危机。本文将对现有情况进行反思，并进一步对是否能够借助新的媒体技术手段来弥合相关问题进行探究。

- **关键词**：地方意象　虚拟影像技术　身体现象学　档案资料

随着时代发展变化，人们从原来栖息地前往他乡或异国的比例极速增长，不同地域的边界日益模糊。这些流动的群体大多被称为全球公民（Global Citizen），而在更遥远的过去则被称为游牧民族。游牧是最古老也是最年轻的生存方式，意味着不停地移动，在某个年代则指寻找放养及狩猎的牧场，而流浪是其生存的必须之道，它塑造了存在感，而今日的群体则是因多元复杂的因素而不断进行着流动。❶

德国历史学家沃尔夫冈（Wolfgang）也基于工业发展角度，围绕19世纪铁路发展所带来的时空变化，提出了通信、交换、移动给人类带来的启迪与进步，针对中产阶级注重的壮游（Grand Tour）教育引入了空间与时间体验的重要性作用。在旅行的主体移动的地方，也就是当中所处空间的个体性，他所接受的教育通过"既是身体性又是智识性的努力，从而吸收游

---

❶ 查尔斯·兰德利.游牧世界的市民城市：探讨未来新生活形态城市创生发展新思维[M].姚孟吟，译.台北：马可波罗出版社，2019：15.

览过的地点所具有的空间个体性"❶来组成。

然而不论基于游牧还是壮游缘由的流动,这些贴着"全球公民"标签的族群都将面临身份认同的问题,正如"过去认同的必然逐渐瓦解,而现有的系统更是以加速的方式崩坏"❷。随着代际的出现,迁徙者最初所继承的关于生长地与先辈的重要传统生活习性都在逐步简化与流失。作为统称为民俗文化所涵盖的传统民众生活文化,其传承对国家、民族的历史、人文、政治及社会都具有重要意义,当多元身份逐渐趋向单一时,人类丰富多样态的文化则将面临更大的危机,反思既有的现况及如何弥合问题便是本文探讨的核心内容。

一、"制造"家乡——图景之间的虚实建构可能

科技革新打破了旧有对于空间与时间的感知,尤以原兼有壮游绵延历史的中国本土,过往谈及"读万卷书,行万里路"之浩然壮志也深受影响。在日趋便捷的交通联结之下,地点与地点之间便不再具备空间性的实体,或者具有其自主性:它们就是交通流通中的一个个点,正是交通流通使人们能够到达这些地点,而这样的过程就好像商品流通的具体体现。从铁路到更迅捷的搭乘工具,流动的人们所经之处越来越像同处一个流通系统中的商品,而更为有趣的便是称从19世纪伊始,世界就变成了一个既包含乡村又包含城市的巨型百货公司。❸

(一)无家可归的现代人

"家乡"(Hometown)常被指称为个体小时候所生长的地方或祖籍,也可以被划归为有归属感和安全感的地方。在哲学家海德格尔的观点中,

---

❶ 沃尔夫冈·希弗尔布施.铁道之旅:19世纪空间与时间的工业化[M].金毅,译.上海:上海人民出版社,2018:271.

❷ 查尔斯·兰德利.游牧世界的市民城市:探讨未来新生活形态城市创生发展新思维[M].姚孟吟,译.台北:马可波罗出版社,2019:15.

❸ 查尔斯·兰德利.游牧世界的市民城市:探讨未来新生活形态城市创生发展新思维[M].姚孟吟,译.台北:马可波罗出版社,2019:15.

最初先去辨析的是关于"存在"本身,在其1935年写的《形而上学导论》(1953年出版)中论及"存在是自身涌现着的持续性在场"。人在存在关系中的生存地位是:人是存在的看护者。❶就海德格尔视角而言,人的存在是被存在支配的,这与近代西方学强调人对世界的主体性思想是完全相反的,其认知观点所带来的则是对人的存在分析必定引入生存的历史。基于这样的思考,最终海德格尔得出了"现代人(当时主要指西方人)已经处于无家可归状态(die Heimatlosig-keit)"的结论。学者刘敬鲁围绕该结论总结了几个名义:(1)海德格尔所提及的"无家可归"状态的实质内涵是现代西方人处于(对)存在的遗忘之中,即存在原是作为澄明而在的,而人作为去生存着的人本来就处在存在的近处。其中开始引入其对"家乡"的认知,既不是爱国主义也不是民族主义的意义来思考,而是在一种本质的意义(即存在的历史)上来思考的。所谓"还乡",就是回到存在的近处自觉地居,然而现代西方人却早已遗忘了存在,遗忘了存在的近处的居,即他们家中的居,找不到家的状态。(2)现代技术对地球自然根基的破坏。(3)欧洲思想落后于世界命运的本质进程。(4)现代西方人的信仰,价值观发生了动摇,人们在精神上处于徘徊彷徨之中。❷这些思考虽然是对20世纪上半叶西方社会的描绘,但可适用于对当下境况的探析,即经历流动的全球公民究竟应"何以为家"。

(二)从地方意象(Place Image)到媒介作品中的空间重塑

在20世纪后半叶,针对空间问题的讨论成为西方人文社会科学领域的一股热潮,学者通常将其称为空间转向,而其中涉及的"地方意象"概念则指借由亲历或媒介化经验而形成对于地方的认知表现,隐含着人们对这一地域的文化感知与情感关系。❸美国人本主义城市规划理论家

---

❶ 刘敬鲁.现代人的无家可归——析海德格尔对现代人类历史的思考[J].中国人民大学学报,1997(4):48-53.

❷ 刘敬鲁.现代人的无家可归——析海德格尔对现代人类历史的思考[J].中国人民大学学报,1997(4):48-53.

❸ 王家东.纪录片中的地方意象书写[J].中国电视,2022(5):80-86.

凯文·林奇概括地方意象的组成为三部分：个性、结构和意涵（如图1所示），具体可被分别解释为"其与周围事物的可区别性和它作为独立个体的可识别性""物体与观察者以及物体与物体之间的空间与形态上的关联"及"物体必须为观察者提供实用的或是情感上的意蕴"[1]。

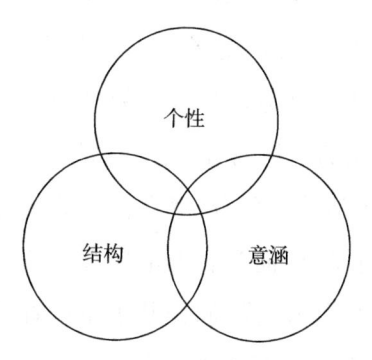

图1 地方意象的组成（凯文·林奇）

资料来源：王家东.纪录片中的地方意象书写[J].中国电视,2022(5):80-86.

这样的组成让地方意象得以在文学艺术、大众传媒及媒介地理学研究的交汇点上占据重要位置，学者王家东正是将地方意象与媒介作品进行结合，用以分析国内纪录片作品中所呈现出的影像书写特征，而这些作品中所建构的图景将重新成为点联结的地方，再次形塑成其独有的样态。正如地理学家雷尔夫所讨论关于"地方"在人类经验中的意义，重新从人为本体存在角度去认知"成为人就是活在一个充满意义的地方里，成为人就是拥有和了解自己的地方"[2]。

（三）日常影像所构建的新文化景观

提出"电影眼睛"概念的维尔托夫初时便提及"电影摄影机的发明是为了深深穿透可看见的世界，揭露并记录视觉所见的现象，让我们免于遗

---

[1] 王家东.纪录片中的地方意象书写[J].中国电视,2022(5):80-86.
[2] ELPH E. Place and Placelessness[M]. London: Pion, 1976: 1. 转引自王家东.纪录片中的地方意象书写[J].中国电视,2022(5):80-86.

忘目前发生而未来必须加以考量的事"[1]。而学者吕新雨也曾在文中写道："书写既是一个敞开同时也是遮蔽的过程。然而,书写永远承担着一个使命,那就是指向被遮蔽的存在。这个书写,可以是文字,也可以或者尤其是影像;因为影像相对于文字,有着更强的貌似直接对应或连接着真实的错觉或独占性,它的遮蔽认识的作用就可能更大。"[2]

以21世纪媒介的发展速度,电影生产已然不再是一种特权,从卢米埃尔的电影开始到今天以亿计数用户的视频平台,人类从读写偏向的印刷文化时代跨入视觉文化的世纪,影像浸入日常生活,日常生活成为影像的素材,影像也是日常生活的一部分。[3]在过往的阅读印刷时代,生产书写者借助介质(纸本或电子书)向观看者呈现观点的,如诗歌、散文、小说等内容;而在进入影像书写的时代,同样基于生产者进行视频的制作(专业或非专业),进而借助多种终端载体来呈现给观看者。从根本而言,这两种形式都是对信息的传递(如图2所示)。

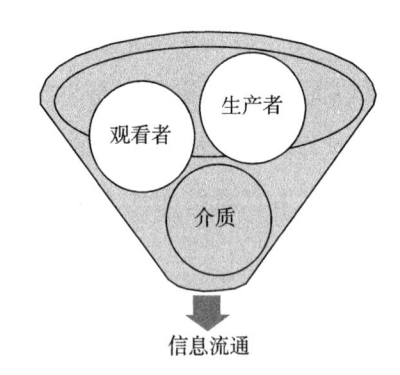

图2　信息传递(印刷文化时代——影像书写时代)

但与文字书写的印刷时代相比而言,影像的样态确实能带给人们更多

---

[1] VERTOV D. "From Kino-Eye to Radio-Eye" and "Kino-Eye," in Kino-Eye: The Writing of Dziga Vertov[M]. ed. Annette Michelson, trans. Kevin O'Brien, Berkeley: University of California Press, 1984.

[2] 郭力昕. 真实的口吻:纪录片的政治与去政治[M]. 台北:麦田出版,2014:76.

[3] 杨弋枢. 日常影像的政治[J]. 北京电影学报,2021(2):14-21.

感官的接触,同时媒介发展的蜕变,视觉传达信息的即时性和影响力也逐渐成为核心,因此影像记录的内容也成为社会记忆中重要的板块。作为一种新型视听媒介的短视频,可以被看作"视听域"的一种新的进化形态❶,而由于其制作非常简单,没有具体的题材限制,加上互联网的联动高速推进,所以顺势便进入了"全民"影像书写的时代。

"去文字化"的短视频真正实现了表达的平民化和大众化,进而将人类传播的历史推进到了一个新的阶段。当短视频成为一种主导性的媒介时,它自然会给社会带来巨大的影响,这种影响不仅是即时性的,也是历史性的,不仅表现在社会层面,也表现在历史层面。如果要从媒介学的观点来看,媒介不仅是一种信息载体,也是一种技术体系和文化体系,还是一种历史结构。❷

新媒体的出现不仅意味着信息生产方式的革新,也意味着围绕它的某种组织性和结构性的变动,并将在社会历史层面上产生重要的影响。如果延长观察时段,我们将会发现,短视频媒介的历史社会学效应首先表现在它促成了"无名者"(The Unknown)的历史性出场。有了短视频媒介,无数"看不见"的无名者不再是被历史排斥或忽视的"沉默的大多数",而是变为能够记录自己和他人的能动传播者,这是一个划时代的变化❸,带来了不仅关乎社会层面乃至历史层面的多方影响,乃至形成了一种新的文化景观样态。

以往大部分围绕互联网推进衍生的里程碑式媒介,实际上多数是围绕着城市文化和城市用户展开,而在这个进程当中出现的"快手"则是在庞大的以亿为用户人数单位的互联网应用中极为罕见的在二线城市以下乃至乡村拥有主体用户的现象级产品。这些相较于主流媒体所创作的短视频,实际上便成为一种直接的民间记载史料,补充了主流记录中所欠缺的

---

❶ 潘祥辉."无名者"的出场:短视频媒介的历史社会学考察[J].国际新闻界,2020,42(6):40-54.

❷ 陈卫星.新媒体的媒介学问题[J].南京社会科学,2016(2):114-122.

❸ 陈卫星.新媒体的媒介学问题[J].南京社会科学,2016(2):114-122.

普通人的日常内容,逐渐形成了某种层面的"乡土"景观,尽管其中涵盖内容参差不齐,但却能在层层密密的影像片段中看到地方与地方、人与人之间的联结性,进而印证法国学者居伊提到的"景观并非一个图像集合(ensembled'images),而是人与人之间的一种社会关系,通过图像的中介而建立的关系"❶。由此可知,地方文化乃至"家乡"的文化图景建造的可能性,然而其本身实际可以具备更专业的内容与前沿的技术来进行有序的"生产",即对于流动他方的个体,借助诸如虚拟现实(Virtual Reality,VR)及相关应用设备进行身份认同的再建构。

二、VR的模拟与传递:身体图式与空间建构的转向

"VR是一种沉浸式媒介体验,它复制的世界可能来自现实环境也可能来自想象空间,用户与VR世界的互动方式是身临其境。"❷随着互联网技术的发展与产业热度的不断提升,VR行业已经从无沉浸阶段发展到深度沉浸阶段,而根据相关研究可推测近几年即将进入完全沉浸阶段,从而有望实现类似《黑客帝国》《头号玩家》《盗梦空间》中所呈现的"虚拟世界"中的身临其境感。观者通过对虚拟技术中视听、触摸、动觉等各种感觉的模拟信息,再投射、交互到身体的各种感官,成为一种后时间意义上的真实的生命活动。因其对技术、艺术和意识等原本离散维度的融合,新媒体理论家罗伊·阿斯科特(Roy Ascott)还创造性地使用了名词"技术治理美学"来定义VR技术。❸全球虚拟现实行业发展的阶段如图3所示。

---

❶ 居伊·德波.景观社会[M].张新木,译.南京:南京大学出版社,2017:4.

❷ The Tow Center for Digital Journalism at Columbia University, Virtual Reality Journalism[EB/OL].(2015-11-11)[2024-5-6]. http://towcenter.org/new-report-virtual-reality-journalism/.转引自杨慧,雷建军.作为媒介的VR研究综述[J].新闻大学,2017(6):27-35,151.

❸ 邵艳梅.技术与身体的情感融合模式——以虚拟现实技术为例[J].自然辩证法研究,2022,38(11):117-122.

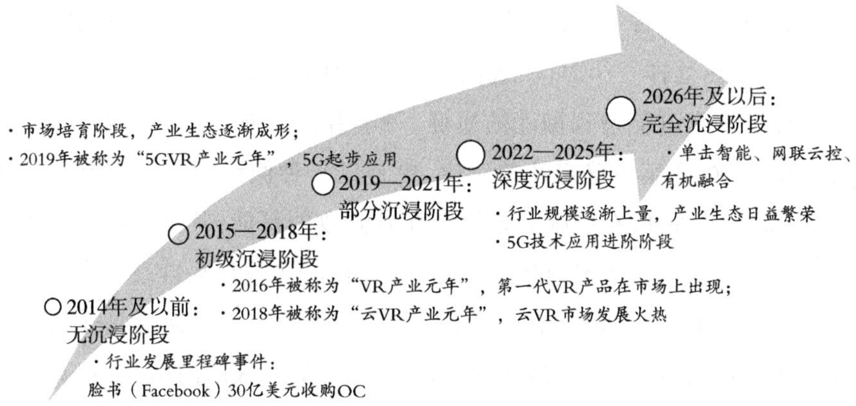

- 市场培育阶段，产业生态逐渐成形；
- 2019年被称为"5GVR产业元年"，5G起步应用

○ 2014年及以前：
无沉浸阶段
· 行业发展里程碑事件：
脸书（Facebook）30亿美元收购OC

○ 2015—2018年：
初级沉浸阶段
· 2016年被称为"VR产业元年"，第一代VR产品在市场上出现；
· 2018年被称为"云VR产业元年"，云VR市场发展火热

○ 2019—2021年：
部分沉浸阶段
· 行业规模逐渐上量，产业生态日益繁荣
· 5G技术应用进阶阶段

○ 2022—2025年：
深度沉浸阶段

○ 2026年及以后：
完全沉浸阶段
· 单击智能、网联云控、有机融合

图3 全球虚拟现实（VR）行业发展的阶段

资料来源：邱聪.2022年全球虚拟现实（VR）行业发展现状及市场规模分析（前瞻产业研究院）[EB/OL].（2023-5-12）[2024-5-6］.https://www.qianzhan.com/analyst/detail/220/221209-908cf389.html.

VR影像艺术作为全面沉浸式的艺术形态，改变了以往艺术种类根植于实体空间的固有体验情境，在通过佩戴"介质"——VR设备后，将现实空间进行隔离，自此其身体能够重新进入虚拟的全息空间，体验者的"身体图式"通过对感知的模拟与传递，将体验者的知觉与身体意向性从实体空间的"身体"向"虚拟化身"转移，从而产生"身体图式"与空间建构的转向。[1]

（一）"身体"与知觉的世界

近几十年来，学术界对于身体的研究兴趣非常浓厚，甚至有些学者呼吁，身体理应充当社会的组织原则。例如，布莱恩·特纳提出了"身体性社会"（Somatic Society）这个术语，来描述现代社会系统中的身体如何已经变成"政治活动和文化活动的首要领域"。[2] 通过对"身体"的探讨，实际上也是在理解如何从具象到虚拟的转向与思辨过程，进而去反思当失去对"身体"本身的掌控之后，如何能够借助科技与媒介发展的力量来进行重塑与弥合。

[1] 冯雪宁.梅洛·庞蒂身体观视域下的VR影像艺术美学[J].电影评介，2021(6):75-79.

[2] 克里斯·希林.身体与社会理论：第三版[M].李康，译.上海：上海文艺出版社，2021:15.

"现在我们具备了手段,能够对身体实施程度前所未有的控制,但我们同样生活在这样一个时代,我们对有关身体是什么、应当如何去控制它们的知识,都有可能遭到彻底的质疑。"❶学者吉登斯(Giddens)甚至认为,"何为身体"在充满不确定性的时代,更是以一种假设而存在:"有关主张很可能符合实情,但在原则上始终存在着修改的可能,甚至有朝一日被彻底抛弃"。正因为对于现当代个体的认同而言,多数是从自己具身性的生平经历进行切入,来理解和展现对于自我感受的。身体无论是作为个人资源,还是作为社会符号,通过"发出"有关身份或认同的信息,都具有重要的意涵。在这种情形下,身体变成可塑的实体,而经由其主人的时刻用心和艰辛劳作得到形塑和打磨。

在梅洛-庞蒂的观念中,他认为人是以"身体"在世,人的主体模式并非笛卡尔式身心二分的主体性,而是物质存在、精神存在不可分割地统一于其中的知觉主体——肉身化主体,是在"世界上存在的媒介物"❷。对于其本身而言,世界最为原初的意义在于这是一个被知觉的世界,而同时这个被知觉的世界又是主体始终投身于其中的处境,主体始终是往世中去的存在。我们在日常的知觉、各种感性直观的经验中,逐渐形成对于世界的领会。"往世中去的存在"是梅洛-庞蒂对海德格尔"在世界中存在"(在世界中存在看作此在的基本构造,也有人称"与世存在")一语的法文翻译。梅洛-庞蒂实际上有别于海德格尔去进行字面的解释,而是更多关注对身体本身朝向其知觉场域去存在的实际状况的总的概括,也是对(身体)主体及其(被知觉)世界之间关系的总的解释,二者所关注的实际上都是在对哲学主客对立、二分的思维方式提出批评,同时运用现象学的方法来寻求解决这一难题的新路径。❸

在1948年的谈话中,梅洛-庞蒂曾说:"被知觉的世界并非仅是自然物之总和,也包含着图画、音乐、书籍,德国人将这一切称为'文化的世界'。

---

❶ 克里斯·希林.身体与社会理论:第三版[M].李康,译.上海:上海文艺出版社,2021:20.

❷ 梅洛-庞蒂.知觉现象学[M].姜志辉,译.北京:商务印书馆,2001.转引自冯雪宁.梅洛·庞蒂身体观视域下的VR影像艺术美学[J].电影评介,2021(6):75-79.

❸ 毛华威.梅洛-庞蒂身体现象学的内涵逻辑[J].重庆理工大学学报(社会科学),2021,35(6):187-194.

我们在投身知觉世界的过程中,并未缩窄我们的视野,也没有把她限制在水和石头上,而是去重新发现了其在自主性和始源的丰富性中看待艺术作品、话语和文化的方法。"[1]这些观点的形成正说明了梅洛·庞蒂研究视野的开阔,从最初关注恢复被知觉的世界,再到在此基础上研究思想和文化如何占据这个原初的知觉经验领域,正是这样一种重新看待世界方式的"方法"确立,也同样揭示其对于"有历史性的生活世界"的研究关注转向。

(二)沉浸式媒介体验——身体图式与空间建构的转向

身体图式(Body Schema)是梅洛-庞蒂借助现代心理学的概念形成的,主要用于解释身体的空间性及其运动等方面的问题。在基于格式塔心理学的意义的"形式"之上,即"我们的身体体验的概括",不再是"在体验过程中建立的各种联合的简单结果,而是在感觉间的世界中对我的身势(posture)的整体意识"[2],进而提出了"身体图式根据它们对各种机体计划的价值主动地把存在着的身体各部分联合在一起",以身体作为根基消解了身体与心灵的对立关系。[3]

在这样的理论之下,可以理解成当个体在行动的过程中,并不是有什么清楚的思想或意识在引导着一切,而恰恰是"无意识"的身体图式在起作用,身体不再是一个机械的工具、一个被动的接收器,而是始终在运行中的动态主体,进而得以形成"朝向世界的存在",建立起个体与世界的连接关系。"身体"理论则作为"身体图式"展开的有机体的完型,不再是被动地观察事物,而是主动地认知环境,成为现象学意义上的身体而存在。梅洛·庞蒂提出身体现象学的目的在于从身体与知觉的视野中力图超越唯我论问题及基于身体与肉身的论述解释意识现象学面临的难题,并给出解决该难题的方法和路径[4]。

---

[1] 宁晓萌.表达与存在:梅洛·庞蒂现象学研究[M].北京:北京大学出版社,2013:54.

[2] 宁晓萌.表达与存在:梅洛·庞蒂现象学研究[M].北京:北京大学出版社,2013:71.

[3] 冯雪宁.梅洛·庞蒂身体观视域下的VR影像艺术美学[J].电影评介,2021(6):75-79.

[4] 毛华威.梅洛-庞蒂身体现象学的内涵逻辑[J].重庆理工大学学报(社会科学),2021,35(6):187-194.

学者冯雪宁在探讨虚拟与现实的空间重塑问题中，便是基于梅洛-庞蒂对于知觉的论述得到启迪，在过往如若要理解真实的他者，便只有基于肉身知觉，因为身体是进入知觉空间的唯一途径，知觉物体整合身体意向性，将其融入自身，从而形成身体空间，而空间则是身体能够进行自由活动的前提。当身体的运动技能被激活时，它会自觉地描绘整个世界，同时建构运动构造与行为准则来为身体赋予"灵魂"。空间不是客观存在的空间，而是涵盖了知觉与身体的空间，正是空间形成了一个知觉行为发生的前提条件。❶随着VR影像技术所具备的沉浸与互动性功能的不断完善，通过可穿戴和交互性的设备进入和参与建构的具身"虚拟世界"空间，在VR影像中所形成的"虚拟化身"进而成为观者"身体"的延伸。

这些视触觉上的体验早已超越原有观影习惯中的二维、三维世界，而是进入一种"在场"与沉浸体验。学界正是在讨论媒介技术与人的关系时，开始提出所谓"在场"的概念，伴随着技术随时间不断产生相关理论的变化，虚拟技术的诞生更是成为在场理论整合与发展的崭新时代契机。相关新阶段的代表学者开始将"在场"置于更大的研究视域中进行关照。如同芬伯格所言，"技术总是嵌入在社会关系更大的框架之中"❷，学者们认为"在场"是受众将媒介环境中的感知与现实生活中的事物等同，进而促发真实的生理和心理反应。这也进一步说明VR影像技术确实能带来应用的多元与所处空间重塑的可能性，基于此应考虑如何将其应用到更多日常和亟须的场景中。

三、档案资料的应用："节日"与全民共情

VR影像技术融合应用最重要的部分实际上是关于相关情境内容的获取，在构建相关情境中，对于所需建构身份认同的个体来说，对其希冀经历或体会的生活风貌、物件、文化习俗等资源搜集与相关档案资料的整合显得极为重要。"档案资料指的是在过去由他人创作的任何素材，它可以是报纸、杂志、照片、广播、手工艺品、视频、配方、专利文件等任何非你创

---

❶ 冯雪宁.梅洛·庞蒂身体观视域下的VR影像艺术美学[J].电影评介,2021(6):75-79.

❷ 安德鲁·芬伯格.技术批判理论[M].韩连庆,曹观法,译.北京:北京大学出版社,2005.

造的东西。"❶在后现代思潮和马克思主义唯物史观的影响下,以人为本的"全球历史观"与"社会史观"兴起,逐渐促使了"档案记忆观"的诞生。❷现有的多元档案资料在其原有文件观、信息观和知识观的概念基础上,基于当下的实际需求和应用部分,得到时代价值属性极大延展的可能。

从2009年开始,国家影像志工程开始活跃,搭建了两个重大课题项目,其中的"中国节日影像志"便是与大众的日常紧密关联的部分,迄今已立项拍摄172个节日,主张采用"直接电影"、科学观察式纪录片的设置方法,近年还逐渐开始高度"关注节日中独特的身心体验和文化设置"❸。节日影像志普遍使用的创作策略是让环境要素覆盖性、弥漫性地在片中占据高权重地位,从量上铺垫出他者栖息其境、我者身临其境和观者如临其境的"场"。❹这样的创作形式对于节日、仪式与日常生活的深描呈现,实际上是在构建一种亲临的认知可能。动态的影像相较于单一的图文资料及口述内容,能够更直观与视觉化地呈现情境的过程。作为节日当中重要的"仪式",本身就是一种叙述的方式,并在以往的认知中被作为一种将社会的强制性标准转换为个人的愿望、创造社会化情绪、引起角色转换、提供治疗效应、制订社会行动的神话宪章、重新整合对立社群的工具而被加以分析。❺

仪式对于地方的重要性,是作为地方与个体生命之间重要的文化咬合链存在。譬如在节日影像志的现有创作中,由于创作者视角的不同,进而分别呈现出地方社区之间对于节日的共建过程内容,也有侧重家族乃至

---

❶ Maya Avidov. Intro to working creativly（&legally）with archive［EB/OL］.（2023-4-6）［2024-5-6］. https://mp.weixin.qq.com/s/ABVXlO8d0V0fAWFtqCXVA.

❷ 汪俊,张敏,谢奇爱.浅析档案编研在社会记忆功能建构中的作用［J］.云南档案,2012（1）:43-44.

❸ 朱振华.以民众为本位:当代节日志的价值旨归与实践追求——以"传统节庆文化论坛"相关讨论为核心［J］.民俗研究,2018（1）:51-56,154.

❹ 朱振华.以民众为本位:当代节日志的价值旨归与实践追求——以"传统节庆文化论坛"相关讨论为核心［J］.民俗研究,2018（1）:51-56,154.

❺ 刘广宇,马秋晨.仪式的影像化表达——以"中国节日影像志"为参照［J］.当代电影,2021（9）:69-75.

个人参与节日的创建,也有类似于观察者的参与交替视角,在影像中看见多元内容的推进。节日对个体、民族乃至国家而言,便是看出对于时间的制度如何安排,因为对于不同的文化,各自都存在着独特的时间设置,而这也取决于历史的发展、时节的变化,进而能在现有的影像志中看到多元民族各具特色的社会秩序与文化秩序。

类似相关内容已完成的节日影像志,实际上可以作为当下VR影像技术应用的核心素材来源,可以通过对相关内容的解析与加工,进而多维度地应用相关资料。正因为存在着影像记录的形式,也让预期"家乡"场景的搭建可以得到更真实的呈现。就另一个层面而言,对节日影像志的再度利用与持续推进,更是对多元民族文化加强重视的实践层面、通过在日常生活中的应用进而得以唤起"全民"对本土传统文化的参与、认同与自信。

四、结语

"影像不再能让人想象现实,因为它就是现实。影像也不再能让人幻想实在的东西,因为它就是其虚拟的实在。"❶技术的发展改变了人类所生存的世界与当下,VR影像技术对"身体"的延伸也在逐步具象实现,原本存在于科幻电影、小说中的情境逐渐临近。笔者从当下世界所面临的流动带来身份认同缺失的"全球公民"视角,逐步对个体的存在与世界的关联形成了新的认知,进而重新理解与应用文化的世界及社会对个体形塑的作用,对影像作为介质的丰富样态性、虚拟影像技术的未来应用方向可能进行了粗浅的梳理。

---

❶ 让·波德里亚.完美的罪行[M].王为民,译.北京:商务印书馆,2014:17. 转引自冯雪宁.梅洛·庞蒂身体观视域下的VR影像艺术美学[J].电影评介,2021(6):75-79.

文化预期、媒介使用对基层群众公共文化服务满意度的影响
——一个有中介的调节模型

江龙国
（暨南大学新闻与传播学院）
邹禧乾
（清华大学新闻与传播学院）

- 摘　要：本文以G县为实地田野，通过对210名基层群众的问卷调查并结合对12名基层人员的深度访谈，探究基层群众公共文化期望与地方公共文化服务满意度的关系。结果表明：基层群众公共文化期望可以显著预测其对公共文化服务的满意程度；媒介使用作为调节变量在文化期望与满意度之间起到调节作用；基层群众公共文化服务成效感知情况可以部分反映文化期望与满意度之间的关系。路径干预：审视/重视基层群众公共文化预期；强化基层媒体针对性信息攻击；强化媒体公共文化活动开展；加强基层公共文化部门联动。

- 关键词：文化预期　媒介使用　成效感知　基层公共文化服务满意度

一、研究背景

公共文化服务（Public Culture Service，PCS）是政府基本公共服务的重要组成部分，是公共文化建设的重要环节，也是重要的文化民生。习近平总书记多次强调，公共文化服务建设根在基层，活力在基层，难点也在基

层。❶基层群众对本地公共文化服务的满意度(简称"满意度",Satisfaction,S),是衡量地方公共文化服务建设成效的重要标准。❷尤其随着基层公共文化服务建设"提质增效"的要求愈发明确,充分了解基层群众的文化需求(Culture Requests,CR),并借此优化基层公共文化服务精细化、定制化供给路径显得愈发关键,但是当前,基层公共文化服务建设片面追求标准化、基本化,忽视基层群众实际公共文化预期的问题较为常见。❸而对于基层群众自身而言,公共文化意识薄弱、文化预期形式单一及公共文化服务或活动信息获取困难,较之更为突出。❹

媒介融合时代,《中华人民共和国国民经济和社会发展第十四个五年规划和2035年远景目标纲要》(简称"十四五规划")明确指出,提高公共文化服务水平要"全面繁荣新闻出版、广播影视、文学艺术、哲学社会科学事业……推进媒体深度融合,实施全媒体传播工程,做强新型主流媒体,建强用好县级融媒体中心"。实际上,媒体作为重要的传播认知渠道,可以帮助市民理解公共文化服务的性质与内涵;作为文化产业,能有效促进公共文化服务品牌增值,放大社会效益;作为交互空间,是构建公共文化价值共识、塑造情感认同、强化文化体验的重要力量。媒体是公共文化机构的形象建设者、修复者,公共文化服务品牌的打造者,公共文化服务核心价值理念的提炼者及文化自信的培育者。❺尤其是媒体传播力、引导力及影响力的发挥,不仅可以丰富基层群众公共文化信息的来源,强化公共文化服务的宣传力度,也能有效引导基层群众形成合理文化预期,便于基层

---

❶ 韩业庭.现代公共文化服务体系建设进入"效能提升"时代[EB/OL].(2018-7-5)[2022-3-19].http://china.chinadaily.com.cn/2018-07/05/content_36519453.htm.

❷ 归国良.切实提升基本公共文化服务水平——对浙江省地方政府基本公共文化服务满意度调查[J].大众文艺,2014(11):27-28.

❸ 刘景会.供给侧视域下贫困地区基层公共文化服务体系建设研究——基于江西国家贫困县的调查[J].黑河学刊,2018(3):3.

❹ 闫石.互联网环境下提升公共文化服务效能路径研究[C]//中国科技新闻学会.中国科技传播论坛,2015.

❺ 徐玲.传播学视角下的现代公共文化服务体系建设[M].北京:国际文化出版公司,2015.

群众文化需求的表达,甚至维护地方公共文化秩序结构。❶因此,有效评估当前基层群众的公共文化预期、测量其文化预期与满意度之间的关系,以及媒介接触与使用情况是否能对上述关系产生调节作用,这就构成了研究的逻辑原点。

二、文献回顾与研究假设

"基层公共文化服务"主要是"基层"这一独特的时空语境,其主要指代县域(及以下)空间范围内的公共文化服务供给及其制度或系统。❷由于经济发展及资源分配的差异,基层公共文化服务存在"硬件设施陈旧、经费投入有限、人才队伍水平参差不齐及区域发展不协调"❸"基层群众参与热情低、政府责任主体不明、政策协调机制不健全"❹的问题。这不仅造成了基层公共文化服务良性发展的困境,也影响了基层群众对本地公共文化服务的满意程度。❺因此,如何提高基层群众公共文化服务满意度日渐成为新的学术焦点。

白晶、冯丹娃以政府电子信息服务平台为例,认为在促进基层群众对政府公共文化信息服务满意度的过程中,应注重提升公众对公共文化的感知质量,且要注重满足公众的文化期望。❻成寅认为,进一步提高基层群众对公共文化服务的满意度,"要尊重公众情感需要,提升公众社会地位感知;也要帮助公民明确表达自己的需求,以及助其实现公共利益,引

---

❶ 江龙国.县级融媒体中心与基层公共文化服务建设[J].传媒论坛,2021,4(24):76-7,80.

❷ 张永新.公共文化服务的社会化发展:基本内涵,理论基础和现实路径[M].北京:社会科学文献出版社,2015.

❸ 齐万里.基层公共文化服务体系建设及对策研究[J].鄂州大学学报,2017,24(1):47-8,64.

❹ 赵中梁.加强基层公共文化服务建设的对策和建议[J].科协论坛,2017(6):42-44.

❺ 刘武,杨雪.论政府公共服务的顾客满意度测量[J].东北大学学报:社会科学版,2006,8(2):4.

❻ 白晶,冯丹娃,张睿.基于公众满意度的政府公共文化信息服务研究[J].情报科学,2019,37(9):17-21,8.

导公众形成合理的文化预期/期望"❶。因此,切实提高基层群众公共文化服务满意度,应该摒弃过去单纯供给导向的做法,在创造需求、培育需求的前提与理念下,建立相向而动、共同发力的供需对接机制,供求双方相互塑造、相互推动,达到供需平衡的目标。❷立足基层,为了进一步提高贫困地区居民公共文化服务满意度,则需"以居民精神脱贫为基础,引导居民文化形成多元需求层次,辅以差异化、多元化供给"❸。据此,提出以下研究假设:

H1:基层群众文化预期可以正向预测其对基层公共文化服务满意度水平。

感知(Perception),即意识对内外界信息的觉察、感觉、注意、知觉的一系列过程,是人脑对于客观事物各个部分或者属性的整体反映。❹陈忆金等基于服务质量评价模型、PSQ模型和LibQUAL(+TM)模型,构建以用户为中心的"公共文化服务质量评价模型",据此认为,公共文化服务的有形性、透明度、关联性及适合性将对满意度产生显著影响,而这些影响的产生最终要取决于用户对上述四个维度的感知水平。❺实际上,就当前群众公共文化服务满意度的感知结构与水平差异而言,居民公共文化服务满意度主要由"基本民生与社会管理""社会保障与就业"及"公共设施与文化"三个感知变量构成。❻李成圆研究发现,用户个人对于基层公共文化服务的质量感知、自身生活质量感知、自身收入水平及受教育程度的感

---

❶ 成寅.新疆阿瓦提县乡镇基本公共服务满意度研究[D].阿拉尔:塔里木大学,2017.

❷ 戎素云.河北公共文化服务满意度调查报告[J].社会治理,2016(3):86-93.

❸ 李志,毛惠玉.贫困地区农村文化建设的居民满意度及提升对策探讨——基于重庆市的调查研究[J].重庆工商大学学报(社会科学版),2020,37(1):87-98.

❹ 辞海."感知"[Z].上海:辞海.2021.

❺ 陈忆金,曹树金.用户中心视角下公共文化服务质量评价研究[J].图书情报工作,2019,63(17):60-68.

❻ 范静波.居民公共服务满意度的感知结构与水平差异——基于探索与验证性因子的实证分析[J].南京大学学报(哲学·人文科学·社会科学),2018,55(6):43-53.

知,会显著影响用户个人对基层公共文化服务的满意度评价。[1]同样,王琳就"感知服务的有用性、感知服务的价值、感知产品的价值以及感知费用(成本)"四个维度对基层公共文化服务满意度的感知因素进行研究,从而进一步明确影响公共文化服务满意度的四个感知维度。[2]据此,研究提出如下假设:

H2:基层群众公共文化感知质量可以正向预测其对公共文化服务满意度。

而现有研究也多次证明,群众自身对于公共文化预期与其对公共文化服务的质量感知也存在显著正向影响[3],即基层群众的文化预期值越高,其对于公共文化服务的成效感知系数也就越高。[4]研究提出假设:

H3:基层群众文化预期可以正向预测其对公共文化服务的成效感知。

随着新媒体、社交媒体及智能媒体的快速迭代,有关新媒体或融媒体与公共文化服务、网络传播与公共文化服务逐渐引起学界的注意。杨亚楠提出,提升基层公共文化服务满意度,不仅需要政府多元化的财政投入,还需要借助媒体力量,创新群众活动品牌,畅通居民需求表达渠道,进而吸引社会力量参与。[5]向颖也认为,提升基层公共文化服务满意度,还需"政府加大文化服务信息的宣传力度,提升公众对基本公共文化服务信息的知晓度"[6]。而要进一步加大公共文化活动的宣传力度,加强文化活动信息的线上推广及线下公示则尤为必要。[7]具体来看,如"引导居民关

---

[1] 李成圆.公众对公共服务满意度及其影响因素研究[D].济南:山东财经大学,2019.

[2] 王琳.基于感知价值理论的乡村公共文化服务满意度研究[J].中国集体经济,2021(27):128-129.

[3] 蒋馥励.基于ACSI模型的开阳县公共文化服务公众满意度研究[D].贵阳:贵州大学,2021.

[4] 汤慧莹.基于SERVQUAL模型的公共文化服务满意度研究——以长沙市居民为例[J].文化创新比较研究,2019,3(18):144-147.

[5] 杨亚楠.洛阳市公共文化服务满意度提升策略研究[D].西安:长安大学,2019.

[6] 向颖.基本公共文化服务供给公众满意度研究[D].武汉:华中师范大学,2019.

[7] 潘采夫.乡村振兴背景下县域乡村文化服务满意度研究[D].武汉:湖北工业大学,2020.

注公众号、官方微博,二是要重视地方电视台的作用""定期公布公共文化设施开放时间,公共文化活动举办时间、地点以及内容"不失为有效途径。❶由此,提出假设:

H4:基层群众媒介使用频次能正向预测基层群众公共文化服务满意度水平。

但从实际来看,媒体本身就是公共文化服务的重要组成部分之一。❷基层群众对基层公共文化服务的感知、接触也与群众个人的公共信息素养、文化活动获知能力、文化活动知晓度有关。❸而其中,基层媒体或媒介对强化基层公共文化服务的宣传度、提升基层公共文化活动的知晓度及塑造群众文化活动品牌有重要作用。基层群众的媒介接触与使用不仅有利于其获取基层公共文化服务、活动的基本信息,也能引导基层群众形成合理的文化期望与需求,拓宽基层群众与文化部门的对话机制❹,丰富其公共文化诉求表达内容与形式。❺提高群众的公共文化服务满意度水平。因此,研究提出如下假设:

H5:媒介使用可以调节文化期望与成效感知之间的关系。

H6:媒介使用可以调节文化期望与基层公共文化服务满意度之间的关系。

基于上述研究的回顾与分析,研究建构如下假设模型(如图1所示)。图1中,文化预期(Culture Expectation,CE)为潜变量,基层公共文化服务满意度(Satisfaction,S)为应变量,媒介使用(Media Usage,MU)为调节变量,成效感知(Effect Perception,EP)为中介变量。

---

❶ 李旭冉.河北省基层公共文化服务满意度个案调研[D].保定:河北大学,2021.

❷ 张国涛.广播电视公共服务的基本内涵[J].现代传播(中国传媒大学学报),2008(1):119-121.

❸ 李满营,石传延,刘宝珍,等.基层群众文化需求与加强公共文化服务建设的调查与思考[J].党史博采(理论),2014(9):36-37.

❹ 吴雪蕾.群众文化活动的问题和发展机制初探[J].江南论坛,2013(6),60-61.

❺ 王昀.作为风险的新媒介:线上内容生产与公共性文化研究[D].杭州:浙江大学,2017.

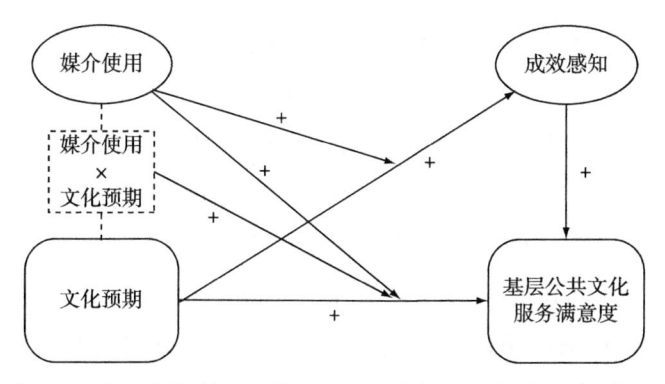

图1 文化预期与基层公共文化服务满意度影响机制假设模型

三、研究设计与数据来源

(一)研究对象

G县位于肇庆市中西部,地处北江支流绥江中游,是全国"竹子之乡"与"武术之乡",全国文化先进县。❶截至2021年8月,该县已建有国家一级文化馆1个、国家一级图书馆1个,并建有省特级文化站1个、一级文化站14个、综合性文化服务中心178个,成果突出。❷同时,G县融媒体中心完成了以"悦"为核心的系列融媒作品(悦舞台、悦青春),培育了"悦"文化系列品牌,自主培养了"欢哥"及"胡须佬"等知名本地网红,自建"生活频道"与"综合频道"栏目,对当地公共文化的建设、传播与传承做出了积极贡献。❸文章选择G县作为具体研究对象,具有典型性。

(二)研究方法

研究使用问卷调查法及深度访谈相结合的方法。在问卷调查中,考虑G县实际情况,研究采用分层抽样的形式抽取样本,将G县15个乡镇分为3层,每层抽取1个镇或乡(各区抽样人数按照"各区人口/183427×250"计算,男女性别比为51.23%、48.77%),第一层抽取南街街道,人数为188人

---

❶ 广宁县人民政府.走进广宁—自然地理—自然环境[Z].广宁县志办,2021.
❷ 广宁县文广旅体局.广宁县文化广电旅游体育局2021年政府信息公开工作年度报告[R].广宁县文化广电旅游体育局,2022.
❸ 广宁县融媒体中心.2021年媒体中心年终总结报告[R].广宁.2021:13.

(男96人、女92人),第二层抽取北市镇,人数为18人(男9人、女9人),第三层抽取衡山镇,人数44人(男23人、女21人)。❶发放问卷250份,回收236份(其中纸质问卷186份、电子问卷50份),剔除重复填写、无序填写及未完成问卷26份,得到有效问卷210份,回收率84%,符合研究要求。

在问卷回收完成后,通过对问卷数据进行清洗与处理,形成一定认知后,研究者撰写访谈提纲2份,分别对G县媒体中心(1人)及"三馆一站"(4人)负责人进行深度访谈,据问卷调查发现,当地基层公共文化服务建设的优势、劣势,成效与存在的问题,基层群众对本地公共文化服务的感知与期望问题及本地媒体如何参与基层公共文化服务建设等问题进行深入交谈(如表1所示)。

表1 访谈对象与内容

编号	访谈对象	性别	访谈形式	时长	访谈内容	访谈时间
F1	文广旅体局副局长	女	面对面	1小时	公共文化服务建设成效、问题与未来规划;问卷反映问题的深度交流;就媒体与公共文化服务关系问题展开对话	2022-01-25
F2	图书馆馆长	男	面对面	3小时		2022-01-25
F3	博物馆馆长	男	面对面	2小时		2022-01-25
F4	文化馆馆长	男	面对面	30分钟		2022-01-26
F5	媒体中心副主任	男	面对面	3小时	媒体与公共文化服务的关系问题;媒体如何参与公共文化服务;基层媒体的发展、媒介使用	2022-01-26
F6	群众1	女	面对面	30分钟	问卷反映的问题;群众对当地公共文化服务建设的看法、认识、建议及存在问题;了解群众对当地媒体基本情况的看法、使用、期待、评价	2022-01-16
F7	群众2	男	面对面	1小时		2022-01-18
F8	群众3	男	面对面	30分钟		2022-01-18
F9	群众4	女	面对面	30分钟		2022-01-21
F10	群众5	女	面对面	45分钟		2022-01-22
F11	群众6	女	面对面	30分钟		2022-05-28
F12	群众7	男	面对面	25分钟		2022-05-29

❶ 广宁县人民政府.第七次全国人口普查公报(第二号)——地区人口情况[Z].广宁县统计局,2021.

(三)变量的定义与测量

"服务预期":顾客期望意为"顾客在购买和使用某种产品或服务之前对其内容与质量的估计"。❶其中,涉及三个指标,即"顾客化期望、可靠性期望、总体期望"。在本研究中,借鉴郭满阳"社区基本公共文化服务满意度模型",分别从基层群众"预先期望""满足期望"及"整体期望"三个二级指标进行测量。❷问卷采用1~5分赋值,分别对应"非常低""比较低""一般""比较高""非常高"不同语义。问卷Cronbach's Alpha信度系数为0.847。

"成效感知":彭桂芳提出"老年人社区公共文化服务满意度测评维度与指标"❸,据此,研究针对基层公共文化服务满意度的成效感知问题进行测量,其中,问卷主要涉及四个问题:环境或设施条件建设成效感知、内容或活动成效感知、政府保障成效感知及建设效果成效感知。选项采用李克特量表1~5评分法,各自代表"非常不满意""比较不满意""满意""比较满意"及"非常满意"。Cronbach's Alpha系数为0.934。

"媒介使用":在"媒体使用"上,研究结合彭兰等人对媒体或媒介的划分,分别从微博、微信、新闻App、短视频及报纸、广播、电视台的使用频率着手❹,以此反映当前基层群众的媒介使用情况,借此判断基层群众使用上述媒介渠道获取本地公共文化服务信息的频率高低。量表主要采用李克特5分量表,1~5分分别代表"非常低""比较低""一般""比较高"及"非常高"。Cronbach's Alpha系数为0.846。

基层公共文化服务满意度主要是指基层群众对于本地公共文化服务的总体满意程度。在问卷设计中,主要涉及一个问题"您对本地公共文化服务的总体满意情况是什么"。在量表设计上,研究主要采用李克特5分

---

❶ FORNELL C, MD JOHNSON, ANDERSON E W, et al. The American Customer Satisfaction Index: Nature, Purpose, and Findings[J]. Journal of Marketing, 1996, 60(4): 7-18.

❷ 郭满洋. 基于ACSI模型的社区基本公共文化服务公众满意度模型研究[D]. 天津:天津师范大学, 2020.

❸ 彭桂芳. 老年人社区公共文化服务满意度实证研究——以武汉市为例[J]. 保定学院学报, 2017, 30(3): 30-5.

❹ 彭兰. "新媒体"概念界定的三条线索[J]. 新闻与传播研究, 2016, 23(3): 120-125.

量表,1~5分分别对应"非常不满意""比较不满意""满意""比较满意"及"非常满意"。

四、研究发现

(一)样本描述统计与相关性矩阵分析

如表2所示,基层群众对于地方公共文化服务的"文化预期(CE)""成效感知(EP)""总体满意度(S)"及媒介使用(MU)情况的平均值和标准差分别为3.294±0.802、3.391±0.841、3.314±0.873、2.745±0.799。可以发现,其中基层群众对于地方公共文化服务的"服务预期""成效感知"及"总体满意度"均在一般水平之上,整体呈现正面态度,而基层群众的媒介使用均值M=2.275<3,处于一般水平之下,这表明当前基层群众的媒介接触与使用情况整体偏低。此外,通过相关性矩阵可以发现,各变量之间均存在显著相关关系,且存在显著正向相关关系。

表2 各主要变量的描述性统计和相关性矩阵

名称	M±SD	t/F	文化预期(CE)	媒介使用(MU)	成效感知(EP)	满意度(S)
文化预期CE	3.294±0.802	0.643	1	.465**	.617**	.612**
媒介使用MU	2.745±0.799	0.639		1	.548**	.647**
成效感知EP	3.391±0.841	0.707			1	.661**
满意度S	3.314±0.873	0.762				1

注:**表示$p<0.01$。

(二)服务预期对基层公共文化服务总体满意度的影响机制研究

根据叶宝娟和温忠麟提出的有中介的调节模型依次检验法,需要对三个线性回归方程进行检验。[1]方程1做"基层公共文化服务满意度"对"服务预期""媒介使用"及两者交互项的回归分析。方程2做"质量感知"对

---

[1] 叶宝娟,温忠麟.有中介的调节模型检验方法:甄别和整合[J].心理学报,2013,45(9):1050.

"服务预期""媒介使用"及两者交互项的回归分析。方程3做"基层公共文化服务满意度"对"服务预期""媒介使用"交互项及"中介质量"的回归分析(如表3所示),最终检验有中介的调节效应是否成立(如图2所示)。

表3 媒介使用在服务预期与总体满意度之间的调节作用($n=210$)

	模型1				模型2				模型3			
	B	t	p	β	B	t	p	β	B	t	p	β
常数	3.030	11.040	0.000**	—	3.009	12.322	0.000**	—	3.021	12.548	0.000**	—
性别	0.374	4.160	0.000**	0.215	0.220	2.662	0.008**	0.126	0.219	2.685	0.008**	0.126
年龄	−0.131	−3.147	0.002**	−0.172	−0.076	−2.019	0.045*	−0.100	−0.086	−2.287	0.023*	−0.112
教育程度	0.045	0.768	0.444	0.042	0.073	1.403	0.162	0.069	0.066	1.286	0.200	0.062
收入水平	0.017	0.394	0.694	0.021	0.019	0.520	0.604	0.024	0.017	0.461	0.645	0.021
文化预期	0.632	11.265	0.000**	0.581	0.438	7.753	0.000**	0.402	0.427	7.648	0.000**	0.392
媒介使用					0.438	7.397	0.000**	0.401	0.444	7.590	0.000**	0.406
文化预期*媒介使用									0.140	2.634	0.009**	0.119
R^2	0.467				0.580				0.594			
调整R^2	0.454				0.568				0.580			
F值	$F(5,204)=35.735, p=0.000$				$F(6,203)=46.741, p=0.000$				$F(7,202)=42.227, p=0.000$			
ΔR^2	0.467				0.113				0.014			
ΔF值	$F(5,204)=35.735, p=0.000$				$F(1,203)=54.720, p=0.000$				$F(1,202)=6.939, p=0.009$			

注:*表示$p<0.05$,**表示$p<0.01$。

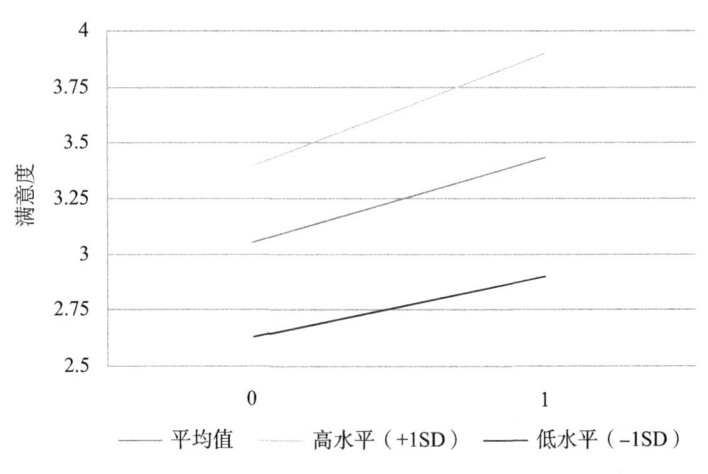

图2 媒介使用在服务预期与总体满意度之间的调节作用

由表3可知,模型3中,无论是文化预期($t=7.648$,$\beta=0.392$,$p=0.000<0.005$)、媒介使用($t=7.590$,$\beta=0.406$,$p=0.000<0.005$),还是二者的交互项($t=2.634$,$\beta=0.119$,$p<0.005$),均能正向预测基层群众公共文化服务满意度。由此可见,媒介使用对于文化预期与基层群众公共文化服务满意度之间的关系调节效应显著。此外,检验的结果也能表明(如表3所示),在高频次的媒介使用水平下,服务预期可以显著预测基层群众公共文化服务满意度水平($\beta=0.539$,$p<0.001$);但在低频次的媒介使用水平下,服务预期对于基层群众公共文化服务满意度不存在显著预测作用($\beta=0.314$,$p>0.05$)。由此,假设H6成立。

在对方程2进行检验时,研究发现,"文化预期""媒介使用"交互项($t=-0.133$,$p=>0.05$)对"质量感知"不存在显著调节效应。因此,假设H5不成立。最后,研究通过"基层公共文化服务满意度"对"文化预期""媒介使用"两者交互项及"成效感知"的回归分析,得到结果如表3所示。

从表4可知,调节中介效应分析共涉及2个模型,分别如下:

满意度=1.455−0.178×服务预期−0.207×媒介使用+0.160×(服务预期×媒介使用)+0.277×性别−0.066×年龄+0.064×教育程度−0.003×收入水平+0.341×质量感知

成效感知=1.648+0.637×文化预期-0.045×年龄-0.107×性别-0.021×教育+0.055×收入

表4 综合模型汇总(*n*=210)

	满意度				成效感知			
	β	SE	t	p	β	SE	t	p
常数	1.455	0.535	2.717	0.007**	1.648	0.324	5.081	0.000**
文化预期	-0.178	0.154	-1.153	0.250	0.637	0.057	11.163	0.000**
媒介使用	-0.207	0.174	-1.193	0.234				
文化预期*媒介使用	0.160	0.050	3.225	0.001**				
性别	0.277	0.077	3.616	0.000**	-0.045	0.091	-0.493	0.623
年龄	-0.066	0.035	-1.876	0.062	-0.107	0.042	-2.527	0.012*
教育程度	0.064	0.048	1.343	0.181	-0.021	0.059	-0.355	0.723
收入	-0.003	0.035	-0.083	0.934	0.055	0.043	1.284	0.201
成效感知	0.341	0.061	5.609	0.000**				
R^2	0.649				0.406			
调整 R^2	0.633				0.389			
F值	$F(8,201)=46.454, p=0.000$				$F(5,204)=27.897, p=0.000$			

注：*表示*p*<0.05，**表示*p*<0.01。

为了进一步检验"质量感知"是否对"服务预期"及总体满意度的关系具有中介作用，研究继续分析其"条件直接效应"与"间接效应"，如表5、表6所示。

如果间接效应值的95%区间（Boot CI）值包括数字0，则说明不具有中介效应；如果间接效应值的95%区间（Boot CI）值不包括数字0，则说明具有中介效应。❶

---

❶ 闫小妮,郑婕,厉英超,等.应用stata软件实现观察性研究效应量及可信区间的meta分析[J].中国循证医学杂志,2018,18(3):6.

表5　条件直接效应（Conditional Direct Effect）

水平	水平值	Effect	SE	t值	p值	LLCI	ULCI
低水平（-1SD）	1.945	0.134	0.075	1.788	0.075	-0.013	0.281
平均值	2.745	0.262	0.060	4.396	0.000	0.145	0.379
高水平（+1SD）	3.544	0.391	0.068	5.717	0.000	0.257	0.525

注：LLCI指估计值95%区间下限，ULCI指估计值95%区间上限。

表6　间接效应（Indirect Effect）

项	Effect	Boot SE	Boot LLCI	Boot ULCI
Total	0.217	0.045	0.131	0.313
QP	0.217	0.045	0.131	0.313

注：Boot LLCI指Bootstrap抽样95%区间下限，Boot ULCI指Bootstrap抽样95%区间上限。

从"满意度—质量感知"模型整体来看，模型 Boot 95% CI 并不包括数字0，意味着具有中介作用。同样，针对"成效感知"这一中介变量，模型 Boot 95% CI 并不包括数字0，意味着具有中介作用。而从其中介效应程度来看（如表7所示），成效感知（EP）对于文化预期与满意度的中介效应为45.393%，可以判定为部分中介效应。其中介效应系数 $a×b=0.287$，置信区间为[0.188~0.343]。因此，假设 H2、H3 成立。

表7　中介作用检验结果汇总及置信区间

检验项	c总效应	$a×b$中介效应	c'直接效应	计算公式	效应占比	95%置信区间
CE≥EP≥S	0.632	0.287	0.345	$a×b/c$	45.393%	0.188~0.343

注：$a×b$ 为 95%Bootstrap CI。

由此，经过验证后的调节模型如图3所示。

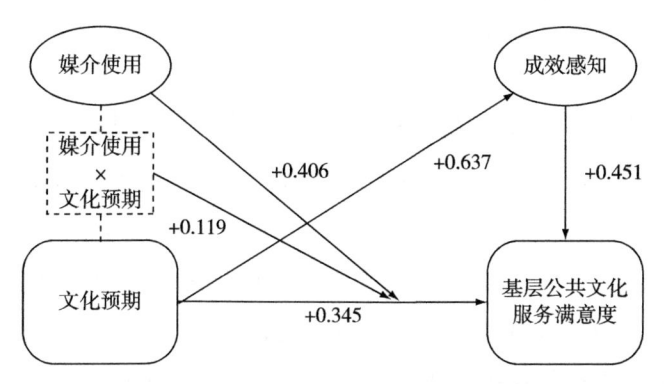

图3　文化预期与基层公共文化服务满意度调节模型

五、结论与讨论

(一)公共文化预期显著预测公共文化服务满意度

研究发现,基层群众的公共文化预期显著预测其对地方公共文化服务满意度水平,因而H1成立,这与前人的研究保持一致。这表明,在当前基层公共文化服务建设与供给体系中,基层群众的公共文化期望对基层公共文化服务满意度有重要影响。在理查德·奥利弗(Richard Oliver,1980)"期望一致理论"视角下[1],群众对文化产品或服务的成效感知如果低于预期,就会产生负向不一致;如果等于预期,会产生一致;如果对文化产品或服务的成效感知超过预期,则会产生正向不一致。也就是说,当基层群众有较高的文化预期且有多元的文化需求时,基层公共文化服务如果能及时满足文化预期,提高基层群众对政府公共文化服务供给的成效感知系数,那么对于提高基层群众公共文化服务满意度会有显著作用。

在研究者对基层群众的深入访谈中,有访谈对象表示:"老百姓肯定希望政府提供好的服务,但主要是政府要能提供好的服务,我们才满意啊!我们期望高,高高兴兴地去看唱戏、唱歌,结果发现不好看、质量很低,那我们落差就很大,哪还有什么满意度……""你说的啥文化发展,讲真话,我们这做得不太好,但我们心里都希望图书馆、博物馆、文化馆能做

---

[1] OLIVER RICHARD L. Effect of expectation and disconfirmation on postexposure product evaluations: An alternative interpretation[J]. Psychological Reports,1977,45(4):803-810.

得更好,谁不希望自己的家乡越来越好呢?"

(二)媒介使用在文化预期与满意度之间起到调节作用

数据表明,虽然文化预期可以显著预测公共文化服务满意度(即预期越高,满意度水平越高),但媒介使用在其中能起到充分的调节作用。就媒介使用频率高的群众而言,公共文化预期显著正向预测其公共文化服务满意度,而就媒介使用频率低的群众而言,文化预期对公共文化服务满意度的预测作用均不显著,假设H6得到了支持。这说明,对于基层群众而言,在文化预期稳定的状态下,媒介使用频率越高,其公共文化服务满意度越高,而媒介使用频率越低,其公共文化服务满意度水平相对较低。实际上,"融媒体独有的传播优势能够为公共文化服务供给主体去中心化,使其更加个性化,每个人都既是文化传播的接收者又是文化传播的主体,人们可以随时随地通过移动端、手机、网络进行公共文化产品的生产和传播,网友的点赞、评论和转载让这些文化产品聚变传播。"[1]同样,在研究人员与G县群众的深入交谈中,有人说:"之前只有电视台的时候,按时候家里收不到节目,而且经常是插播在广东台、珠江台,每天就只有几分钟的时间,你看现在有微信、手机之后,电视台也开了微信号、短视频,我们有时候也会看一下,这比去参加晚会有送洗衣粉、洗衣液、送盆的活动(商业活动)要好多啦!"(F11)"你说通过媒介了解本地公共文化服务信息吗?一般都是在微信上看到的,有时候是朋友圈里发的视频,有时候是'广宁发布'发的推文,图书馆的公众号也有;然后就是有时下班回去的路上,会看到一些广告牌,如果我有时间,我就去看看……"(F12)

(三)成效感知部分中介文化预期与基层公共文化服务满意度

通过方程3及中介检验可以发现,成效感知对文化预期及基层群众公共文化服务满意度关系起到部分中介作用,即基层群众在预期稳定的情况下,成效感知可以影响基层群众对于地方公共文化服务的满意度。而部分中介的存在进一步说明,当前基层群众对于本地公共文化服务满意

---

[1] 薛文静.基于公共文化服务角色定位县级融媒体中心建设研究[D].兰州:兰州财经大学,2022.

度水平与基层群众自身的文化预期息息相关,也与基层群众对于公共文化服务建设成效的直接感知关涉。在研究人员与基层群众的深入交谈过程中,受访者表示:"你问我满意不满意。活动越多,人越多,去得越多,当然就越满意啊,不过活动质量也很重要,好几次经过城东广场,看他们搞活动,围了一群人,就去看一下,结果发现不是唱啊、跳啊,就是卖东西(商业广告),没意思!"(F6)"要想提高满意度,重要还是要多搞点活动,前两年搞得新年晚会就不错,很多人去的,可这两年又不见了(疫情原因),本来想着过年还出去看看,现在什么都没了,搞了一个东西,你不坚持怎么行,你说是不是?"(F9)

六、干预路径

(一)认真审视或重视基层群众公共文化预期

重视基层群众公共文化预期,审视基层群众公共文化需求,是基层公共文化服务建设"提质增效"的重要保证之一,也是推进基层公共服务均等化、可及性的重要抓手。[1]而在实际中,因为当前基层公共文化服务建设存在不少问题与缺陷,基层群众"对公共数字文化服务的资源需求、设施需求和活动需求停留在较浅阶段,对资源、设施和活动的显性需求表达较单一"[2]。在本次实地调查研究中,也发现类似的问题存在,如"我也不知道我有没有文化需求""公共文化服务与我关系不大"等回答也不少见。因此,重视基层群众公共文化期望对于提高文化效能感知及满意度,已成为推动地方公共文化服务建设的应有之义。

(二)强化媒介公共信息针对性供给

媒体对基层公共文化服务的宣传与推广作用,已开展不少研究,但对于媒体能从哪些方面对基层公共文化服务进行宣传与推广,现有研究较

---

[1] 钱兰岚.服务"可及性"视角下的新时代公共文化服务体系建设路径研究[J].图书馆杂志,2022,41(3):41.

[2] 完颜邓邓,胡佳豪.欠发达地区农村公共数字文化服务供给与利用——基于湖南省衡南县的田野调查[J].图书情报工作,2019,63(16):54-61.

少涉及。正如部分研究认为,基层媒体是基层社会重要的信息中枢与舆论集成地,起到上下联结的作用。❶因此,仅仅通过提升基层媒体的地方信息供给能力,难以有效提高基层群众对本地公共文化服务建设的感知水平,也难以提高其满意度。此外,研究表明,当前基层群众对公共文化服务信息的需求,不在于基层公共文化机构的绩效宣传与普及,而在于更多有关基层公共文化服务本身的活动信息、产品信息及生活消息。有受访者表示:"我希望电视台的微信少发些大话与口号,多发一些经济类信息,如番薯干卖什么价(当地盛产番薯干)、竹芯茶(地方特色)卖什么价。你说的公共文化服务,希望媒体能报道一些预告类信息,不能等活动搞完了,我们才知道有这个活动,这想去也去不了"(F8)……"希望你们电视台(及新媒体平台)可以多播一些电视剧或者视频、短视频,总是看字,觉得还是挺麻烦的。"(F6)

此外,在对多名受访者的访谈中,发现当前基层群众期望的主要信息类型是"生态环保信息""医疗健康信息""本地教育发展""经济发展"等实用性信息,而对基层民主政治建设、基层公共文化信息持较为冷漠的态度。据此,在后续强化基层公共文化信息供给同时,可加强基层公共文化生态信息、健康信息及本地教育资源信息、经济发展信息的供给,以此有针对性地满足基层群众公共文化信息需求,提高其对于基层公共文化信息服务的期望程度,进而提高其满意度。

(三)强化基层媒体公共文化服务活动开展

由相关分析及回归分析可知,基层群众的"媒介使用"和"媒介评价"与其总体满意度水平显著相关,且存在显著影响。同样,笔者发现,基层群众对"公共文化服务的内容/活动感知"及"公共文化服务保障感知"程度与总体满意度呈显著相关关系,且存在显著正向影响。因此,在后续有关公共文化服务问题上,基层媒体可考虑加强媒体的活动组织与策划能力,加强媒体与基层公共文化场所的联动效应,如基层媒体对接各公共文化场所(图书馆、博物馆、文化馆)等,实现基层社会的"云阅读""云借阅""云

---

❶ 黄云南.资源整合与创新可提升基层综合文化服务中心效能[J].神州民俗,2018(5):4.

博展"及"云活动",进而推动基层群众参与。在G县,媒体中心曾于疫情期间组织策划多次云活动,如"G县线上中小学作文大赛""广宁县博物馆云展览"及"广宁悦舞台"等。此外,G县融媒体中心与地方教育局合作,在每年寒暑假开展"小记者训练营"及"小主持人培训班"活动,得到群众积极响应,这也是媒体中心提供公共文化服务的重要形式之一。

(四)加强基层公共文化部门联动

有研究者提出,加强文化部门大联合是提升基层公共文化服务效能的重要举措。当前,基层公共文化服务关涉主体主要是图书馆、博物馆、文化馆等,其上级行政主管部门为文化广电旅游体育局,而对于基层媒体而言,其主管单位为宣传部门,正是因为不同的行政区属,往往部门的联动相对不足,因此强化基层媒体与基层公共文化服务主体的联动,加强县域范围内文化主管单位与宣传单位的联动效应有一定必要。当前,G县融媒体中心积极与文化馆合作,组织、策划并跟踪报道当地民俗活动——"回娘家",得到当地居民的广泛支持。此外,G县融媒体中心立足于自身的文化宣发与传播功能,针对当地的非物质文化遗产、地方历史文物等情况,策划《广宁话·话广宁》及《话说广宁》等栏目,积极推动地方历史文化保护影像化、数字化。

但要注意的是,基层公共文化部门联动也存在一定的现实壁垒。在本研究中,针对媒体如何与基层公共文化部门(图书馆、博物馆、文化馆)联动的问题,G县图书馆馆长(F1)表示:"我们是一级公益性文化事业单位,他们(电视台)是二级公益性文化事业单位,我们不能打广告,他们可以。如果联合举办活动,可能性质就会发生变化了,这个不符合有关规定的……"

同样,在对G县融媒体中心副主任的访谈中,谈及该问题时,该副主任表示:

"不同的文化单位比较难以联动,我们是宣传部直属,他们是文广旅体局直属,是不一样的职能部门。各自的职责也不一样,我们主要是提供好的电视节目,他们主要是做好送书下乡、送戏下乡,他们做活动,我们派

记者采编新闻就可以,他们的活动也很难由我们来办!"(F5)

可见,无论是图书馆、博物馆等公共文化机构还是基层媒体,对基层公共文化服务的认识仍停留在较为单一的职能层面,仅仅认为这是单一的行政任务。这也进一步表明,加强基层公共文化机构之间的部门联动重要且必要。

媒体深度融合背景下数字出版人才的阅读服务能力提升路径探究

连叶媛
(中国传媒大学)
郑志亮
(中国传媒大学)

- **摘　要**：新兴媒介技术的相互渗透、融合互补带来数字出版的新发展，数字出版在公共文化服务体系中占据更加重要的位置，为公共文化服务提供新体验、打造新场景、培育新模式。针对我国公共文化服务体系建设不平衡、不充分的主要矛盾，数字出版内容生产和数字阅读服务之间供需不匹配的现实困境，亟须高等院校在出版学科建设中加强融合发展理论与实践人才培养，找准提升数字出版人才阅读服务能力的发力点：明确"以人民为中心""出版深度融合""社会效益优先"三位一体的人才培养目标；以实践教学锤炼数字出版人才的全民文化普惠能力、数字内容供给能力、阅读空间创新能力；以师生双向反馈、高校资源融合、政产学研一体的校内外协同育人机制激活数字出版人才的"造血"能力。以此回应国家文化数字化战略和全民阅读推广服务的需求，推动数字出版专业教育与新时代同步同频。

- **关键词**：媒体融合　数字出版　人才培养　公共服务

在媒体深度融合背景下，新一代信息技术在出版产业数字化升级中起到支撑引领作用，重建"（内容）创作—出版—传播—消费"为核心的数字出版生产链结构。国家统计局最新数据显示，2022年文化新业态发展韧性持续增强,数字出版业在16个行业小类中表现亮眼,全国规模以上数字出版企业营收比上年增长30.3%❶;数字出版作为内容创作生产这一文化核心领域提供的出版服务,在公共文化服务体系中占据更加重要的位置,为公共文化服务提供新体验、打造新场景、培育新模式。当前,我国公共文化服务体系建设仍面临服务供给不平衡与不充分的主要矛盾,数字出版内容生产和数字阅读服务之间也存在供需不匹配的现实困境,数字出版应找准发力点,发挥优势,服务国家发展大局,积极参与构建线上线下融合互动、立体覆盖的文化服务供给体系。

一、数字出版助推公共文化服务体系建设

阅读服务是出版机构、学校、图书馆等服务组织面向读者的阅读行为所提供的公共文化服务,在数字出版赋能下其数字化水平不断提高,通过优质丰富的数字阅读内容供给,交互性、沉浸式、立体化的感官体验满足让读者在社会性的物质和精神交互关系中完成信息流动和情感联结。数字阅读作为数字技术支撑下的内容传播和消费形态,不再局限于文本的数字化载体呈现,已被拓展为一项多感官、全媒体且具有社交功能的社会化实践,日趋成为全民阅读主流。

(一)优质出版产品向公共文化服务产品转变

在国家文化数字化战略引导下,数字出版和数字阅读的知识属性更为显著,发挥知识传播的文化价值,将数字阅读内容辐射到更广范围的群体。数字出版要进一步提高全行业精品化意识和内容价值引领力,利用文化数字化生产力,打造更多新时代新经典,推动优质出版产品向阅读服务产品转变,用精品出版物激发阅读兴趣、提升阅读品位,增强数字阅读内容的供给能力。作为出版主体的传统出版机构和数字出版企业,要在双向互动、相互融合中发挥各自优势,合力生产内容精深、样式多元、交互

---

❶ 国家统计局社科文司高级统计师张鹏解读2022年全国规模以上文化及相关产业企业营业收入数据[EB/OL].(2023-1-30)[2024-5-6].http://www.stats.gov.cn/sj/sjjd/202302/t20230202_1896747.html.

及时的全媒体出版产品,既要培育原创数字阅读内容,也要充分利用传统纸质书籍的优质内容资源,将其转化成数字资源重新加工出版。传统出版机构要坚持"守正",凭借其专业的出版经验、系统的知识资源、雄厚的品牌价值等核心优势,继续发挥优质内容生产引领作用,打造数字阅读经典作品;数字出版企业要持续"创新",凭借其媒介技术优势,提升全媒体环境下的内容整合能力,挖掘深度内容的内向价值,延长数字出版产业价值链。

数字内容创作对广大人民群众文化审美的提升作用也日益凸显。《2022年度中国数字阅读报告》显示,读者对电子阅读题材偏好的前五位分别是文学小说、漫画绘本、历史社科、搞笑幽默和人物传记。❶为顺应人民群众对数字阅读题材的偏好,文学小说、漫画绘本愈加关注现实题材,以贴近社会的文字素材书写时代精神;在主题出版和重大主题宣传中,借助数字阅读的多媒介呈现方式和多渠道传播路径,进一步加强对民族精神和时代精神、社会主义核心价值观、中华优秀传统文化的创造性转化和创新性发展;针对党员干部、知识分子、工农群众、大中小学生等不同群体,加强分众化精品阅读内容供给,进一步保障面向阅读障碍者的数字阅读供给数量和质量,推出一批在深入研究基础上进行浅出表达的大众化读物。数字出版要真正发挥文化阅读产品在弘扬社会主义核心价值观和中华优秀传统文化中的正面引导作用,确保优质内容的正确表达和快速传播。

(二)数字出版新形态带动公共文化服务创新

在5G、大数据、云计算、人工智能等新技术的赋能下,出版过程、出版资源等出版要素得以内部重构,聚集融合趋势,实现创意、生产、传播、消费、治理全链条数字化,拉动数字出版发展新引擎。但数字技术对数字阅读产业的影响仍存在较大不确定性,需要出版工作者掌控技术赋能的主动权,利用数字出版新形态,推动数字阅读服务场景体验、呈现方式和传

---

❶《2022年度中国数字阅读报告》:营收463.52亿60岁以上人群占比增长超一倍[EB/OL].(2023-4-25)[2024-5-7]. https://www.nationalreading.gov.cn/wzzt/dejqmyddhzq/dhlt/szydlt/202304/t20230425_713455.html.

播渠道不断拓展,提升阅读服务数字化水平。基于认知心理学的情感化设计理论,数字出版围绕"以人民为中心"的价值遵循,不仅要从技术层面提升读者体验,还要从本能层、行为层、反思层三个层次出发,强调主客体之间的情感共鸣与身份认同,满足读者外观接触的新鲜感、使用过程的愉悦感、情感激励的成就感等情感需求。

未来阅读领域将呈现沉浸式阅读、社交化、动态阅读、超链接、读者参与书写及通过阅读的算法来量化阅读体验等特点。一方面,数字出版为读者提供专业性、精准性的阅读服务,利用大数据和算法技术量化管理数字阅读全过程,根据读者阅读行为数据进行精准画像,使其与内容数据和作者数据实现有效对接,为读者提供多种媒介形式、多种知识点的知识关联结果,实现知识内容的完整呈现并提供好个性化服务;另一方面,数字出版为读者提供交互性、沉浸式的阅读服务,读者愈加重视自身在阅读活动中的主体地位,凸显身体交流与实践,追求通感移情和立体化审美,从"模拟现实"向"融合现实"转变,要加强整合全民阅读资源,组织开展重点阅读活动,加强阅读分众分类分级指导,营造良好的社会阅读风尚,在多元阅读场景中有效平衡社交与阅读的互动功能。

二、公共文化数字化建设下的出版人才需求

在国家持续大力发展数字经济,推进国家文化数字化战略的时代机遇下,人才储备的重要性正在日益凸显,推动出版业深度融合发展,亟须具有较强复合型知识结构和创新能力的出版人才。一方面,利用数字内容出版,推动优质出版产品向公共文化服务产品转变,增强公共文化数字内容的供给能力;另一方面,利用数字出版新形态,推动公共文化服务场景体验、呈现方式和传播渠道不断拓展,提升公共文化服务数字化水平。立足于中国式出版现代化以人民为中心的价值特征、出版融合的技术特征、社会效益优先的社会特征❶,为人民提供全方位、立体化的阅读服务,提供处处可读、时时可读、人人可读的文化条件。

---

❶ 周蔚华.中国式出版现代化的时代内涵、本质特征与动力机制[J].编辑之友,2023,317(1):21-28.

(一)传承"以人民为中心"的价值理性

有学者在总结国内外阅读研究的基础上,提出"阅读文化是一个社会或社群形成推崇阅读行为的价值观或规范,以及社会或社群内相当多的个体具有良好阅读行为的现象"❶。阅读文化建设是关于阅读知识、阅读价值和阅读行为的思想体系建设,而全民阅读推广最终需要落实到个体的阅读行为,聚焦到个体的阅读能力,激发个体在阅读中获得知识、发现问题、寻求突破。从阅读文化到全民阅读推广,再到数字阅读服务,始终坚持"以人民为中心"的基本原则,把满足需求和提高素养结合起来,促进满足人民文化需求和增强人民精神力量相统一。

公共文化数字化建设下需要什么样的出版人才,就是回答新时代出版专业"培养什么人、怎样培养人、为谁培养人"的根本教育问题,以及回答出版"为了谁"的根本性问题。中国式出版现代化的价值特征"坚持以人民为中心",明确了新时代出版工作者的使命和责任,要以马克思主义出版观为指导开展工作,把行为价值落实到出版实践之中,以满足人民日益增长的学习阅读需求为根本目的,为人民群众提供更加充实、更为丰富、更高质量的出版产品和服务;担负继承和弘扬中华优秀传统文化的历史责任,传播更多承载中华民族传统文化、中国精神价值符号的阅读产品,从而增强人民精神力量。

(二)培养"出版深度融合"的工具理性

在媒介技术赋能下,有声书、融媒体电子书、交互式电子书等数字阅读新形态的出现,实现了从传统纸质读书转向融合多媒介阅读。数字阅读媒介的根本性变革在于对人脑思维"认识流"的模拟,将文字、声音、图片、影像等资源按照统一的标准进行电子化转档后,对其进行碎片化、标签式分类与聚合,再与关联性内容建立链接,形成海量具有创新性逻辑勾连的超文本。❷数字阅读资源是集碎片化内容和超文本链接的非线性叙事

---

❶ 范并思.从阅读到全民阅读:图书馆阅读推广的理论逻辑[J].图书馆建设,2022,318(6):44-52.

❷ 屈明颖.从媒介进化视角探讨融媒体时代阅读模式发展与数字出版革新[J].出版广角,2020,362(8):12-15.

结构,读者可以在交互中跳转到信息网络中的任何节点,进行几何发散式阅读,并且在融媒体技术下的多感交互性体验和虚拟技术下的超现实感官体验中构建"以自我为中心"的信息传播与接受体系。

新兴媒介技术的相互渗透、融合互补,要求出版工作者打造集图文、音视频、动画、虚拟交互于一体的全息化传播场景,唤醒读者的全观能力,给读者以视听触味嗅多感官联动的立体式、沉浸式体验。出版工作者不仅要适应内容、技术、产品、服务、资本等全方位融合趋势,更要适应数字时代舆论生态、文化业态、传播形态的深刻变化;不仅要在具备选题、组稿、审稿、加工、校对等传统出版能力的基础上,努力提升交互编创能力和产品经理思维,更加注重利用新型传播手段,实现产品策划、内容编辑、技术开发、传播运营的最优效果;更要面向国内国外两个市场,借助新兴技术多维度开发文化资源,以多元化出版形态满足市场的多重需求,推动数字阅读精品"走出去"。

(三)提升"社会效益优先"的服务能力

在社交化媒介环境下,阅读实践不再是读者的个人沉思,他们能够自主地进行阅读选择、内容传播、社交互动,形成一种"身体缺席"但精神共处于同一阅读空间的"在场"阅读体验。❶基于共同拥有的价值取向、兴趣爱好、文本选择、阅读习惯、阅读方式等,读者凝结成阅读共同体,实现知识迁移和阅读增值,提升阅读主体"理解文意—阐发文本—创新思维"的多维阅读能力,将个人情感升华为公共情感,完成集体归属感的塑造。但对于视力残疾人及由于视觉缺陷、知觉障碍、肢体残疾等原因无法正常阅读的阅读障碍者,他们作为社会群体,其社交圈呈现固定态势,基本局限于内部圈层。

数字阅读在保障读者基本阅读权益的同时,也要努力为读者提供社交阅读环境,使其在公共空间中享有平等的阅读权利与交往关系,满足读者的基本阅读需求和内在隐性需求,确保个体价值、社会价值、共创价值寓于数字阅读之中。出版工作者要以社会主义核心价值观为引领,正确处

---

❶ 张美娟,苏华雨,王萌.数字阅读空间中的信息流动、情感凝聚与虚拟互动[J].出版科学,2023,31(2):47-55.

理出版意识形态属性和产业属性、社会效益和经济效益之间的关系，既要确保优质内容的正确表达和快速传播，又要提供好个性化服务，激发读者在阅读行为中的主体性、能动性、创造性，并且在多元阅读场景中有效平衡社交与阅读的互动功能；主动承担起全民阅读"把关人"身份，加强对广大读者的阅读知识传播、阅读价值建设、阅读行为培养，引导读者自发地从"整体性失序、目的性失常、价值性失重"的数字阅读困境中脱离。

三、实践赋能：数字出版人才的阅读服务能力提升

高等院校作为人才培养的重要主体，要在出版学科建设中加强融合发展理论与实践人才培养，数字出版专业教育要涵纳现代出版学技术前沿与创新理念，高度契合互联网时代与数字文化产业发展的高端专业人才诉求，着力培养融合传播领域复合型、全媒型的实践后备人才。中国传媒大学经过多年建设发展，在音像出版、跨媒体出版、移动出版、数字出版、融合出版、无障碍出版的数字作品内容生产和样态创新等方面，取得了显著的教学成果，并持续探索数字出版教学改革与模式创新，找准提升数字出版人才阅读服务能力的发力点。

（一）秉承中国文化基因，培养全民文化普惠能力

数字出版专业是中国传媒大学新闻传播学科最年轻的专业之一，立足数字中国发展战略，秉承中国文化基因，着力打造"公益、专业、社会"三位一体的实践教育格局。在追求学科独立和跨学科融合的交织下，中国传媒大学加强思政课程、通识教育课程、优势特色课程、实践教学课程与创新创业课程建设，着力构建"接续历史、对接未来、特色突出"的课程体系，强化超越知识点传授的思维和能力教育。2022级数字出版专业培养方案要求，学生修读"思想道德与法制""中国近代史纲要""设计思维导引"等通识基础课程52学分，其他文史哲、经济、艺术、管理等相关学科的通识选修课程15学分，占毕业总学分要求的42.4%，并且按计划分5个学期修读，贯穿于人才培养全过程，发挥"人文为体、科技为用、艺术为法"的人才培养特色。

中国传媒大学数字出版专业倡导主题聚焦下的多样化授课,积极探索课程思政建设新路径,将红色文化、中华优秀传统文化、社会主义先进文化等内容主题嵌入实践项目,以线下线上相结合方式开展教育教学,培养学生的家国情怀和社会责任感,在价值引导上实现对文化自信的坚守。师生共同策划出版的音像出版物《百年先锋》《红色文物青年说》获评中共中央宣传部主题出版重点出版物选题、教育部主管高校主题出版物选题,编创的融合出版物《鲜花献英烈》获评第六届中国数字出版创新论坛优秀案例,这种以高互动性、高参与度、高体验感理念打造的新型思政教育能真正做到深入课堂、深入教学、深入实践、深入人心,为课程思政教育和网络新媒体人才培养提供独具中国特色、中国风格、中国气派的融媒体实践教学方案。

(二)融合出版设计实践,增强数字内容供给能力

"大实践观"理念下,以课程体系为主的传统教育模式已无法满足数字出版人才培养的需求,实践教育成为数字出版专业教育的内生性动力、贯穿性线索和引领性力量,要引导学生在实践洞察、移情理解之中形成专业理解和身份认同。中国传媒大学数字出版专业依托"媒体融合与传播国家重点实验室""融合出版与文化传播新闻出版署重点实验室""智能融媒体教育部重点级实验室"等多个国家级和省部级科研机构优质资源,建立"跨媒体文化传播实践平台",创新性打造出"一个实践教学体系、两个质量评价系统、三个实践项目模块"的融合出版设计实践教学模式。这一模式以课程实践项目模块为建设重点,通过制定教学大纲、教学进度表、项目指导等文件,以项目制方式展开实践实训,聚焦红色文化、中华优秀传统文化、社会主义先进文化等资源的解构,探究创造性转化和创新性传播的手段和策略。

三大实践项目模块——内容策划模块、技术应用模块、无障碍出版实践模块,要求学生将非线性的、感性与理性相互交融的思想结构融入内容策划逻辑,锻炼图文、音视频、动画、虚拟交互等融媒体编创能力,着力研究无障碍出版物的内容策划、多感知交互技术应用和用户触媒体验度,正

契合当下媒体融合、技术融合、文化融合的时代背景。从教学成果《鲜花献英烈》中可见，创作团队牢牢坚持"导向为魂、移动优先、内容为王、创新为要"的产品化、品牌化思维，用技术赋能红色场景打造，探寻中华优秀传统文化的继承与创新：在视觉呈现上，引入"场景化"设计理念，采用大量场景建构、3D建模、虚拟现实等技术，搭建开屏页、叙事页、致敬页、海报页四个主要场景；在程序开发上，应用HTML、CSS、JavaScript等多种计算机语言，实现数据库读写和个性海报生成等交互效果。这对融合出版实践教学创新来说是一种积极推进，引导学生在实践中探寻融媒体创作背后内容本身的逻辑、视听表达呈现的逻辑、创作流程的逻辑；同时也更能满足新时代新闻出版传播事业变革和产业重塑的现实要求，鼓励学生运用富有时代传播力的手段产出优秀的数字内容来反哺社会。

(三)打通全流程式教学，激发阅读空间创新能力

在设计艺术学科的教学中，高校普遍推行工作室教学模式，但面临运行难、效果不理想等问题，缺乏项目、师资和相关资源之间的有效对接。数字出版专业作为人文社科和艺术学科的集结，同样适用于工作室教学模式。中国传媒大学数字出版专业拥有一支政治素养高、专业水准高的师生团队，为数字出版工作室教学法的开展提供专业与人力保障。依托"融合出版与文化传播国家新闻出版署重点实验室"，聚焦数字出版与知识服务、数字出版内容创新机制、数字产品传播与营销三个研究方向，能够实现数字出版专业项目、师资、配套资源之间的有效融合，从而集中精力研究工作室教学的机制建设，创建多样的工作室教学模式，使工作室教学法真正服务于数字出版实务、教育、研究的纵深化、全面化及多元化发展。

在导师或团队的主持下，将教学场景拓展到"教室—实验室—工作室"，将教学流程拓展到"基础实践—综合实践—创新实践"，以数字出版领域的前沿性、应用性和创新性发展为导向，以课题研究、实践项目、学科竞赛等为平台，以讲座、讨论、讲评、观摩等多样化教学手段，实现"创意—创作—创新—创业（公益服务）"的数字出版实践教学全流程，将学生创意

孵化成社会认可的创意产品或公益作品。例如,"北京国际电影节蓝皮书(数字版)""南大CSSCI中文学术集刊融媒体图书馆""学四史守初心——四史学习融媒体图书馆"等,提升学生的综合实践能力。同时,中国传媒大学通过自主产出创新,在智能音视频技术、数据挖掘技术、算法推荐技术、扩展现实技术(XR)、4K或8K超高清视频关键技术等方面积累领先的技术优势,以此延伸实践教学的物理空间,弥合校内与业界的技术差距,全面提升数字出版专业的公共文化服务能力,助力出版业持续提升原创能力、激发创新活力、增强供给效能。

四、协同育人:数字出版人才的"造血"机制构建

融媒体时代高校教育在理论培育与技术实践的平衡性、人才再"造血"能力上仍有很大上升空间。《关于推动出版深度融合发展的实施意见》提出,"支持重点高校与出版单位、数字出版企业等合作培养急需紧缺人才",创新数字出版专业教育需要突破内、外部机制障碍,大力推进校内、外协同育人,以师生协同、高校间协同、政用产学研协同等方式,最大化发挥各创新主体的科学研究和人才培养优势,探索建立面向科学前沿、行业产业及文化传承创新重大需求的人才培养机制。

(一)师生双向反馈的校内协同培养

在"一个实践教学体系、两个质量评价系统、三个实践项目模块"的融合出版设计实践教学模式中,质量评价系统和实践项目模块形成衔接,针对数字出版内容策划、技术应用和无障碍出版设计实践进行作品质量和项目管理的双维度评价。两大质量评价体系始终以创新价值和综合贡献为导向,最大限度激发师生服务党和国家的重大战略需求、服务经济社会发展。质量评价体系的"双维度"不仅体现在参评者的双重身份上,也体现了参评者接受评价的双重来源。一方面是自我评价,由参评人围绕个人特点、优势及努力方向进行自述;另一方面是社会评价,由评审专家对参评人的教学、科研、贡献、潜力等进行综合评价。由此在校内、外多方参与协商基础上,多维立体地对教学质量进行评价,促使师生在批评与自我

评价中形成反思。

(二)高校资源融合的区域协同培养

在我国一流学科建设的背景下,数字出版亟须全面提升科研原创能力、应用转化能力和创新人才培养能力,建立由不同高等院校组成的学术共同体,以跨时空、跨领域、跨文化的方式,推动科研资源和学术成果向教学资源、育人资源转化,形成数字出版专业的区域协同育人机制。中国传媒大学牵头建设的"北京市高校新闻出版类专业群",以"数字媒体+新闻出版+文化传播"的思路整合教学内容,探索集群式、多校共建的育人模式;由中国传媒大学打造的虚拟教研室积极探索教育数字化新应用、新平台,扩大优质数字教育资源覆盖面,促进共建高校之间资源共享、优势互补,助力东西部高校新闻人才培养水平提升。通过组织举办数字出版专业建设研讨会、学术论坛,有效赋能教育教学问题的研究与解决,以此帮助共同体成员实现在人才培养工作中的自我发展和自我超越。

(三)政产学研一体的校外协同培养

在新版职业分类大典公示稿中,首次标注了数字职业,其中将数字出版编辑描述为从事数字化出版产品策划、编辑、加工、转换的专业人员。这一新兴职业的具体从业范围、工作内容、生产手段、产品形态及营销渠道等方面,与传统出版编辑具有较大差异,需要利用好"政用产学研"的协同创新机制,加大对数字出版人才标准的研究力度,明确数字出版人才必须具备的技能要求及相关知识。高校通过校所、校企联合定向培养,开展前瞻业务和学术交流活动、科研项目等协同育人,共建人才培养基地、实践基地、融合发展基地。中国传媒大学积极响应国家乡村振兴局实施"百校联百县兴千村"行动,与河北省宁晋县开展校地结对合作,实施传媒赋能、文创赋能、人才赋能,推动数字出版专业教育与新时代同步同频。

五、结语

从阅读到全民阅读,阅读实践不仅是广大人民群众的生活方式,更是公民平等享有的文化权利,要大力倡导全民阅读、终身学习的理念,在全社会营造浓厚的阅读氛围,建设中国式阅读文化。全民阅读最终需要落实到个体的阅读行为,聚焦到个体的阅读能力,融合多媒介特征下的全民阅读是一种关于人、技术、出版媒体在数字时代中的人文价值关涉,这种关系的建立、维持与发展将直接决定出版的价值。❶数字出版引领数字阅读迈入高质量发展阶段,优质出版内容和先进数字技术有机结合,利用新技术持续赋能产业变革,持续深化产业链各主体之间的融合,以社交化传播、精准化推送体系,有效满足读者需求,推动更广泛意义的全民共享和传播实现,推动数字阅读在全民阅读推广和书香中国建设中发挥更大作用。高等院校继续在理论培育与技术实践的平衡性、人才再"造血"能力上发力,同出版单位、新型出版企业、科研机构等创新主体进行资源融合互补、知识协同共享、价值共创,推动数字出版人才培养的提速增效,推动数字出版专业教育适配出版产业实践,为"健全基本公共服务体系,提高公共服务水平,增强均衡性和可及性"输入"第一资源"。

---

❶ 卢毅刚,方贤洁. 多模态融合趋势下提升数字出版传播效能的模式、方法与进路[J]. 出版广角,2023,430(4):66-70.

融媒体时代科技期刊发表科幻作品的路径研究

刘瑞轩
（北京印刷学院）
张　聪
（北京印刷学院）

- 摘　要：通过对世界一流科技期刊《自然》(Nature)杂志刊登科幻作品的动因、内容以及传播路径的分析，提出对我国科技期刊发表科幻作品的建议，并且尝试将科幻作品的颠覆性创新思维应用到科技研究和实践中，以推动科技的创新发展；以文献分析法、案例研究法和归纳演绎法，结合《自然》杂志发展的现状，总结出科技期刊发表科幻作品的发展策略；我国科技期刊中科幻作品的发表需要政策资金支持、形成良好的运营机制、融入科幻产业链和促进科幻到科技的成果转化；中文科技期刊刊登科幻作品是可行的、必要的，可以推动我国科技期刊产业链的完善以及科技水平的发展。

- 关键词：自然杂志　科技期刊　科幻作品

《自然》杂志从1999年开始，开设了"未来"专栏，专门刊登科幻作品，这类作品不是科研论文，但是反映了人类当下的一些科学难题和对未来科技的幻想。早在1895年，就是《自然》杂志刚创刊不久，乔治·威尔斯（Wells）发表了他的科幻小说《时间机器》，这就引起了《自然》杂志的关注。《自然》杂志刊登了一篇匿名书评，书评作者结合威尔斯生物学专业的学术背景，认为这部小说在帮助人们对持续生物进化过程所产生的可能结果有了连贯的认识。然而，《时间机器》之所以对科幻历史产生了深远的影响，并非仅仅因为其对生物进化的描写，更因为其中创造性的设想，如

"时间机器"和"时间就是第四维度"的概念,这些设想在后来的科幻作品中反复被借用。可以说,《自然》在一百多年前就开始关注科幻作品,并把关于科幻的讨论发表在期刊上。

由于顶着"世界顶级科技期刊"的光环,"未来"专栏一开始就广受瞩目。即使2000年到2005年中间停刊了5年时间,欧洲科幻学会还是在2005年把"最佳科幻出版刊物"(Best Science Fiction Publisher)的奖项颁给了《自然》,专栏主持人亨利·吉事后说过一句很有意思的话,他说颁奖现场"没有一个人敢当面对我们讲,《自然》出版的东西是科幻"❶。从2008年开始,该专栏连续入选世界科幻协会公布的《年度最佳科幻》(Year's Best SF)榜单❷。

按照通常的看法,科幻一般被当作一种和科学有关的文学类型,但事实上,它在文学领域一直处于边缘,从未成为主流,相比科学更是处于弱势地位。这种情形下,《自然》杂志开设科幻专栏,对科幻爱好者无疑是一种鼓舞,他们很愿意向外界传达这样一个信息,即科幻尽管未能进入文学主流,却得到了科学界的高调接纳。《自然》杂志为什么要发表科幻作品?这对于科技期刊来说是否会成为新的发展路径?本文以《自然》杂志为例,深入分析其发表科幻作品的动因、内容和传播路径,以期对我国科技期刊的发展提供借鉴参考。

一、《自然》杂志发表科幻作品的动因

(一)刊登科幻作品可以帮助科技期刊扩大影响力

科技期刊的读者一般是科学家群体,而科幻小说的读者范围会更广泛。科技期刊刊登科幻作品可以拓展期刊的出版内容,扩大读者群。《自然》杂志创办的初衷就是促进科技的交流和进步,刊登科幻作品符合《自然》杂志的办刊理念,能够向更多的公众传递科学知识和信息。科幻作品

---

❶ 江晓原,穆蕴秋. Nature与科幻百年[J].读书,2014(12):152-161.

❷ DAVID G. Hartwell(Editor). Year's Best SF(5-17)[M]. New York:Harper Collins,2001-2012.

相对于科研论文来说,可读性和吸引力也会更强。《自然》杂志可以进一步扩大其影响力和知名度,确立它在科学界独一无二的地位。

(二)科幻作品可以激发期刊作者和读者的创造力

《自然》杂志的科幻作品涉及未来科技、虚拟现实、人工智能等领域的幻想和设想,可以为期刊的主要读者也就是科学家群体提供新颖和富有创意的视角,激发他们的创新思维和创造力。需要注意的是,《自然》杂志在刊登科幻作品时,通常会注明这些作品是虚构的,不属于学术研究或实证结果。这样可以确保读者正确理解这些作品的性质,不将其与真实的科学研究混淆。

(三)科幻作品可能有助于推动现实科技发展

历史证明,许多科幻作品都在未来成为现实。所以,科幻作品在某种程度上可以促进科学和科技的进步。《自然》杂志作为拥有150多年历史的顶级科技期刊,在对科幻作品的把握上也可能为未来科技的发展勾勒出蓝图,从而促进现实科技的发展,创造科技跃迁。

例如,《自然》杂志曾经邀请过科幻作家刘慈欣在其杂志上发表文章,探讨未来科技与人类社会的发展趋势。刘慈欣的科幻小说《三体》中对于宇宙文明和外星生命的设想,激发了科学家对"宇宙社会学"的研究兴趣。另外科幻作品在道德、伦理和社会影响等方面也具有学术价值。科幻作品常常涉及生物伦理等前沿科技领域的社会问题,引发了对科技发展可能带来的道德困境和社会变革的深入思考。跨学科的思考可以促进不同领域之间的交流与合作,推动科技与人文的融合。

二、《自然》杂志科幻作品的内容分析

(一)主题前沿:多次探讨"费米悖论"和时空旅行

《自然》杂志刊登了大量关于"费米悖论"的科幻作品。对于外星文明的存在与否,存在多种解答方案。一些作品认为外星文明可能已经存在于地球,但由于各种原因无法被发现或者不愿意被承认。例如,大卫·布

林的科幻作品《现实写照》(Reality Check)中❶,描写了一种外星文明已经毁灭的情境,暗示外星文明可能曾经存在过但已经灭绝。此外,阿拉斯泰尔·雷诺兹的作品《遭拒绝的感情》(Feeling rejected)❷中提出了一种设想,认为外星文明存在于宇宙中,但由于某种原因,它们无法与地球进行有效的交流与沟通。另一些作品则认为外星文明虽然存在,但由于各种条件或限制,尚未与地球进行交流。例如,查理斯·斯特罗斯的科幻作品《MAXO信号》(MAXO signals)❸中,描述了一种宇宙中充满危险的情景,暗示外星文明可能存在但并不友好,从而不愿意与地球进行交流。同时,也有一些作品认为外星文明可能根本不存在。

然而,尽管科学界迄今为止尚未找到明确的证据证明外星文明的存在,但也尚未提供足够的证据证明其不存在。因此,"费米悖论"成为一个开放的问题,这些科幻作品为科学界对"费米悖论"的讨论和研究提供了丰富的想象和探索空间。

《自然》杂志也曾在其学术文章和科幻作品中深入探讨"时空旅行"这一主题,并进行了伦理、社会和情感等方面的深刻思考。例如《自造时间机器》(Build Your Own Time Machine)❹、《照顾自己》(Taking Good Care of Myself)❺、《特斯拉行动》(Operation Tesla)❻和《祖父悖论》(Grandfather Paradox)❼等。其中,《照顾自己》这个故事情节引人深省。故事讲述了在一个未来世界中,老无所依成为一个普遍的问题,人们只能通过时间旅行来到未来,陪伴自己直到终老。这个故事引发了对时间旅行伦理、社会和情感影响的深入思考。

---

❶ BRIN D. Reality Check[J]. Nature, 2000(404):229.

❷ REYNOLDS A. Feeling rejected[J]. Nature, 2005(437):788.

❸ STROSS C, HAAFKENS C, MOHAMMED W. MAXO signals[J]. Nature, 2005(436):1206.

❹ TEPER I. Build your own time machine[J]. Nature, 2008(453):132.

❺ JAN R MACLEOD. Taking good care of myself[J]. Nature, 2006(441):126.

❻ HECHT J. Operation Tesla[J]. Nature, 2006(443):604.

❼ STEWART I. Grandfather paradox[J]. Nature, 2010(464):1398.

(二)体裁多样：小说，书评，影评都有涉猎

《自然》杂志除了刊登科幻小说，还会发表一些对于科幻小说的书评和科幻电影的影评。《自然》曾开设书评专栏(Book Review)，其主旨是"发表科学界普遍感兴趣的新书评论"，有时也会推介和科幻有关的论著。例如，《万亿年狂欢：科幻史》(Trillion Year Spree: The History of Science Fiction)一书深入探讨了科幻文学的历史发展，而《幻想旅程：从科幻电影里学科学》(Fantastic Voyages: Learning Science through Science Fiction Films)一书则通过科幻电影作为媒介，引发读者对科学的兴趣和学习。这些书评提升了科幻作品的学术价值，也通过介绍科幻书籍提升了科幻作品的科学性。

一些热门的科幻电影也是《自然》关注的对象。例如，《侏罗纪公园》(Jurassic Park)这部以克隆恐龙为主题的科幻电影被《自然》评价为对科学的运用缺乏准确性。尽管这些科幻电影在票房上取得了成功，但在科学界对其科学性的评价可能存在不同的看法。这也引发了科幻作品中科学与虚构之间的边界讨论，以及科学作为科幻作品背景的准确性和可信度的问题。

因此，在《自然》杂志中，科幻作品既是文学研究的对象，又是一种科普的方式，但其对科学的运用和表现形式可能会受到不同的评价和解读。这种对科幻作品的多维度评价，有助于深入探讨科学与文学、艺术之间的关系，以及科幻作品在科学传播中的作用和影响。

(三)立足现实：引起大众对科技的反思

《自然》杂志刊登了大量关于转基因、克隆等生物技术滥用、环境危机、太空探险等主题的科幻作品，反映了当下人们对于新兴科技发展的担忧和反思（如表1所示）。

表1 《自然》杂志中有关科技反思的主题举例

生物技术滥用	环境危机	太空探险
《长生猫咪》	《海洋像神经元》	《史瓦西辩护》
《记忆病毒》	《分水岭》	《宇宙一路向下》

生物技术滥用	环境危机	太空探险
《教母协议》	《祖父的河流》	《木卫三的五门课程》
《噬菌体》	《世界尽头的热狗》	《比邻星垃圾》

与克隆主题相关的如《长生猫咪》(The Forever Kitten)[1]、《肉》(Meat)[2]、《教母协议》(The Godmother Protocols)[3]等作品不仅从生物技术中获取写作灵感,探讨了未来世界中可能出现的技术应用,更深入探讨了滥用生物技术可能引发的伦理和社会问题。[4]

以《肉》为例,这篇作品通过对未来世界中利用活体细胞克隆肉块的技术进行描写,展现了对这一技术的深入思考。在这个未来世界,利用克隆技术生产肉食的做法已经广泛普及,满足了一些人食用名人、政要克隆肉的特殊癖好。然而,由于技术的滥用和黑市交易的存在,克隆肉块的来源成了一个严重的问题。为了防止委托人的活体细胞落入黑市交易者手中,新兴职业——清理员应运而生,他们的职责是采取一切可能的预防措施,保护委托人的生物信息不被滥用。

在环境危机方面,《祖父的河流》(God Father's River)这部作品中的主人公通过数字技术和虚拟现实技术,努力重建并再现童年时与祖父一起畅游的河流。这个故事通过回忆和虚拟体验,探讨了人与环境之间的联系,以及个人对环境保护的责任感,同时也揭示了时间流逝和人类记忆的不可逆转性。通过将科幻元素与环境保护主题融合在一起,作品向读者传递了一种深远的信息:人类需要思考并采取行动来应对环境问题。

《史瓦西辩护》是太空探险领域中意义较深的作品之一。该小说讲述了一个名叫泽维尔的人决定冲浪黑洞,以追求名利和超级巨星的地位。他的伴侣通过破坏转向系统来阻止他的计划,但这个计划最终取得了巨

---

[1] HAMILTON P. The forever kitten[J]. Nature,2005(436):602.

[2] MCAULEY P. Meat[J]. Nature,2005(435):128.

[3] HEATHER M WHITNEY. The Godmother Protocols[J]. Nature,2006(444):970.

[4] 穆蕴秋,江晓原.《自然》(Nature)杂志科幻作品考——Nature实证研究之一[J].上海交通大学学报(哲学社会科学版),2013,21(3):15-26.

大的收视率成功。冲浪黑洞象征着人类对于未知和危险的探索欲望,它代表了人类追求新奇和刺激的冲动,即使这种追求可能导致自我毁灭。故事隐喻了对人类在科技爆炸背景下的冒险精神和探索欲望的反思。

三、《自然》杂志中科幻作品的传播路径

(一)纸刊和网站联动传播

《自然》杂志的纸质版历来以印刷精美、封面和版式设计新颖著称。其刊登的科幻作品插图精美,排版精致,比一般纯文字的科幻小说的可读性更强。其刊登的科幻作品还会在其期刊网站进行二次传播。网站为这些科幻作品设置了专门的页面,展示了作品的摘要、作者介绍和相关的插图。这样,无法订阅纸刊的读者也可以通过期刊网站获取更多的作品信息,并通过购买或订阅链接获得完整的作品内容。

(二)利用社交媒体进行全球化和本土化传播

《自然》杂志会利用社交媒体进行科幻作品的二次创作和传播。例如在Twitter、Facebook、Instagram等社交媒体平台上,《自然》杂志会发布精选的科幻作品,包括科幻小说、科幻电影和科幻艺术,通过这些平台与广大读者互动,分享作品、推广科幻文化。

《自然》杂志也会利用一些本土的社交媒体进行本地化传播。在中国,《自然》杂志在其官方微信公众号上也有相应的科幻专栏。笔者统计了在公众号上发表的18篇科幻作品(截至2023年3月28日),很多作品的阅读量达到1万以上。这对于科技期刊,尤其是一个外国期刊来说,其本土化传播是比较成功的。

例如,《自然》杂志曾在其微信公众号上刊登了一篇科幻小说——《一个垂死的,高烧的,濒临毁灭的世界》,该作品中故事发生的场景,是一个高微生物的社会,那个陈旧服务器里面运行的,就是类似于我们所处的世界,隐喻地球不需要人类拯救,人类只需要拯救自己。该作品在微信公众号上的发布,吸引了不少读者的关注和点赞。在发布两天内,该作品在微

信公众号上的阅读量就已经达到了"2万+",点赞量也超过了"200+"。这充分说明了《自然》杂志微信公众号作为一家权威科技期刊,在传播科幻作品方面具有一定的优势和影响力。

四、新时代中文科技期刊发表科幻作品的发展方向

目前,由于政策和体制的原因,我国科技期刊中还没有刊登和发表科幻作品的案例。在我国,科幻文学期刊、学术期刊、科普类期刊都有着较为明确的界限。从《自然》杂志发表科幻作品的实践来看,未来科技期刊发表科幻作品可能成为科技期刊拓展自身影响力、引领科技创新的创新路径。因此,本文基于前文的研究,提出我国科技期刊发表科幻作品的发展策略。

(一)加大对科技期刊发表科幻作品的政策资金支持

首先,科学技术部以及科协等部门可以对科技期刊发表科幻作品予以支持。科技期刊可以大胆借鉴国外科技期刊的做法,发表一些有科学价值的科幻作品,提高期刊的影响力也有利于中国的科技思想在全球的传播。刘慈欣的科幻作品《三体》就获得了世界科幻作品的最高奖"雨果奖",并在全世界产生了极大的影响力。科幻作品作为一种具有独特文化特点的艺术形式,不仅能够激发人们的想象力,还能够传达先进科技的理念和思想,促进科技与文化之间的融合。科技期刊作为传递科技信息的重要渠道,也是展示国家科技水平和文化软实力的重要窗口。我国的一流科技期刊可以抓住机遇,发表我国作者原创的科幻作品,让国际的科学界看到中国科技的创新力,这也有利于建设世界一流期刊的目标。因此,我国的科学技术部以及科协等机构可以出台相关的政策或者专项项目支持,在建设世界一流期刊的目标下,鼓励科技期刊发表科幻作品,向国际一流期刊看齐。

其次,新闻出版主管部门和文化部门对科技期刊和文学期刊的合作和"走出去"予以支持。支持中文科技期刊中科幻作品的板块建设也有助于推动科幻作品在中国的发展。通过在科技期刊中发表科幻作品,可以鼓

励科学家基于科学的背景创作更多具有科技元素的作品,促进科幻作品创作的繁荣发展,这有助于提升中国科幻文学在国际上的声誉和地位,推动中国科幻文化的国际传播,提高国家的文化软实力。所以,文化部门和新闻出版管理部门也可以出台相关的鼓励措施,加大对科幻文化产业的资金支持。鼓励科幻文学期刊和科技期刊合作共赢,产生更大的社会效益和经济效益。

最后,教育部门和高校机构对有科技价值的科幻作品予以认可。目前,我国学术界对科技期刊中科幻作品的认可度相对较低,对于科幻作品的评价标准也较为模糊。科幻作品通常被认为是虚构的、非科学的,不符合学术研究的要求,因此被忽视或者轻视。然而,很多科技的创新恰恰需要科学家的想象力。科技期刊如果刊登科幻作品,对于有文学创作能力和激情的科学家是一个极大的激励。此外,科技期刊还可以为科幻作品的出版和传播提供学术评价和推荐,提高作品在学术界和业界的认可度。另外,相关主管部门需要制定更加明确、科学的针对科幻作品的评价标准,以便更好地对科幻作品进行研究和评价。中国学术界应该加强对中文科技期刊中的科幻作品的认可,认识到科幻作品对于推动科技创新和社会进步的重要作用。通过加强研究和评价、增加投稿和发表机会、与科幻作品作者和科幻文学界的沟通和合作、推广科幻作品教育等多种途径,提高学术界对科幻作品的认可程度,为未来的科技创新和社会进步注入新的活力。

(二)形成科技期刊发表科幻作品的运营机制

第一,科技期刊可以专门开辟研究科幻作品的专栏,或者以办特刊和专刊的形式,尝试刊登一些知名科学家的科幻作品。例如,美国的科学期刊《科学幻想与科幻小说》专门研究和评价科幻作品,提供了科幻作品的学术评价和研究成果,为科幻作品在学术界的认可和推广提供了平台和机会。

第二,科技期刊可以从一些前沿的论文中寻找科幻选题,鼓励作者将具有转化潜力的科幻选题转化为科幻作品。

第三,科技期刊可以通过举办相关学术研讨会和约稿等形式,建立科幻作者圈。研讨会不仅仅邀请科学家,还可以邀请科幻作家、导演等专业人士共同探讨科幻作品的科学性、技术可行性及艺术表现形式。通过这种交流,科技期刊可以促进科幻作品的创作和转化,使之更加符合科学和技术的前沿发展。

第四,加强期刊编辑对科幻作品的理解和鉴赏能力。期刊编辑需要深入理解科幻作品的内涵和创意,掌握科幻文学的基本特点和发展趋势。

第五,科技期刊可以构建全媒体传播矩阵。如果囿于一些原因导致科幻作品无法直接在纸刊刊登,期刊还可以利用网站、微博、公众号、抖音、哔哩哔哩等新媒体平台进行科幻作品的刊登和传播。既可以刊登原创的科幻作品,也可以对科幻作品进行科学解读,制作科普类内容,提高科技期刊全媒体知识传播的效果。例如,《自然》杂志旗下的《科学美国人》杂志与 YouTube 合作制作了一系列名为《电影中的科学》(Science in the Cinema)的视频内容。这些视频通过将科学概念与科幻电影场景相结合,以娱乐化的方式解释和展示科学原理,吸引了大量观众的关注和订阅。

(三)做好顶层设计,积极融入科幻产业链

科幻作品作为科学与艺术的交汇点,具有巨大的创新潜力和市场吸引力。由刘慈欣所著,一开始连载于杂志《科幻世界》,后改编为系列电影的科幻小说《流浪地球》就是成功的案例。

首先,科技期刊刊登的科幻作品可以结集出版为科幻图书。科技期刊也可以靠版权转让提升自身的盈利能力。例如,2015 年上海交通大学出版社出版的《Nature 杂志科幻小说选集》中译本,收录了 2007 年之前发表在《自然》杂志上的 66 篇科幻小说,得到了读者们的广泛好评。

其次,与影视公司、电视台、电台合作,将科幻作品改编为电影、电视剧、动画片、纪录片、有声读物等形式。期刊编辑和评审专家可以为科幻电影提供科学背景知识、技术建议和创意引导,帮助作者在作品中准确表达科学概念,增加科学可信度。

第三,向游戏公司出售科幻作品版权,改编为各类游戏,促进科幻作

品的传播。例如《安德的游戏：战斗学院》(Ender's Game:Battle School)这款游戏的故事背景就来自于获得过"雨果奖"的科幻作家奥森·斯科特(Orson Scott Card)所著的一部科幻小说。故事背景设定在未来，人类面临外星种族的威胁，玩家可以跟随年轻的男孩安德·威金在对外星人的战争中接受军事指挥官的训练。

第四，开发周边产品，孵化IP宇宙。科技期刊可以利用自身的媒体影响力和读者基础，加强对科幻作品周边的开发，与文创机构、文旅机构、玩具公司等进行作品周边的合作。

（四）建立从科幻到科研成果的转化机制

科幻是科学发展到一定阶段的产物，没有科学也就没有科幻，而科幻也可以促进科技的发展。1920年，卡雷尔·恰佩克创作《罗素姆万能机器人》首次提出了机器人的概念。手机的发明者马丁·库珀曾说过，《星际迷航》中舰长柯克的黄金翻转通信机是其发明首款手机的灵感源泉。《星际迷航》还启迪了很多发明，如自动门、平板电脑等等。《自然》杂志2007年就刊登了人工智能(AI)相关的科幻小说作品，这也推动了国外人工智能领域的科研发展。即使是今年大火的ChatGPT，在《自然》杂志刊登的科幻小说中也出现过。例如，2020年发表的小说《旅行陷阱：星际客服》，其讲述了一个人在外星球上被困的故事，他试图使用一台跨维度门户设备来返回家园。然而，设备似乎出现了故障，无法打开门户，导致他陷入困境。讽刺的是，他与名为Odi的旅行设备客服进行交流，但助手的回答似乎无法解决问题。最终，他感到绝望并与客服的交流中断。这个Odi就是类似于ChatGPT的人工智能。

所以，科技期刊可以利用科学领域的专业知识和资源，为科幻作品的成果转化提供专业支持和咨询。另外，科技期刊还可以积极与科技产业建立合作关系，深入了解科技产业的发展趋势和需求。通过与科技产业的合作和交流，可以尝试将一些科幻作品的设想转为科学研究项目，最终实现产业转化。

五、结语

综上所述,本文对《自然》杂志发表科幻作品的动因、内容分析和传播路径进行了探讨,并提出了新时代中文科技期刊发表科幻作品的发展策略。我们发现,科幻作品在自然杂志中的发表不仅有助于扩大科技期刊的影响力,激发创造力,更可以推动现实科技的发展。自然杂志发表的科幻作品历史悠久,主题新颖,形式多样,立足现实,引起广泛关注和反响。在传播方面,《自然》杂志采取了纸刊和网站联动传播以及利用社交媒体进行全球化和本土化传播的策略。科幻作品的独特视角和未来感不仅能够吸引读者的眼球,还能够引导读者探索科学和技术的发展前沿。在当前科技快速发展的背景下,科幻作品的重要性日益凸显。因此,我们建议政策制定者加大资金支持,形成科技期刊发表科幻作品的运营机制,做好顶层设计,规划科幻产业链,建立从科幻到科研成果的转化机制。同时,我们也应该鼓励更多的科技期刊参与科幻作品的创作和发表,从而推动中文科技期刊中科幻作品的发展。而科技期刊对科幻作品的审核与选定,需要在划定科学与科幻之间边界的同时,帮助读者理解科幻作品中涉及的科学技术,判断其是否符合客观的科学发展规律以及实现的可能性,唯有此才能加强维系科幻与科学之间的联系纽带。就像《自然》杂志的"未来"专栏的征稿条件那样,要求"来稿风格最好是'硬科幻'(和科学直接有关的),而不是纯粹的幻想、意识流或恐怖小说"。❶这些策略将有助于提升中文科技期刊的影响力,促进科幻文化的繁荣发展。相信这些举措将有助于提升中文科技期刊中科幻作品的质量和影响力,推动科技与文化的交融发展。

---

❶ 付昌义.科幻如何推动科学发展[EB/OL].[2023-4-23].http://www.kepu.gov.cn/www/article/d96218b993074416b3f8916a758e1f8c.

文本情感分析及其在出版领域的应用研究综述

王雨童

(北京印刷学院出版学院)

刘玉琴

(北京印刷学院出版学院)

- 摘　要:文本情感分析已经成为近年来的研究热点,受到较多关注,对帮助政府决策、机构决策具有重大意义。本文从文本情感分析方法、情感词典、语料库、软件工具及文本情感分析在出版领域的应用等方面进行介绍,较全面地梳理文本情感分析的国内外研究现状,促进学科交叉研究,推进出版实践研究,丰富出版内容研究,为读者研究学习文本情感分析提供参考,同时也为拓宽计算机技术在出版领域的应用提供借鉴。

- 关键词:文本情感分析　情感词典　语料库　出版

一、引言

随着互联网的飞速发展,越来越多的人在社交媒体等平台发表自己的观点,这些主观性文本包括政治、经济、文化等各个领域的内容,具有丰富的情感倾向,对于政府、机构制定决策具有重大意义。因此,对文本的情感进行挖掘具有巨人的社会价值和商业价值。目前,许多学者对文本情感分析做了综述研究,但大多聚焦于研究方法层面,对现有的情感分析软件工具及国内外的研究较少,本文扩展了现有研究,以期较全面地对文本情感分析进行总结归纳。

此外在出版领域,情感分析是一个重要的研究方向,它可以帮助我们更好地理解读者的情感和需求,并为读者研究学习文本情感分析提供参考,为出版业带来更高效、更智能的解决方案,从而提高出版业的效率和竞争力。因此,情感分析在出版领域的应用具有重要意义,值得我们深入研究和探讨。

二、文本情感分析概述

文本情感分析又称意见挖掘、观点识别,是指利用自然语言处理、文本挖掘等技术挖掘、分析文本中的主客观性、态度、观点、情绪、极性,进而对文本的情感倾向做出分类判断。❶文本情感的核心问题是情感分类,主要包括两方面:一是对主客观文本进行分类,将表达个人感情色彩的主观性文本抽取出来;二是对主观性文本进行分类。根据情感倾向分为正面、负面、中性;根据情感强度分为快乐、悲伤、讨厌等;根据文本划分的层次粒度,分为面向句子级和篇章级的粗粒度情感分析和面向属性级的细粒度情感分析。

三、文本情感分析方法

(一)基于情感词典的情感分析方法

1.实现过程及步骤

情感词典方法是指利用已有或自建的情感词典中所提供的情感极性信息,对文本进行情感分析的一种方法。该方法基于对情感词汇的识别和情感极性的判定,通过计算文本中情感词汇的分布和权重,进而推断文本的情感倾向。其是将文本看作词的集合,基于制定的规则构建情感词典,易于理解且操作简单。

(1)数据预处理。输入文本,进行数据预处理操作,包括去重、降噪、分词、去停用词等。

(2)基于情感词典确定文本情感倾向。对文本进行句法分析,基于人工构建或现有的情感词典,抽取文本中的情感特征,包括积极词、消极词、程度副词以及否定词。设定判断规则,相应的情感特征词乘以相应的

---

❶ 杨立公,朱俭,汤世平.文本情感分析综述[J].计算机应用,2013,33(6):1574-1578.

情感权重,统计最终的情感分值总和,通常加权值为正即为正向情感,为负则为负向情感,零则为中性情感。

(3)结果评估。一般使用正确率、精确率(Precision,P)、召回率(Recall,R)和F值(F-Measure,$F1$)来评判实验结果的好坏。TP表示将正向情感文本分类为正向情感文本的数量,FN表示将正向情感文本分类为负向情感文本的数量,FP表示将负向情感文本分类为正向情感文本的数量。计算式(1)。

$$P = \frac{\text{TP}}{\text{TP}+\text{FP}}$$
$$R = \frac{\text{TP}}{\text{TP}+\text{FN}} \quad (1)$$
$$F1 = \frac{2 \times P \times R}{P+R}$$

2. 情感词典资源

中英文常用的情感词典如表1所示。情感词典包括人工构建和自动构建两种方式,其中自动构建包括基于知识库的方法、基于语料库的方法,以及知识库和语料库相结合的方法。本节对人工构建的情感词典和自动构建的语料库进行介绍。人工构建的情感词典是专家学者通过手工收集大量相关语料,对其中的词汇进行情感倾向的判定,并标注其情感极性或强度的过程。❶这一过程基于对语言和情感的深刻理解,涵盖了多种语言表达形式和语境场景,并通过专家的知识和经验进行总结和归纳,从而形成具有广泛适用性和可靠性的情感词典资源。

表1 常用的通用情感词典

语言	词典名	词典说明	下载地址
英文	Senti Word Net[1]	英文中最为著名的一个情感词典。基于 WordNet 词典生成,以 WordNet 中的同义词集合为基础,对这些同义词集合标注正、负以及中性三种情感极性	http://www.nltk.org

---

❶ 王科,夏睿.情感词典自动构建方法综述[J].自动化学报,2016,42(4):495-511.

续表

语言	词典名	词典说明	下载地址
英文	Word Net[2]	普林斯顿大学英语词典,使用最为广泛,将英文的名词、动词、形容词和副词组织为同义词集合,包含117000个同义词集合及其概念关系	https//wordnet.princeton.edu/download
英文	General Inquirer[3]	最早的情感词典,情感词来源于《哈佛词典(第4版)》和《拉斯韦尔词典》。收集了1915个褒义词和2993个贬义词。每个词按照极性、强度和词性等进行标注	http://www.wjh.harvard.edu/~inquirer/
英文	Sentiment Lexicon[4]	包含2006个褒义词汇和4783个贬义词汇,还包含拼写错误、语法变形、俚语以及社交媒体标记等信息	http://www.cs.uic.edu/~liub/FBS/
英文	MPQA 主观性词典[5]	提供了8000多个词语、短语和情感极性	http://mpqa.cs.pitt.edu/lexicons/subj_lexicon
英文	Wordstat Sentiment Dictionary	该数据集包括4800个正面和9000个负面单词	https://provalisresearch.com/products/content-analysis-software/wordstat-dictionary/sentiment-dictionaries/
中文	NTUSD 简体中文情感词典[6]	台湾大学自然语言处理实验室发布的词典,共包含2812个正向情感词和8278个负向情感词	http://nlg.csie.ntu.edu.tw/nlpresource/NTUSD-Fin/
中文	中文情感词汇本体库[7]	大连理工大学信息检索研究室发布的词典。情感分为7大类21小类,含有2766个情感词,每个情感词都按正、负以及中性三种情感极性标注	http://download.csdn.net/download/qq280929090/10215956

续表

语言	词典名	词典说明	下载地址
中文	TSING	清华大学李军中文褒贬义词典，该词典共包含褒义词5568个和贬义词4470个	http://nlp.csai.tsinghua.edu.cn/site2/index.php/13-sms
中文/英文	LIWC[8]	LIWC2015配备了三个内部词典系统：LIWC2015字典和以前的LIWC2001、LIWC2007字典。LIWC2015主词典由近6400个单词和选定的表情符号组成	http://liwc.wpengine.com
中文/英文	HowNet 知网情感词典	分为中文和英文两部分，中文包含正面评价词语3730个、负面评价词语3116个、正面情感词语836个、负面情感词语1254个；英文包含正面评价词语3594个、负面评价词语3563个、正面情感词语769个、负面情感词语1011个	http://download.csdn.net/download/qq280929090/10216044
中文/英文	81种语言的情感词典	该数据集包含81种语言的正面和负面情绪词典	https://www.kaggle.com/rtatman/sentiment-lexicons-for-81-languages

1. ESULI A. Automatic generation of lexical resources for opinion mining: models, algorithms and applications[J]. ACM SIGIR forum, 2008, 2(42): 105-106.

2. CHRISTIANE F. WordNet: An Electronic Lexical Database[M]. The MIT Press, 1998.

3. STONE P J, DUNPHY D C, SMITH M S, et al. The general inquirer: A computer approach to content analysis[J]. Information Storage and Retrieval, 1968, 4(4): 375-376.

4. HU M, BING L. Mining and summarizing customer reviews[C]// Tenth Acm Sigkdd International Conference on Knowledge Discovery & Data Mining. ACM, 2004.

5. JANYCE W, THERESA W, CLAIRE C. Annotating expressions of opinions and emotions in language[J]. Language Resources and Evaluation, 2006, 39(2-3).

6. KU L W, CHEN H H. Mining opinions from the Web: Beyond relevance retrieval[J]. Journal of the American Society for Information Science, 12(58): 1838-1850.

7. 陈建美. 中文情感词汇本体的构建及其应用[D]. 大连：大连理工大学, 2009.

8. GOLDER S A, MACY M W. Diurnal and seasonal mood vary with work, sleep, and daylength across diverse Cultures[J]. Science, 2011, 6051(333): 1878-1881.

3. 语料库资源

中英文常用的语料库如表2所示。人工构建的情感词典往往需要耗费大量的人力物力,而且难以覆盖不同领域的情感词。因此为解决不同领域的情感分析任务,需要构建该领域的特定情感词典。基于语料库的方法是从特定领域文本中抽取情感词,此方法的优点是能够从语料中自动学习得到一部特定领域情感词典,而且只要训练的语料库足够大,情感词典就能涵盖本领域的所有情感词❶,可以节省大量的人力、物力。缺点是收集整理语料库较难,且训练时间较长。

表2 中英文常用的语料库

语言	语料库	语料库说明	下载地址
英文	IMDB 康奈尔大学影评数据集	由电影数据库的电影评论组成,标注句子级、篇章级和主客观文本的情感极性	http://www.cs.cornell.edu/people/pabo/movie-review-data/
英文	MPQA 语料库[1]	对692篇新闻进行了句子级人工标注,每句都标注了评价对象、观点持有者、情感极性与强度等	http://mpqa.cs.pitt.edu/corpora/mpqa_corpus/
英文	SE-ABSA15[2]	包含笔记本、饭店、酒店3类产品语料	http://metashare.ilsp.gr:8080/
英文	Sentiment140	包含160万不同产品的推文,按积极、消极进行标注	http://help.sentiment140.com/site-functionality
英文	Twitter US Airline Sentiment	包含美国各大航空公司14640条推文,按正面、负面和中性进行标注	https://www.kaggle.com/crowdflower/twitter-airline-sentiment
中文	weibo_senti_100k	收集10万多条新浪微博文本,按正面、负面标注得到约5万条语料	http://github.com/SophonPlus/ChineseNlpCorpus/blob/master/datasets/simplifyweibo_4_moods/intro.ipynb

❶ 王科,夏睿. 情感词典自动构建方法综述[J]. 自动化学报,2016,42(4):495-511.

续表

语言	语料库	语料库说明	下载地址
中文	豆瓣电影评分[3]	收集2.8万用户对5万多部电影(3万多有电影名称,2万多没有电影名称)的评分,得到280万条评分数据	https://github.com/SophonPlus/ChineseNlpCorpus/blob/master/datasets/ez_douban/intro.ipynb
中文	大众点评评分[4]	收集54万用户对24万家餐馆的评论,得到440万条评论数据	https://github.com/SophonPlus/ChineseNlpCorpus/blob/master/datasets/yf_dianping/intro.ipynb
中文	外卖评价数据集	收集某外卖平台的用户评价,其中正向4000条,负向约8000条	https://github.com/SophonPlus/ChineseNlpCorpus/blob/master/datasets/waimai_10k/intro.ipynb

1. JANYCE W, THERESA W, CLAIRE C. Annotating expressions of opinions and emotions in language[J]. Language Resources and Evaluation, 2006, 39(2-3).

2. Pontiki M, Galanis D, Papageorgiou H, et al. SemEval-2015 Task 12: Aspect Based Sentiment Analysis[C]// North American Chapter of the Association for Computational Linguistics. Association for Computational Linguistics, 2016.

3. ZHONG E, FAN W, YANG Q. User behavior learning and transfer in composite social networks[J]. ACM Transactions on Knowledge Discovery from Data, 2014, 1(8): 1-32.

4. PEI C, OU W, PEI D, et al. Personalized re-ranking for recommendation[C]// the 13th ACM Conference. ACM, 2019.

(二)基于传统机器学习的情感分析方法

1. 实现过程及步骤

基于传统机器学习的情感分析方法是指利用大量有标注或无标注的语料,通过特征抽取和特征选择等技术,提取文本中的关键特征,如词汇、短语、句法结构等,进而构建分类器模型,对文本进行情感分类。传统机器学习方法相比基于情感字典的方法一方面能有效节省人力、物力,另一方面能自动构建庞大的数据库,且能实时对数据库进行更新。

(1)数据预处理。在训练过程中,对训练集进行文本预处理操作,包括降噪、分词、去停用词等。

(2)特征提取。特征提取过程即为特征降维的过程,旨在提高算法的精确度。常用的情感分类特征包括词性特征、情感词特征、句法结构等。特征提取包括特征选择和特征抽取两种方式。常见的特征选择方法有文档频率(Document Frequency,DF)、信息增益(Information Gain,IG)、互信息(Mutual Information,MI)和卡方检验(CHI-square test,CHI)等。常见的特征抽取方法有潜在语义索引(Latent Semantic Indexing,LSI)、非负矩阵分解(Non-negative Matrix Factorization,NMF)、主成分分析(Principal Component Analysis,PCA)、线性判定分析(Linear Discriminant Analysis,LDA)等方法。

(3)计算特征权重。计算方法包括词频逆文档频率(TF-IDF)、倒排文档频度(IDF)、绝对词频(TF)、布尔权重等常用方法。

(4)训练集情感分类。利用机器学习方法训练提取到的情感特征,得到情感分类模型。

(5)测试集情感分类。采用文本预处理和特征提取方法,从测试集中提取出文本情感特征。利用已经训练好的机器学习情感分类模型对提取到的文本情感特征进行情感分类。

2. 机器学习方法

基于机器学习的情感分类方法主要分为三类:有监督、半监督和无监督的方法。因半监督和无监督方法所取得的分类效果不好,所以有监督的机器学习模型是应用比较广泛的主流方法。

(1)有监督方法是利用机器学习方法训练具有某些特征的训练集,得到分类模型,用分类模型预测测试集的情感倾向。这种方法需要人工对文本特征进行标记,较消耗人力。包括基于线性分类器的方法:支持向量机(SVM)、神经网络;基于概率分类器的方法:朴素贝叶斯(NB)、贝叶斯网络、最大熵(ME);其他基于机器学习的方法:最近邻(KNN)、决策树、随机森林、逻辑回归等。

(2)半监督方法是通过人工少量地标记数据,然后再使用监督学习技术来对大量未标记数据进行提取。[1]目前,半监督学习技术越来越受到人们的重视,它既能减少人工标记,又能提高准确度。

(3)无监督方法旨在对未标记的文本进行分类,然而在情感分析领域,这种方法的应用相对较少。

(三)基于深度学习的情感分析方法

1. 实现过程及步骤

情感词典和传统机器学习方法都是基于分类、回归等技术进行特征提取和分类的方法,需要消耗较多的人力、物力。深度学习技术的应用能够避免冗长的特征选择过程,从而提高模型的自动化程度和准确性,实现对深层次特征有效地提取,可以适应多种类型的任务。深度学习模型是对语料中的词语基于词嵌入(Word Embedding)进行分布式表示,得到词向量,然后将词向量输入深度神经网络模型,完成深度学习以及情感分类。

(1)预训练过程。利用分布式表示训练方法对无标注文本进行训练,得到词向量。

(2)训练过程。对训练集进行文本预处理,利用分布式表示训练方法提取文本特征。将提取到的特征作为输入信息,输入深度神经网络中进行训练,得到深度学习情感分类模型。

(3)测试过程。对测试集进行文本预处理,利用分布式表示训练方法提取文本特征,然后利用训练好的深度学习情感分类模型对提取到的文本特征进行情感分类。

2. 深度学习方法

深度学习方法在文本分析领域以外,例如语音、图像等领域也取得了

---

[1] 陈苹,冯林.情感分析中的方面提取综述[J].计算机应用,2018,38(S2):84-88.

重大的突破和进展。可以分为单一神经网络的情感分析方法、混合神经网络的情感分析方法、引入注意力机制的情感分析方法、使用预训练模型的情感分析方法和其他基于深度学习的方法。其中引入注意力机制的情感分析方法、使用预训练模型的情感分析方法对不同的分析任务有不同的模型组合方式,因此此处不再赘述。

(1)单一神经网络的情感分析方法。包括基于卷积神经网络的方法与基于循环神经网络的方法。其中基于卷积神经网络的方法包括基于纯卷积神经网络的方法(CNN)、基于词级特征的卷积神经网络的方法(WP-CNN)、基于区域卷积神经网络的方法(RCNN)、基于字符嵌入双通道卷积神经网络的方法(char-DCCNN)等。基于循环神经网络的方法包括基于递归神经网络的方法(RNN)、基于长短时记忆网络的方法(LSTM)、基于双向长短时记忆网络的方法(BiLSTM)、基于方面融合长短时记忆网络的方法(AF-LSTM)、基于感知长短时记忆网络的方法(Sentic LSTM)和基于方面感知长短时记忆网络的方法(AA-LSTM)等。

(2)混合神经网络的情感分析方法。包括基于卷积神经网络和循环神经网络的方法(H-RNN-CNN)、基于卷积神经网络和长短时记忆网络的方法(CNN-LSTM)、基于卷积神经网络和双向长短时记忆网络的方法(CNN-BiLSTM)等。

(3)其他基于深度学习的方法。基于深度神经网络的方法(DNN)、基于深度记忆网络的方法、基于深度信念网络的方法(DBN)、基于记忆网络的方法(MN)和基于图卷积网络的方法等。

四、情感分析软件工具

中英文常用的文本情感分析软件如表3所示。文本情感分析是近年来的热点话题,在文本细粒度、研究方法层面已经有较多的学术积累,其相应的软件工具已经发展得十分成熟,可以满足不同语言的分析需求。通过研究调研情感分析软件工具的发展现状,可以将其归纳为情感分析软件、API、网站和Github项目四方面。

(一)分析软件

常用的文本情感分析软件如表3所示。利用文本情感分析软件可以提高情感分析的效率,通过软件的功能实现数据预处理和情感分类等,以实现不同语言的情感分析。

表3 中英文文本情感分析软件介绍

语言	软件	软件说明	费用	下载地址
英文	RapidMiner	是免编程的数据挖掘分析平台,通过不同组件模块之间的自由组合可以实现基于情感词典、机器学习的情感分析方法。结果从-1到1的标注负、中、正三种情感极性	付费	https://rapidminer.com/get-started/
英文	KNIME Analytics Platform	是数据分析的开源平台,由工作流编辑器和节点库的功能节点组成,通过连接功能节点可以实现情感分析、可视化分析等功能	免费	https://www.knime.com/knime-analytics-platform
英文	HubSpot's ServiceHub	收集客户反馈和评论的客户反馈工具,可以标注文本的正、负情感。可以对接到CRM系统中,将相应的结果与特定的人员产生联系	付费	https://www.hubspot.com/
中文/英文	ROST CONTENT MINING	武汉大学沈阳教授研发的大型文本分析软件。可以实现文本预处理、分词、词频统计、英文词频统计、情感分析、聚类分析等	免费	https://pan.baidu.com/s/1TPMhpEOAT--BfNPmRdTzqA

语言	软件	软件说明	费用	下载地址
中文/英文	NLPIR-Parser 大数据语义智能分析平台	北京理工大学开发的大数据内容批处理平台,包含多元情感属性。可以实现网络抓取、正文提取、中英文分词、词性标注、实体抽取、词频统计、关键词提取、语义信息抽取、文本分类、情感分析、语义深度扩展、繁简编码转换、自动注音、文本聚类等功能。提供客户端工具、云服务和二次开发接口	免费	http://www.nlpir.org/wordpress/wp-content/uploads/2021/02/NLPIR-Parser新版更新.zip
可选择语言	SAS Sentiment Analysis	是一款功能全面的软件。可以实现聚类分析、情感分析等	付费	https://www.sas.com/en_us/software/visual-text-analytics.html
可选择语言	R语言	R语言是一种脚本语言,R语言中的sentiment包可以实现文本读取、文本清洗、分词、情感分析等功能	免费	https://cran.r-project.org/index.html
可选择语言	SentiStrength	可以从-5到5标注从极负到非常积极的情感极性。它对英语社交网络短文本分析的准确性达到了人类水平,每秒可自动分析多达16000条社交网络文本	免费	http://sentistrength.wlv.ac.uk

(二)分析API

API(Application Programming Interface)是指应用程序接口,通过调用具有不同功能属性的API,可以实现不同的情感分类效果,常用的文本情感分析API如表4所示。

表4　文本情感分析API介绍

API	API说明	下载地址
IBM Watson Tone Analyzer API	IBM研发的一款先进的机器学习模型,可以检测文本是带有情感色彩、是写作风格还是社交风格,可以识别多元情感极性	https://www.ibm.com/watson/develope
AYLIEN API	一款自然语言处理工具包,能够完成情感分析、情感标记、语言检测等15种NLP任务	https://docs.aylien.com/textapi
Indico API	能够从文本中检测到生气、高兴、恐惧、悲伤和惊讶等5种情感,还能识别图片中的面部表情等	https://indico.io/docs#
Sentigem	面向英语文本的情感分析工具,简单易用,分析速度快	https://sentigem.com/#
Semantria	Semantria是一款从各种社交媒体收集帖子、推文和评论的工具。利用自然语言处理技术分析文本中的情感态度,并标注为正、负情感倾向	https://semantria-docs.lexalytics.com/docs
Stanford CoreNLP	斯坦福CoreNLP是自然语言处理工具包,提供分词、词性标注、句法分析、情感分析等功能,操作方便,语言支持广泛	https://stanfordnlp.github.io/CoreNLP/day20-stanford-sentiment-analysis-demo
BosonNLP	是一款中文语义开放平台,自主研发千万级中文语料库,包含多个语义分析API,提供句法分析、聚类、情感分析等功能	http://static.bosonnlp.com/
腾讯文智中文语义平台	深度整合了腾讯内部顶级的NLP技术,提供智能分词、实体识别、文本纠错、情感分析、文本分类、词向量、关键词提取、自动摘要等16项智能文本处理能力	https://cloud.tencent.com/product/nlp
百度AI开放平台	对包含主观信息的文本进行情感倾向性判断,还可使用EasyDL定制训练平台,结合业务场景深度定制高精度情感倾向分析服务	https://ai.baidu.com/search/%E6%83%85%E6%84%9F%E5%88%86%E6%9E%90

续表

API	API说明	下载地址
Scikit-learn（开源库）	是针对Python语言的机器学习库，可以实现数据预处理（特征提取、文本向量化）、数据降维（主成分分析、特征选择等）、分类和回归等（支持向量机、随机森林、逻辑回归等）	http://scikit-learn.org/stable/
NLTK（开源库）	自然语言处理工具包，包含大量的软件、数据和文档。NLTK具备可用于几乎所有NLP任务的工具。自带语料库、词性分类库，可以实现分词、句法分析、分类（决策树等）、情感分析等功能	https://www.nltk.org/
SpaCy（开源库）	与NLTK一样，可处理几乎所有NLP的任务。主要功能包括分词、词性标注、命名实体识别、名词短语提取、相似度计算、情感分析等	https://spacy.io/
TensorFlow（开源库）	是一个端到端的深度学习库，包含各种工具、库和社区资源，支持多种客户端语言下的安装和运行。迁移学习、数据预处理（词向量化、归一化）、可视化、分类和回归等（随机森林、梯度增强树、线性或逻辑回归等）	https://www.tensorflow.org/
Keras（开源库）	是一个高度模块化的深度学习库，可以在Tensorflow或Theano上运行，能够处理递归神经网络（RNNs）、卷积神经网络（CNN）等多种神经网络类型	https://keras.io/
PyTorch（开源库）	知名度很高的深度学习框架，提供强大的GPU加速Tensor计算以及构建基于tape的自动升级系统的深度神经网络，可以实现命名实体识别、情感分析、文本分类和文本相似度计算等	https://pytorch.org/

续表

API	API说明	下载地址
TextBlob（开源库）	基于机器学习的文本情感分析程序,是一个用于处理文本数据的Python库。提供词性标注、名词短语提取、情感分析、翻译等功能	https://github.com/sloria/TextBlob

（三）分析网站

文本情感分析网站,可以实现在线分析文本,完成情感分类、可视化等。文本情感分析网站介绍如表5所示。

表5 文本情感分析网站介绍

语言	软件	软件说明	费用	下载地址
英文	NCSU Tweet Sentiment Visualization	北卡罗来纳州立大学高级分析研究所教授Christopher Healey开发的专门应用于Twitter的免费情感分析工具,包括激动、沮丧、痛苦等28种情感。该程序目前只适用于Twitter上的推文分析,适用范围小,只能提取过去一周内的推文	免费	https://www.csc2.ncsu.edu/faculty/healey/tweet_viz/tweet_app/
英文	Social Mention	对Twitter、Facebook、Google、Youtube等100个社交媒体网站进行检测,能实时追踪人们对公司、产品等的评价	付费	http://www.socialmention.com/
中文	中国传媒大学融媒体语言智能服务开放平台	中国传媒大学开发的自然语言处理平台,提供汉语分词、自动摘要、情感计算、信息抽取等功能。计算机可以自动判断输入的句子、短文本和篇章,并标注正面、中立、负面三种情感极性	免费	https://ling.cuc.edu.cn/cucNLPTools/cucnlp/cuc_ui/index.html#/pc_index

语言	软件	软件说明	费用	下载地址
多种语言	Social Searcher	是一款社交媒体搜索引擎，支持对Facebook、Twitter等社交网络进行实时搜索和监测，可以对文本内容进行情感分析。支持英语、法语等8种语言的情感分析，但尚不支持中文。使用基于情感词典的情感分析方法，可以对文本从正面、负面或中立进行情感评分	免费/付费	https://www.social-searcher.com/

(四) Github项目

Github项目是指开发者分享的开源项目,通过分析已有的文本情感分析开源项目可以了解情感分析的研究进展,并在此基础上改进和提出新的文本情感分类方法。常用的文本情感分析Github项目如表6所示。

表6 文本情感分析Github项目介绍

GitHub项目	GitHub说明	下载地址
Senta（百度开源情感分类系统）	Senta是百度开源的情感倾向分析模型,可以自动识别和提取文本中的倾向、观点等主观信息。可以实现句子级情感分类、评价对象级情感分类、观点抽取、情绪分类等功能	https://github.com/baidu/Senta
twitter-sent-dnn	利用深度神经网络对推特推文进行情感分析,可以标注积极、负面两种情感极性	https://github.com/xiaohan2012/twitter-sent-dnn
ABSA-PyTorch	用PyTorch实现基于方面（aspect）的情感分析	https://github.com/songyouwei/ABSA-PyTorch

续表

GitHub 项目	GitHub 说明	下载地址
AI-Sentiment-Analysis-on-IMDB-Dataset	利用随机梯度下降法对 IMDB 上 50000 条影评进行情感分析	https://github.com/SrinidhiRaghavan/AI-Sentiment-Analysis-on-IMDB-Dataset
sentiment-analysis-webapp	可以实现中文短文本情感分析，结果从 0-5 标注从讨厌到喜欢的情感极性	https://github.com/Guangzhan/sentiment-analysis-webapp
SnowNLP	SnowNLP 提供中文情感分类的接口，提供分词、词性标注、情感分析等功能	https://github.com/isnowfy/snownlp

五、情感分析在出版领域的应用

情感分析通过挖掘人们的观点、情绪来计算人们的情感倾向，进而为决策提供有利的依据，能够创造出巨大的社会价值。Pang 等人基于监督学习方法对电影评论文本情感倾向性分类和 Turney 基于无监督学习对文本情感倾向性分类的研究，开启了情感分析的研究之路。❶情感分析目前已被广泛应用到诸多领域，通过对文献进行分析总结，概括情感分析的应用研究可以按应用类型、应用对象及应用目的进行划分。此外，本文分析了情感分析在出版领域的应用情况，以期明晰国内外学者对相关主题的探讨。

在国外期刊中，出版归属于信息科学与图书馆学领域中，总结发现研究聚焦于引文分析、预测同行评议结果等。有学者探讨基于方面的引文情绪分析，引文作为一个典型的指标，根据所引用作品的不同，方面可分为技术、语料库、方法、任务、概念、测量、模型和工具等。❷他们认为提出

---

❶ PANG B, LEE L, VAITHYANATHAN S. Thumbs up? Sentiment Classification using Machine Learning Techniques[J]. Proceedings of the Conference on Empirical Methods in Natural Language Processing, 2002(5):79-86.

❷ IKRAM M T, AFZAL M T. Aspect based citation sentiment analysis using linguistic patterns for better comprehension of scientific knowledge[J]. Scientometrics, 2019, 119(1):73-95.

了一种新方法来识别层面的情绪,结果表明围绕N-gram的功能比其他功能表现更好,SVM优于所有N-gram型号的其他分类器。也有学者认为探讨利用情感分析预测同行评议结果,同行评议文本反映了评审者对候选论文的总体印象,是用来确定是否将手稿列入特定期刊或会议的重要过程。❶他们设计了一个有效的深度神经结构,利用同行评议文本中嵌入的情绪信息来帮助编辑做出更好的决策。有人利用全文文章的检索进行引文分析,发现所引用文章标题和摘要可能包含与引文片段非常相似的内容,为此他们提出一种分类方法以自动预测论文全文中引用的片段是否包含超出摘要和标题的新内容,可以支持研究人员利用全文文章的检索进行引文分析。❷

国内出版领域情感分析应用包括图书口碑分析、图书影响力评价、同行评议方法、选题策划、图书个性化推荐等。贺钰滢❸等根据图书在线评论分析图书网络口碑,挖掘真实、全面、直观的读者反馈信息,供相关机构参考,并辅助决策。章成志等整合社交平台、电子商务网站等数据源的图书评论提出一种图书综合影响力评价方法,能够更加全面地评价图书影响力,降低传统方法的局限性。❹王景周等人提出了一种基于稿件引文内容分析的同行评审专家遴选方法,该方法通过对投稿论文的参考文献和引用内容、动机及情感进行分析,有助于发现"小同行"专家,降低同行评议误判率,为稿件评审工作提供参考。❺江津应用网络评论文本挖掘开展

---

❶ GHOSAL T, VERMA R, EKBAL A, et al. A Sentiment Augmented Deep Architecture to Predict Peer Review Outcomes[J]. 2019 ACM/IEEE Joint Conference on Digital Libraries (JCDL 2019), 2019 (6):414-415.

❷ LA QUATRA M, CAGLIERO L, BARALIS E. Leveraging full-text article exploration for citation analysis[J]. Scientometrics, 2021, 126(10):8275-8293.

❸ 贺钰滢,徐丽芳. Tekstum:图书网络口碑的晴雨表[J]. 出版参考,2016(11):26-27.

❹ 章成志,童甜甜,周清清. 整合不同评论平台的图书综合影响力评价研究[J]. 情报学报,2018,37(9):861-873.

❺ 王景周,崔建英. 基于稿件引文内容分析的同行评审专家遴选方法[J]. 编辑学报,2020,32(5):539-542.

选题策划研究。研究发现,读者评论中显现出读者的品牌识别力和时间、社会距离等心理情感,能为选题策划工作提供参考。[1]夏琬钧等对中文科技图书影响力评价进行研究,构建基于特征融合的图书影响力评价模型。研究表明,该方法可以用于中文科技类图书评价。[2]杨鑫等采用随机森林算法对读者评论进行分类,提出一种基于情感分析和Word2Vec的图书推荐方法。[3]研究发现,该方法优于基于原始特征集的方法,具有一定的实用价值和应用前景,是向读者实现图书精准推荐的有效途径。

情感分析在出版领域的应用具有重要的意义和价值。未来,我们可以期待更多学者和从业者投入情感分析在出版领域的研究和实践中,以进一步拓展和深化情感分析技术在出版领域的应用。

六、结语

本文对文本情感分析从不同维度进行梳理,为读者研究学习文本情感分析提供参考。本文介绍了文本情感分析的方法流程,可以发现从情感词典、机器学习到深度学习,文本情感分析的方法和软件工具发展得愈加成熟。情感分析作为计算机领域的研究热点已经被应用到出版等诸多领域,实现跨学科交叉应用。但随着全球文化的交融和发展,文本内容会愈加丰富,除单一语言文本外,还会不断出现包含网络热词的文本、多语种文本等,对情感分析任务将提出更多挑战。同时随着科学技术的提高,也将会不断出现更加成熟有效的方法。

---

[1] 江津.网络评论文本的主体性确证给选题策划的启示[J].传播与版权,2020(1):67-69.

[2] 夏琬钧,熊霞,赵颖梅,等.基于特征融合的中文科技图书影响力评价研究[J].四川图书馆学报,2020(3):80-84.

[3] 杨鑫,赵凯,马原东,等.基于情感分析和Word2Vec的图书推荐方法[J].图书情报导刊,2021,6(3):46-52.

出版深度融合发展中的编辑人才
——叶圣陶先生的编辑思想给我们的启示

罗 婷

（武汉大学）

- **摘 要**：编辑人才是出版业人才队伍的重要主体、出版社发展的根本。数字化、智能化传播时代，编辑人才升级以适应出版深度融合发展的人才需要，是出版业高质量发展的应有之义。编辑家身为卓越的编辑人才，恰是数字化变革中可供编辑学习的蓝本。本文在理解叶圣陶先生的编辑思想的基础上，将之同数字化语境与融合出版实践相结合，思考新时代的编辑人才需求，以期对融媒体环境下编辑人才培养有所启发。

- **关键词**：出版融合 编辑人才 编辑思想

一、引言

数字化、智能化和媒介融合给出版产业带来了巨大变革，也对出版从业者的思维、知识结构和技能提出了全新要求。人才是推动出版深度融合发展的基础和关键要素。[1]编辑人才升级以适应出版融合发展的人才需要，是加强"十四五"时期出版业高质量发展人才支撑的重要保障。想解决此问题，首要明确的便是融合出版时代究竟需要什么样的编辑人才。

出版的本质是将内容公之于众，纵然内容产品的形态丰富多变，编辑实践有所差别，但编辑在出版活动中扮演的主要角色、承担的核心功能实

---

[1] 徐丽芳,罗婷,李静涵.出版融合发展人才需求结构与协同培养路径[J].科技与出版,2022(9):12-21.

质上并未改变。编辑家作为卓越的编辑人才,恰是数字化变革中可供编辑学习的蓝本。优秀的编辑人才总是善于从实践中总结、归纳编辑出版规律,形成鲜明、成熟的编辑思想,并将之应用于具体的编辑实践。[1]编辑家的编辑思想是宝贵的精神遗产,对做好编辑工作,建设高素质的编辑人才队伍具有现实的启示和指导意义,而社会历史性要求我们必须根据新语境对之作出合适的阐释。因此,本文在理解叶圣陶先生的编辑思想的基础上,将之同数字化语境与融合出版实践相结合,以期对融媒体环境下编辑人才培养有所裨益。

二、对出版深度融合发展时代编辑人才的认识

(一)出版深度融合发展需要新型编辑人才

互联网与数字技术模糊了不同产业的边界,促使出版从图书载体中释放出来,进入更为广阔的数字内容产业生态,出版流程、产品形态、商业模式等发生了很大的转变,所以被称为"大出版"。产业融合带来更多机遇的同时,也吸引了互联网企业、通信企业等新竞争者入局。为抢占数字出版高地,《中华人民共和国国民经济和社会发展第十四个五年规划和2035年远景目标纲要》明确提出实施出版融合发展工程。出版融合是传统出版与新兴出版尤其是数字出版的融合。融合发展强调内容为本、技术为用,内容为体、技术为翼,用先进技术传播先进文化。[2]

"十四五"期间,随着数字化战略的深入推进,我国出版业融合发展迈入"深融"阶段。媒体融合、"大出版"语境呼唤更多创新型、应用型与复合型出版人才,而现有的出版人才结构与高层次人才队伍难以适应国家战略需要与行业发展趋势,存在着较大的人才缺口。顶层设计方面一直高度重视出版人才培养与人才队伍建设工作。2021年12月,《出版业"十四五"时期发展规划》强调要加强创新型、应用型、复合型人才培养,建设新

---

[1] 吴平.媒介融合背景下的理性思考:编辑是什么——2016年编辑学研究回顾[J].出版学,2017,25(2):41-46.

[2] 蒋建国.加快推动传统出版和新兴出版融合发展[J].中国编辑,2015(1):4-7.

时代出版人才矩阵。2022年4月,《关于推动出版深度融合发展的实施意见》提出要实施好人才等相关系列子计划,并就建强出版融合发展人才队伍作出规划。

编辑在出版从业者中的数量占比处于绝对领先地位,是出版业的核心人力资源,对打造内容精品和出版业长足发展的意义不言而喻。这也意味着,想要建设出版融合发展人才队伍、推动出版业数字化转型,编辑人才队伍的升级是关键着力点,换言之,应面向融合出版打造出一批适需的新型编辑人才。

(二)从编辑家的编辑思想到融合出版时代新型编辑人才

针对媒介融合背景下编辑与编辑人才是什么的思考,既有研究成果颇丰。庞达认为媒体融合势不可挡,强调编辑要更新编辑理念,构建新媒体发展思维,并提升综合业务能力以适应"融媒体"环境。❶张慧大致归纳了出版新业态下编辑需要具备的四个核心能力:分别是识别、遴选优质内容资源;掌握信息技术,驾驭数字化出版流程;利用复合出版的理念多次开发内容资源,打造产品矩阵;借助电子商务、移动互联网等新技术,开拓新的分销与营销可能。❷朱亮亮比照时下热门的互联网IT行业,将编辑人才的角色定位为产品经理,提出培养产品思维、朝着资源型产品经理转型或是比较合适的路径。❸

现有研究成果大多着眼于数字技术和新媒体对编辑出版实践的影响。新时期编辑人才在知识、技能、素质素养等方面的新需求,旨在切实解决实务中面临的问题,更好地应对数字内容产业生态中的竞争态势。然而这有时会导致对编辑人才的培养和评价更侧重于拓展与新媒介技术相关的技能或知识结构,甚至容易被互联网或技术行业牵着鼻子走,过分倚重新媒体带来的传播革新,在数字化的洪流中渐渐丧失了编辑本有的内涵与根基。比如,在招聘编辑时过于强调其图片制作、视频剪辑等新媒体技

---

❶ 庞达.论媒体融合时代科技期刊编辑的新角色与自我发展[J].编辑学报,2018,30(1):21-24.

❷ 张慧.从编辑视角看传统出版与新兴出版的融合发展[J].出版发行研究,2015(9):75-77.

❸ 朱亮亮.论融合出版时代传统编辑向产品经理的转型[J].中国出版,2021(3):46-50.

能;又如有些高校的编辑出版专业课程在改革过程中逐步同网络与新媒体专业的课程相似,等等。再者,出版融合发展迈向纵深阶段所暴露出的产品为融合而融合、重形式轻内容、同质化严重等问题一定程度上也与这种研究倾向有关。

虽然科技引领下出版的新业态层出不穷,编辑实践也发生了翻天覆地的变化,但出版与编辑工作的本质始终是以优质内容服务人民的精神文化需要、传承先进文化与优秀文明[1],编辑力的内涵属性和基本定位未曾改变。[2]面对出版业发展新趋势,对编辑人才的素质要求应秉持守正与创新的法则,既要遵循根本,又要与时俱进。[3]从这个角度来说,编辑家尤其是他们的编辑思想,或可为我们思考融合发展中的编辑人才应该具备何种素质提供另一种思路。编辑思想是编辑工作本质的反映,是编辑活动的灵魂。它从编辑实践中来,是编辑实践反映在意识中经过思维活动而产生的结果[4],是编辑主体的观念和独创性见解;它又去往编辑实践,为编辑出版实践活动提供指导。[5]

因此,笔者认为可遵循守正与创新的逻辑来谋划现代编辑人才的数字化转型升级,即回归到编辑出版工作的本质上[6],面向出版的使命担当与编辑的角色定位、核心任务,扎根于优秀编辑的编辑思想,把握编辑工作的规律,并考虑新技术、新媒体赋能出版业为之带来的新阐释,从而对新型编辑人才有较为扎实的理解。[7]这在一定程度上也能避免因一味对标互联网行业、片面追求数字编辑人才之"数字"等而引发的负面效应。

---

[1] 刘旭,刘佩英.文以载道:新时代背景下出版人才的新内涵与旧使命[J].出版广角,2017(16):9-12.

[2] 张炯.编辑力研究的微观、中观与宏观之辨:以童书出版编辑力为例[J].出版科学,2019,27(3):27-31.

[3] 张莹.新时代编辑人才培养的守正与创新[C]//.新业态新挑战新思维——中国编辑学会第21届年会获奖论文集,2020:147-152.

[4] 吴平.编辑思想的实践性探讨[J].中国出版,2011(5):50-53.

[5] 吴平.编辑思想小叙[J].出版科学,2011(5):16-21.

[6] 郭晓勇.文化强国背景下编辑的核心素养与培养路径[J].出版广角,2022(2):55-58.

[7] 胡光清.叶圣陶先生的编辑思想[J].编辑学刊,2000(1):64-65.

三、从叶圣陶先生的编辑思想谈融合发展所需的编辑人才

叶圣陶先生不仅是我国现代作家、教育家,也是出版家,他从事出版工作长达七十余年。在媒介融合与智能传播语境下深入认识、理解他的编辑思想,对思考新型编辑人才的需求、加强我国编辑人才队伍有着现实意义。

(一)编辑出版工作是教育工作

叶圣陶先生把编辑工作与教育工作等同视之,认为编辑也是教育工作者,要用办学的态度来办书刊,漫无目标、唯利是图的做法坚决不可取。一方面,他始终保持严谨认真的编辑作风,尤其是在语言文字上,任何一点微小的差错,包括标点符号他都不会轻易放过。另一方面,他注重教育目的和教育效果,反对"填鸭式"教育方法。在编辑语文教材时,他以儿童为中心,充分考虑学生的兴趣和学情,遵循教育教学规律和学生的身心发展规律,着眼于课文主题与选材、语言使用、图文配合等方方面面,力求能激发儿童对语文的学习主动性和创造性。[1]此外,他还重视对青年读者品德的培养,希望能在课程学习辅导之外帮助他们形成正确的政治思想,将来成为对社会有益的人。[2]

叶圣陶先生将编辑出版事业作为教育性质的定位肯定了编辑工作的重要意义与编辑的使命担当、社会责任,这是编辑人才的根基。

其一,《出版业"十四五"时期发展规划》鲜明规定了出版的政治任务,编辑工作属于思想文化宣传与价值观教育范畴。这要求编辑人才心系国家、心系人民,肩负神圣使命,紧跟时代步伐,弘扬时代主旋律,推出更多受欢迎的主题出版作品,将党的先进思想与社会主义核心价值观传递出去。

其二,新媒体时代,泛娱乐化、碎片化成为内容消费的主流趋势。"人人皆可发声"导致创作不再有门槛,而流量变现驱动某些内容生产者枉顾

---

[1] 张雪梅.叶圣陶的语文教材编辑思想及其当代价值[J].现代基础教育研究,2020,37(1):147-153.

[2] 欧阳文彬.叶圣陶的编辑思想[J].编辑学刊,1998(1):37-42.

一切,唯流量至上,快餐内容、虚假新闻、高度同质化信息等充斥网络。其中,一些网络出版单位的新媒体编辑为了追求更高的阅读量、点赞数等,常常会利用带有煽动性的标题、片面事实甚至低级趣味信息等博取注意力。面对信息爆炸与众声喧哗,编辑人才应该恪守"把关人"的角色和责任,在修炼文字加工素养的同时强化自身的新媒介素养与批判性思维能力,善于甄别、判断线上舆论的信息导向❶,注重内容的价值导向和文化价值,从而打造双效俱佳的内容精品,借助出版物这一载体为读者提供"严肃的"知识服务。纵然是以服务于休闲娱乐需求与文化生活为主的大众类读物也不例外,编辑人才必须严守质量关,保持内容定力,在全民阅读的大趋势下力求提升国民的审美趣味和综合素质。

其三,相比于传统图书、期刊,全媒体传播及AR、VR等技术赋能促使内容的呈现形态更为丰富多样,互动性、趣味性显著提升。这为编辑的创意策划和内容制作提供了更多可供发挥的空间。编辑人才需要抱着"任何有利于出版本质实现的都可为出版所用"的开放性,主动拥抱新媒体、新技术,创新内容资源开发、组织的模式,大大优化传播效果。例如,2016年由中信出版社出版的《科学跑出来》系列丛书巧妙结合AR技术,使书中的形象能在手机屏幕上动起来,为儿童读者带来了有趣新奇的阅读体验。这套丛书最终成为少儿科普市场的爆款产品,还吸引其他出版商入局AR图书。

(二)一切为了读者,竭诚为读者服务的宗旨

在编辑工作具有教化功能的主导思想下,叶圣陶先生格外重视内容对受众的影响力,反复强调"为读者服务"。为读者服务的核心观念落实在他编辑出版工作的各个环节。选题策划时,他认为编辑要做有心人,不要盲目跟风、抢稿、抢译❷,要留意受众读者的真实需求,以让读者有所补益、有所回味与联想为目标。❸在选稿上,叶圣陶先生认稿不认人,只以质量作取舍,不以名气分高下,甚至还在刊物上为读者提供发表的园地。得益

---

❶ 高萍.基于知识服务的现代编辑培养规格探析[J].中国编辑,2020(1):81-85,96.

❷ 吴平.论叶圣陶先生的编辑思想[J].中国编辑,2014(5):25-27.

❸ 叶圣陶.叶圣陶出版文集[M].北京:中国书籍出版社,1996.

于此,他发掘和培养了很多后来的知名作家,如巴金、茅盾、戴望舒等。❶在加工处理环节,他认为编辑要做用心人,给予读者良好、舒适的阅读体验。这主要体现在他将书刊易读性作为自觉的编辑出版追求,比如提倡采用横排的编排方式,以减轻读者的视觉疲劳。❷在发行环节,他认为编辑要做知心人,主张严肃对待出版物的发行,并且这不能仅停留在运输和销售上,还应拓展至促销、宣传和推广上,以吸引更多人参与阅读、乐于阅读、积极点评。❸正因如此,他对待读者的来信总是颇为认真。

新时代,为人民服务、为读者服务的宗旨更加鲜明,其内涵也更为丰富。伴随产业融合,市场竞争已经从传统的出版业界扩大到整个数字内容产业,对用户注意力的争夺是制胜关键。"用户至上"成为数字出版产业的不二选择,而大数据、AI 等技术恰好为践行该准则提供了切实高效的路径。因此,新型编辑人才需要转换过去单一的销售思维,深入贯彻用户思维,并且掌握一定的技术本领,加以运用,从而做到在出版流程各环节都能时刻为用户着想,提供优质的知识服务与体验。

其一,密切关注用户需求,提供适需、优质的内容服务。信息过载给用户获取所需知识造成了较大的障碍,他们不得不为获取对自己有用的信息而付出大量不必要的时间和精力。再者,用户需求具有多样化、个性化与动态化等典型特征。大数据和算法技术使获取用户的精准画像成为可能,而不再需要完全依赖编辑的主观经验确定选题、组织资源。❹在传媒技术的驱动下,出版业跨越传统的"编印发"流程,转向直面终端用户本质需求的知识信息型服务新业态。❺因此,编辑人才的"有心"除了拥有一双慧眼外,还需要具备一定的市场调研及数据分析与衍探能力,从而能够在技术工具和计算方法的辅助下,以目标用户的需求为轴心,挖掘出有价值且适销对路的好作品,充分发挥差异化竞争优势;并在此基础上针对用户在使用过程中反馈的新需求与建议不断迭代、更新内容产品,提供恰到

---

❶ 石佳.近十年叶圣陶书刊编辑实践及思想研究[J].文学教育(下),2021(9):172-173.

❷ 李频.论叶圣陶"易读性"的编辑思想[J].益阳师专学报,2001(2):83-85.

❸ 吴平.论叶圣陶先生的编辑思想[J].中国编辑,2014(5):25-27.

❹ 金平.面向知识服务的编辑角色定位与能力素质提升[J].中国编辑,2021(4):82-85.

❺ 高萍.基于知识服务的现代编辑培养规格探析[J].中国编辑,2020(1):81-85,96.

好处的增值服务,还可顺势增加收入来源。

其二,善用新媒体工具接触细分用户,展开关系营销。全媒体时代强调优质版权资源的多次开发与价值衍生,打造适于各种场景的立体化产品矩阵。换言之,数字出版的商业模式已经不再只是一次性的销售闭环,而是基于"从1到N"的思维全方位挖掘、深度获取用户的个体价值❶,即版权与用户、编辑与用户之间都需要建立长期关系。而公众号、在线社群、短视频等去中心化的新媒体平台恰好为编辑和用户提供了平等交流甚至面对面互动的机会。再者,以抖音为代表的短视频平台成为图书销售的重要赛道。因此,新媒体平台已经将销售与营销功能集为一体,编辑人才应当快速入局,在了解用户痛点的前提下运用多种形式,如制作宣传视频、开直播、发起活动等,向用户展示内容产品的卖点,快速激发他们的兴趣与购买欲望,同时也能拉近与用户间的距离,增进用户的好感度,做好客户留存工作。另外,编辑人才在同用户沟通时需要做个有心人,这其中或许就蕴藏着合适的选题。

(三)编辑作为杂家,必须不断学习

叶圣陶先生认为当编辑、写文章的人要做杂家,广泛涉猎,学而不倦。他还特别强调编辑要随时随地吸收,每时每刻都要重视学习,对待自己不了解的新鲜事物要密切关注,增长见闻。❷叶老从生活中学,从工作中学,还向交好的朋友学。

随着融合进程持续推进,出版业的边界正被掌握着用户、数据、技术与资本的互联网行业不断消解,数字出版的内容产品形态、出版流程、技术应用、市场运作和商业模式等复杂多变。这要求编辑人才不仅要有广阔的视野和跨学科的知识,还要时刻对日新月异的新媒体、新技术保持较高的关注度,提升自身的互联网科技素养,更重要的是,要常常思考其创新应用模式,为手头的编辑出版实践赋能。

---

❶ 喻国明.中国传媒业三十年:发展逻辑与现实走势[J].北方论丛,2008(4):56-61.

❷ 邵益文.一切为了读者:叶圣陶编辑思想的核心[J].出版科学,2000(1):13-14.

四、小结

出版融合与数字化转型升级正在进行中,并将长期进行下去。编辑作为出版企业的核心人才,其转型升级为出版深度融合发展所需的新型人才,是出版企业成功立足于新时代内容产业生态、取得良好发展势头的关键。唯有立足编辑出版工作的初心和本质,培养一支政治素质、人文情怀与业务能力兼备的编辑人才队伍,才能打破数字出版的低层次繁荣,推动出版业高质量发展。

市场导向下我国高校出版人才培养改进策略浅析
——基于2023年上半年编辑出版类招聘信息的调查分析

段 然
（北京印刷学院）
吕静薇
（北京印刷学院）

- **摘　要**：出版业态与格局结构伴随着融合出版技术的发展不断变革，出版业对编辑出版人才的需求也随之发生改变。本文通过调研2023上半年编辑出版人才市场总体需求情况，抓取分析2000余条相关信息，总结该阶段出版行业对编辑出版人才的需求要点；结合对高校人才培养方案的基本分析，发现出版人才培养与市场需求存在不适配的现象，并提出可行性建议，以期为我国高校出版人才培养提供参考。

- **关键词**：出版教育　编辑出版　人才市场调研　人才培养

一、引言

　　自1953年成立第一所高等印刷学院——上海印刷学校，到1956年6月，文化部在中国人民大学新闻系开设出版专业，再到1983年，部分高等学校开设编辑学专业，这意味着我国编辑专业高等教育的空白时代从此结束。编辑出版专业教育发展至今，我国已有200多所高校设立了编辑出版学本科专业，有50多所高校招收编辑出版学或类似专业的硕士研究生。

编辑出版专业教育在课程设置、专业发展、学科建设和人才培养等方面不断革新。编辑出版专业有向出版传媒行业输送高质量人才的培养目标。然而，在数字技术迅猛发展的时代背景下，高校编辑出版专业人才培养目标和课程设置与发展变化中的人才市场需求错位，出现编辑出版专业毕业生可能难就业但出版企业找不到满足岗位要求的人才的现象。如何突破人才培养与人才市场需求错位的怪圈，找到面向市场的合理人才培养策略？本文通过调研2023年上半年出版人才市场招聘信息阐述人才市场需求现状，深度剖析出版人才培养的路径与策略，回答前述问题。

出版类招聘信息能够直观、精准地反映出行业对人才的具体需求。因此笔者以2023年上半年出版类招聘信息为研究样本，通过分析词频、数据，展现该阶段出版行业对人才的具体需求，为出版教育的发展革新提供参考。

二、研究样本选取及研究方法概述

本文的文本挖掘工作采取定性与定量相结合的研究方法。笔者通过Python爬取收集2023年上半年各大主流招聘网站（前程无忧、boss直聘、智联招聘、猎聘）的出版类单位的招聘信息作为研究样本，总体样本数量2000余条。

（一）选取样本标准

（1）选取的行业具备一定规模和影响力；（2）选取的行业分布全面、具体，能够反映新媒体时代下新旧出版企业对人才需求的明确特征；（3）选取的出版行业在地域上分布广泛；（4）选取的出版行业岗位具备多样性，包括内容、运营、设计、营销、技术等；（5）选取的出版行业属性均衡，包括国营出版集团、民营出版公司、报社、期刊社、电视台等行业。❶

---

❶ 刘蒙之，刘战伟. 融合出版背景下编辑出版人才市场需求分析与培养改革思考——基于2017年就业季120条编辑出版类招聘信息文本的词频考察[J]. 出版科学，2017，25(5)：9-14.

(二)选取样本步骤

1. 数据预处理

在处理数据之前需要对数据进行一定的清洗工作,避免无用的词语对分析结果造成干扰。手动删除了来自网页的无效信息(如不属于出版行业岗位的信息词条)、重复词条信息及部分乱码,避免这些信息影响最终的词频统计。

2. 数据导入及处理

利用北京理工大学所开发的NLPIR大数据搜索与挖掘共享平台及微词云网站对所收集到的文本进行词频分析。首先登录NLPIR大数据搜索与挖掘共享平台,在"平台简介"下方的文本框中输入文本并点击"点击按钮进行验证"。验证通过后点击同一页面下方的"词频统计"选项,稍加等待便可获得输入文本中名词、动词、形容词三类词语的词频统计。

通过微词云网站,对收集到的"岗位描述与工作职责"信息栏做出进一步分析。结合NLPIR大数据搜索与挖掘共享平台,形成最终的词频结果。

3. 词频分析及数据可视化呈现

在已经完成的定量分析的基础上,对高频词进行定性研究。结合北京印刷学院编辑出版专业本科及硕士人才培养方案,返回原始文本,对高频词所出现的语境进行细读和理解,从而分析市场对人才的需求与高校人才培养目标是否存在错位,以及存在哪几方面的错位。

利用镝数图表网页,以柱状图、饼形图等形式对词频分析做出可视化阐述。

(三)研究方法

本文主要采取词频统计的研究方法。词是文献中承载学术概念的最小单位。词频——反转文件频率,是一种基于情报检索和文本挖掘的常用加权技术,用来评估一个词对于一个文件或者一个语料库中的一个领域文件集的重要程度。词频统计是指统计某个文本中各个字词出现的次数与频率,是一种科学的定量研究方法"词频分析的波动与社会现象之间有着内在联系,一定的社会现象和情报现象会引起一定的词频波动"。传统文献分析法带有一定的个人偏好和主观经验,不一定可以窥探文献背后隐藏的深层次意义。词频统计分析可以透过现象看本质,具有一定的准确性、客观性、系统性、标准性,因而被广泛应用于人文社科领域多个学科的研究中,并取得丰硕严谨的研究成果。[1]

三、研究结果与发现

(一)对学科背景的要求

如图1所示,根据市场对编辑出版人才的学科背景要求词频分析可以看出,出版业对人才的需要不仅局限于编辑出版专业的人才,而是对各个垂直领域专业化人才的需求。专业关键词"文学""汉语言文学"分别位列第一、五位,表明出版行业仍对文字的掌握运用能力有所要求,此外,"教育学""经济学"分别位列第二、四位。教育学人才需求旺盛表明教辅类图书仍在图书出版行业占据一定比例。随着市场经济的发展,出版行业也需要具备经济、金融学科背景的人才。紧随其后的"法律""计算机""医学""生物学""化学"等多样化学科则展现出出版行业对复合专业学科背景人才的需求。多样化的专业背景要求使广泛专业的优秀毕业生投身于出版行业,却为编辑出版专业的学生就业带来又一层限制。这为我国高校培养编辑出版类人才带来思考:一方面需要培养学生扎实的出版专业基础,优秀的出版实践能力;另一方面则要加强通识教育,注重跨学科人才的教育和培养。

---

[1] 刘蒙之,刘战伟.融合出版背景下编辑出版人才市场需求分析与培养改革思考——基于2017年就业季120条编辑出版类招聘信息文本的词频考察[J].出版科学,2017,25(5):9-14.

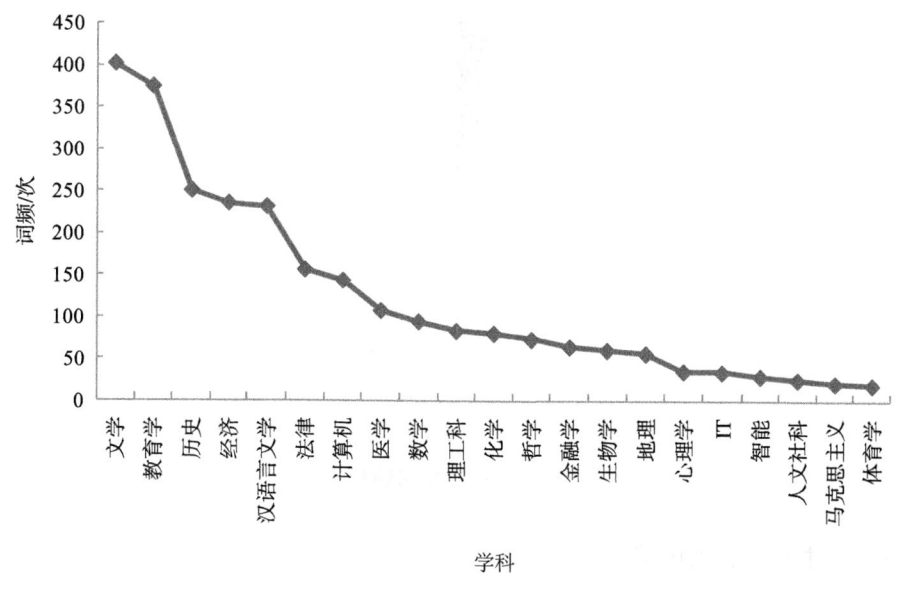

图 1　学科背景要求词频分析

(二)对学历的要求

据图 2 可得,在对学历的要求上,编辑出版人才市场整体要求在大学本科和硕士研究生学历。在 2000 余条招聘信息中,绝大多数企业都对学历做出明确要求。其中,要求为大学本科学历词频统计占比为 69%;硕士研究生学历词频统计占比为 21%。从企业性质的角度来看:要求硕士研究生学历以上的主要是商务印书馆、中国人民大学出版社、人民教育出版社、清华大学出版社、北京科学技术出版社等知名国有出版社。民营出版公司基本上没有硕士研究生学历的硬性要求,如磨铁、读客、后浪等民营出版公司大多要求大学本科学历即可。虽然在一些岗位要求中,有提到博士研究生学历优先,但并未提出硬性要求。整体来说,编辑出版专业学生要想在毕业之际进入行业头部出版社,需要具备硕士研究生或较优秀的大学本科学历。所以,编辑出版人才对学历的要求,同当今社会的普遍需求是一致的。

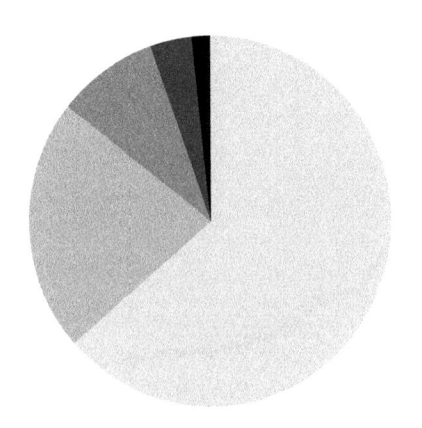

■大学本科 ■硕士研究生 ■大学大专 ■博士研究生 ■学历不限

图2 学历要求词频分析

（三）对工作能力的掌握

如图3所示，出版行业对人才工作能力仍以"编辑""策划""选题""校对"等内容生产能力为主，这表明内容的生产和创作在出版行业仍然居于重要地位。此外，伴随着融媒体时代的到来，新媒体技术的使用也成为出版企业对人才能力需求之一。"软件使用"类的词频位列第四，对于"数字能力"的要求也逐渐提升。软件的使用不仅包括对办公软件的基本操作，还包括对PS、PR、AU、UI设计、Python等计算机语言在内的新媒体软件的掌握。这表明出版行业与时代接轨，大力发展融合出版技术，不仅着眼于内容生产，还在技术研发、数字产品研发等方面不断吸纳优秀人才，进行深层次探索。

此外，"运营""营销"成为出版行业在企业运行中不可或缺的关键词。当通过选题策划、编辑加工等多道程序生产出优质的产品内容时，还需要将产品内容广而告之并销售出去，这也是一种非常重要的能力。从出版机构招聘信息词频统计数据来看，大量出版单位将运营和营销人才作为招聘重点，甚至衍生出"营销编辑"的专门岗位。这说明出版行业需要的不再是具备传统的单一编辑能力的出版人才，而是既能生产优质内容又能把握市场风向，具备营销推广能力的全能人才。

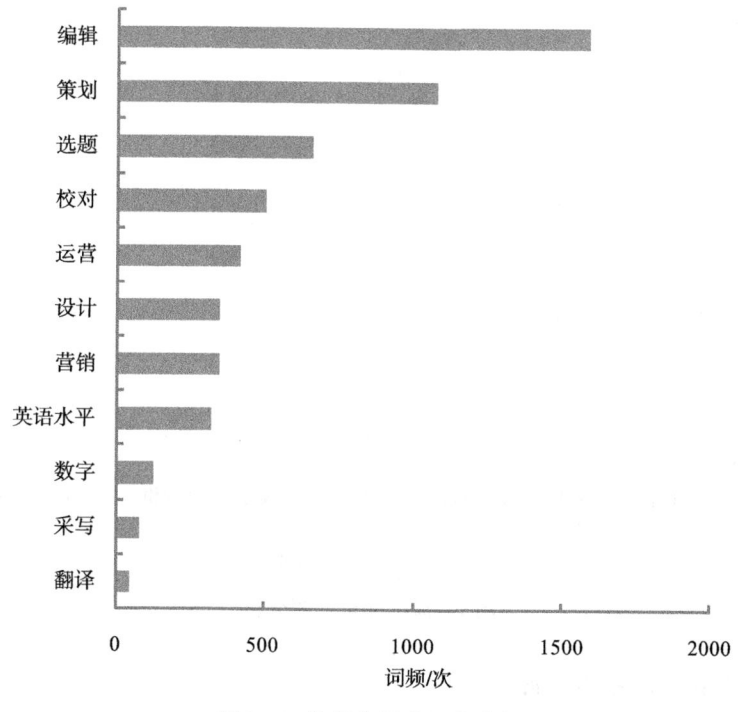

图3 工作能力要求词频分析

(四)对具体岗位的需求

从图4中可以看出"互联网+"时代的到来使出版行业对于人才的需求发生了很大改变。例如,在岗位设置中,"新媒体编辑"成为仅次于"图书编辑"的热门岗位。该职位的工作内容与营销编辑有所重合,但不同于针对内容产品的营销编辑,新媒体编辑是针对互联网时代下各新媒体平台的特点进行文案撰写、平台运营等工作。出版单位积极寻求新媒体发展路径,扩展自身在各大新媒体平台的影响力。此外,伴随着数字技术的发展,有声书、电子书、有声节目等数字化产品成为出版单位增收的重要部分,对数字编辑的需求随着增长。"产品经理"本多见于互联网公司的岗位需求中,现今也出现在出版行业对人才的岗位需求之中。这也体现了新媒体时代下的出版行业不断适应时代发展而变革,呈现数字化、互联网化等特点。

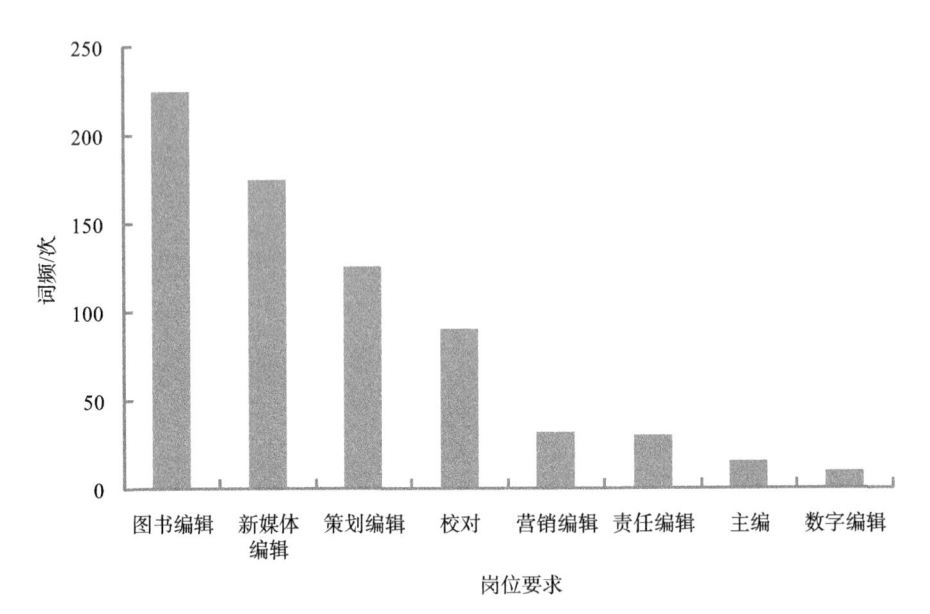

图4　岗位需求词频分析

(五)对职业素养的掌握

如图5所示,在职业素养词频分析中,占据第一位的是"能力",即出版行业要求出版人才具备完成编辑出版工作的基本能力。而紧随其后的就是"经验"和"负责"。在调研中,大多数出版单位对工作经验都提出要求。这就要求编辑出版专业学生在校期间需要参与到出版类工作实践当中积累经验,在实践工作中认真负责,从而在招聘中展现扎实的出版理论基础,并体现自己的实践经验。而其前提是高校给予学生足够的社会实践机会。"沟通"能力则提醒出版专业学生出版并非只是与书打交道,更重要的是与人打交道,在日常生活和工作实践中要加强自己的人际沟通能力和团队协作能力。

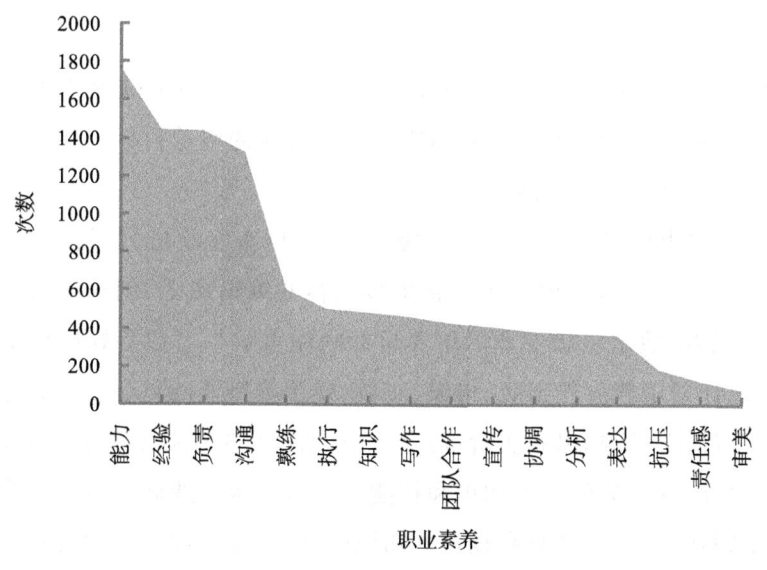

图5　职业素养词频分析

四、编辑出版专业人才培养方案分析——以北京印刷学院为例

通过对高校关于编辑出版人才培养方案的分析，能够直观地看到高校在思政教育、课程设置、培养规格、社会实践等方面是否适应时代发展需求，是否存在人才培养目标的滞后性。

北京印刷学院是我国较早在印刷、出版领域开展学科教育的高校之一，经过不断的探索，逐渐形成了以出版、印刷为主体的鲜明办学特色和学科优势。[1]笔者以北京印刷学院为例，对北京印刷学院编辑出版学专业、数字出版专业、传播学（国际出版实验班）专业、编辑出版学专业（韬奋实验班）、出版专业硕士研究生（以下简称"出版专硕"）的人才培养方案进行分析，发现在培养目标、课程设置、社会实践等层面，其在某种程度上能够适应时代变化，积极培养适应中国出版业高质量发展需要的人才，但仍存在一些问题。

---

[1] 刘玲武,曹念童.高校出版专业硕士人才培养模式研究——以北京印刷学院等18所高校为例[J].中国编辑,2022(8):75-81,91.

(一)培养目标

培养目标的制定体现了高校对行业现状的理解和对未来发展趋势的预测。北京印刷学院对于编辑出版类专业人才的培养目标是建立在数字出版、新媒体技术不断发展的时代趋势上的。

在编辑出版学专业及编辑出版学专业(韬奋实验班)的培养方案中,该校制定的培养目标侧重于具备出版内容的编辑加工、创意策划及传播运营的能力;数字出版专业的培养目标则注重学生对数字媒体技术的掌握,以及计划培养胜任出版、传媒、文教、娱乐等行业的复合型高级专门人才。在传播学(国际出版实验班)专业中,培养目标中提到熟悉国际出版,掌握对外版权贸易的基本知识和技能。在对出版专业硕士研究生的培养目标中则强调要培养"具有较宽的知识面,能够综合运用多学科专业知识解决出版业实际问题的高层次、复合型、应用型专门人才"。

(二)课程设置

对具体课程的设置体现了各高校专业人才教育的培养重点,也决定着培养目标是否能够实现,学生掌握的知识技能是否充足且合理。

从专业核心课程设置来看,北京印刷学院编辑出版相关专业的核心课程多为传播学、出版学、数字出版概论、编辑语言学、编辑出版史、出版法规等理论课程。只有在编辑出版学专业的核心课程中有"编辑出版软件应用"这一门技术课程。

从开设的出版技术类课程来看,其数量相比于理论课程来说较少。虽然该校在一定程度上响应了行业发展的需求,开设了图形图像处理、数字产品原型设计、可视化设计与应用等课程,但大部分技术类课程都属于选修课,即学校对数字技术的教学重视不足。

从课程体系结构设置来看,课程类别分为必修课和选修课。在编辑出版学专业、数字出版专业、传播学(国际出版实验班)专业、编辑出版学专业(韬奋实验班)及出版专硕中,必修课学分占比分别为66.55%、67.88%、73.65%、62.12%和62.16%,均超过选修课。必修课分量过大会导致学生负担加重,自主选择和创造性学习空间不足,不利于学生个体差异化展示。

在选修课设置方面,该校在通识与基础教育课程、专业基础课程、学科基础课程三部分都设有丰富的选修课供学生选择。但通过对这五份培养方案的选修课分析中可以发现,该校选修课设置仍体现偏重理论缺乏技术学习的特点。此外,尽管选修课设置丰富,但都属于出版、传播类课程的分支,缺乏跨学科方面知识,并不能拓宽学生的知识面。

(三)实践教学环节设置

观察分析北京印刷学院对编辑出版相关专业的实践教学环节的设置,可以发现其十分重视实践教学环节,将实践教学分为在校每学期的课程实践专题、毕业设计9论文、毕业实习三部分(如表1所示)。

表1 北京印刷学院编辑出版相关专业学分分布

专业名称	毕业设计(论文)	毕业实习	课程实践教学	实践教学总学分
编辑出版学	8	10	14	32
数字出版	8	6	18	32
传播学（国际出版）	8	10	10	28
编辑出版学（韬奋实验班）	8	10	19.5	37.5
出版专硕	—	6	—	6

课程实践教学的诸多实践专题分布在课程对应的学期末,每专题用一周的时间进行实践教学,将学期内的课程知识进行运用和巩固,这有助于提升学生的出版专业技能和对行业实践的有效认知。

五、高校出版人才培养的优化建议

(一)"互联网+"背景下培养技术型人才

在2015年政府工作报告中,我国首次提出"互联网+"行动计划,同年7月国务院印发《国务院关于积极推进"互联网+"行动的指导意见》,将"互联网+"定义为以互联网为基础设施和创新要素的经济社会发展新形态,2020年政府工作报告中提出,"全面推进'互联网+',打造数字经济新优势。""互联网+"时代的到来,标志着各行各业会迎来新的发展态势。

对于出版行业来说,"互联网+"时代的到来,解构了其原本"出版—发行—销售"的传统出版模式,在互联网技术的加持下,互联网与出版业实现深度融合,出版业不仅能够通过网络直播、短视频、App、公众号等多种新媒体渠道进行运营发展,而且通过AI、大数据等新兴技术拓展产品形态,除了图书纸质出版外,网络数据库、电子报纸、电子期刊、电子书、网络文学等新型数字出版类型的产品和App也得到了大力发展,成为出版业创收的重要组成部分。因此,在"互联网+"的时代背景下,技术型人才成为出版行业的刚需。

目前,开设编辑出版专业的高校大多将"编辑出版"学科列于新闻传播学院或文学院、人文学院,使得编辑出版学科更具备文科属性,课程设置的总体情况仍然呈现重理论轻实务、看重知识积累轻实践体验的特点。在更新换代如此迅速的新媒体时代下,数字技术、大数据等在数字出版领域的运用使得传统的编辑出版职业技能教学"老化"。高校在培养技术型人才方面未能及时掌握行业发展动态,对技术的重要性认知不足。[1]培养技术型人才需要高校在建立起"互联网+"思维的基础上,搭建为学生提供学习与运用融合出版技术的平台,通过业界人士来校讲座、外出参观出版企业等活动及时获取行业内互联网新兴技术的发展和迭代信息。

(二)"新文科"政策下培养复合型人才

新文科的概念起源于美国希拉姆学院于2017年对学生培养方案的全面修订,其核心在于对传统文科进行学科重组与改革,将新学科、新技术融入传统哲学、文学、语言学等课程中,从而为学生提供一个合理的综合性跨学科学习平台。中国在2018年首次使用了新文科的概念。[2]2018年8月,中共中央在全国教育大会召开之前发文指出,我国高等教育必须创新

---

[1] 富雅青.媒介融合背景下高校编辑出版专业人才培养研究[D].武汉:武汉理工大学,2016.

[2] 张文晋.新文科建设背景下编辑出版学专业人才的培养[J].山西财经大学学报,2019,41(S2):88-90.

发展,不仅要发展新工科,还要发展新医科、新农科、新文科。随着2019年5月"六卓越一拔尖"计划2.0版的出台实施,新文科建设正式启动。这是对文科专业在对自身现存运作模式反思的基础上,主动适应新时代要求,谋求自身在新媒体时代下的新定义和新路径。

结合本文的词频分析可以看出,出版单位大多要求人才的学科背景与出版物内容类型相关,并未对编辑出版专业有硬性要求。在高速发展的互联网时代,只具备单一的编辑加工、审稿校对等出版专业能力已不能满足出版企业的需要了。传统文科的教育模式下编辑出版专业的人才培养模式出现"空心化"和"窄化"的风险。要想更好应对新媒体时代下的出版业态,需要跨学科的丰富知识、熟练的新媒体技术操作能力及对互联网海量信息的分析整理能力、对市场的敏感度与创新能力。

在新文科政策的加持下,我国高校对编辑出版人才的培养有了新方向。在学习内容方面,学生的学习范围不再局限于编辑与出版专业本身,而是进入了其他人文学科,甚至进入了一些理工学科的领域。在增强学生通识教育,拓展了学习广度的同时,高校也应将时代的需求与学校的侧重特色考虑在内,增加学生学习的深度。例如,政法类院校的编辑出版专业教学可以体现法学背景特色;理工类院校则可以使编辑出版学科与理工学科背景深度融合。兼顾学习的广度和深度,在大同中求异,兼顾编辑的专业性和基础知识的学科化。❶在师资队伍的建设方面,新文科所带来的学科大融合的教学任务要求一支既具备深厚的编辑出版专业知识又懂得其他学科前沿以及熟练掌握各种信息技术、数据分析、软件运用的复合师资队伍。高校应吸纳更多优秀人才,通过办讲座、开展实训课程等方式完成跨学科教学任务,同时为相关专业老师提供定期培训或出版行业进修等机会,促进教师学习跨学科内容,将理论与实践结合起来。

(三)产教融合趋势下培养实战型人才

伴随着新媒体技术的升级迭代,传统出版产业的内容生产流程、产业运作结构等方面都发生了转型升级。技术赋能下的出版行业对出版专业

---

❶ 蓟蕊.融媒背景下高校编辑出版硕士专业培养研究[D].重庆:西南交通大学,2017.

人才提出更高的要求。适应出版行业市场需要是高校在进行编辑出版人才培养的目标之一。作为实践学科的出版专业，学生需要了解行业发展及其对人才的需要方向，将在校学习成果在行业中加以实践，并形成自我反馈以进一步提升自己的专业能力。❶因此，学校和出版单位之间的互动合作对培养实战型人才尤为重要。

近年来，不少相关高校加强了与出版单位的产学研合作，如北京印刷学院马克思主义学院与中国青年出版总社举行签约仪式，双方将共建马克思主义理论研究生联合培养基地、红色经典出版研究中心以及出版人才就业职场体验基地。不少高校对出版专业研究生培养采用"校内+校外"的双导师机制，以增强学生与行业之间的沟通联系。❷但从整体而言，目前的产教融合力度仍然不足，学生与出版单位之间仍缺少长期稳定的沟通平台，主要体现在校企双方缺乏长期有效的合作计划，导致学生实习机会不够，工作经验薄弱；高校课程设计与市场需求存在偏差，导致学生毕业后难以满足企业岗位需求。为此，校企双方应建立起深度有效的合作机制，为学生提供更多的实习机会和学习机遇。❸专业技能课程学习方面，高校可以根据学生所进行的专业技能学习建立相应的工作室，如山东政法学院设立的编辑出版工作室定位于"模拟实训、夯实基础"的教学宗旨，通过"图书+期刊"实践训练的教学方式，从在校学习向企业工作状态过渡。此外，高校也可以通过产学结合的方式，将行业的具体工作需求作为课程的教学重点。例如，英国巴斯斯巴大学将学生的大多数课程都设置在行业正式的出版项目的基础上，在距离业界最新最近的实践活动中，培养学生在校学习的软件操作能力、内容创新能力及对出版市场的敏感度。❹

---

❶ 刘佳."互联网+"环境下教育出版编辑人才培养的思考[J].传播力研究，2020，4(5)：131-132.

❷ 张文红.我国出版教育面临的新形势与变革路径分析[J].北京教育(高教)，2023(5)：88-90.

❸ 姚小菲."互联网+"时代的出版人才培养策略[J].新闻研究导刊，2020，11(21)：42-43.

❹ 商月怀.构建"小而美"的编辑出版人才培养模式——从供给侧看高校编辑出版教育创新[C]//人才培养与教学改革-浙江工商大学教学改革论文集，2016：34-38.

六、结语

我国出版产业在技术赋能下发生了重大变革,随之而来的是对编辑出版人才需求的变化,高校对出版人才的教育培养也应革新,高校相关专业应不断拓展丰富出版人才培养的要求和内容,为出版行业提供编辑、技术、发行、营销等多方面于一体的复合型人才。

跨文化背景下中国童书出版人才培养研究
——基于中美亚马逊图书网站受众分析

朱皓婧

(北京印刷学院新闻传播学院)

- 摘　要:新型国际传播背景下,中国出版业承担着讲好中国故事的责任。童心无国界,童书兼具文化与教育特性,折射民族的文化风貌与价值取向,在跨文化传播中发挥着不可或缺的作用。亚马逊图书平台为跨文化出版图书提供了可视化指标,这些标准透露出当前我国童书跨文化出版的信息,认真研究这些信息可为今后国际出版人才培养提供参考。研究发现,我国童书在跨文化出版的过程中受文化接近性因素的影响,在译介触达方面重视引导读者的能力;在认知协调方面发挥文化优势,增强文化形象自塑的能力;在接受认同方面讲求"求同存异",保留民族文化特色。

- 关键词:跨文化传播　文化接近性　人才培养　国际出版教育

文化是多元共生的,任何区域的文化交流都存在语言、文化与习俗的异同。文化接近性这一概念是由学者斯特劳哈尔在研究文化距离对电视节目成功跨文化传播时首次提出的。在跨文化传播过程中,由于地区间的社会制度、文化传统与语言风俗等方面存在差异,不同的外国作品具有不同的"文化接近性"[1],这一特性决定了面对同样陌生的文化产品时,受众会优先倾向与本国文化价值接近的品类。[2]由此可见,文化接近性是唤

---

[1] 昝小娜.文化折扣和文化接近的信息粗交流分析[J].中国传媒大学学报(自然科学版),2017,24(1):31-34,30.

[2] 殷俊.跨媒介经营[M].成都:四川大学出版社,2006:206-207.

起受众接受兴趣的首要因素之一。❶

　　文化接近性扩展了跨文化传播过程中传授双方共同的意义空间,在一定程度上消减了由文化差异而导致的文化折扣等产品贬值的现象。根据《世界价值观调查——1990—1993》显示,当代中国人与美国人共同强调培养孩子诸如"自立""想象力"以及"责任感"等品质❷,这些精神品质不再是某一文化专属,而是逐渐演变成全球共同的道德与伦理价值。从这些数据可以看出,海外受众并非"铁板一块",中国与其他国家文化在价值取向上具有一定共通之处。因此,跨文化人才培养的特殊性决定了国际出版人才必须熟知本国与目标国的语言与文化,从这些共同的话题出发,根本上提升中国童书的海外吸引力。

　　亚马逊图书网站以"全球所有出版的书籍"为目标,拥有庞大的书目数据库,同时与书商积极合作,向读者提供约百万种图书,包括绝版图书。与其他网络书店不同,这个平台没有局限于卖书环节,而是提供多元读书服务,如邀请作者、出版商与读者共同撰写书评,尽可能吸引潜在读者。❸同时,它还建立起以读者反馈与销售数量作为参考维度的图书排名榜单,为中国童书的海外出版效果提供了检验的渠道。通过研究亚马逊图书网站的相关信息,可明确海外受众的偏好,有的放矢地培养高水平国际出版人才,从而实现中国童书高质量"走出去"的宏伟蓝图。

　　本研究基于亚马逊图书网站平台,采用文本分析、内容分析等研究方法对该平台中国童书的受众反馈进行分析,进而探讨跨文化背景下,文化接近性在译介触达、认知协调和接受认同等方面对我国国际童书出版人才培养的启示。

---

❶ 路鹃,付砾乐,张君昌.中华田园风短视频跨文化传播价值分析[J].青年记者,2021,(14):63-65.

❷ 联合国教科文组织编写世界文化报告——文化、创新与市场.关世杰等,译.北京:北京大学出版社,2000:232.

❸ 甄薇,刘涛,解亚深.国外主流网上书店特色服务研究——以亚马逊网上书店为例[J].现代商业,2012(8):60,59.

一、研究背景

随着经济的发展，教育观念也在不断变化，童书因具有独特的教育性、传承性与趣味性，成为孩子们的家庭、学校教育必备之物，也成为各大出版社的市场必争之地。出版业界一般把过去十年称作童书发展"黄金十年"。在这十年中，儿童图书出版出现了"爆发性"的局面。❶数据统计显示，2016年，我国童书的出版量已达到4.4万种，其中新书2.5万种册，童书成为中国出版行业最具活力的行业之一、发展最迅速的类别，而且童书占整个图书零售市场的份额已由2016年的23.52%提高至2017年的24.7%。据国家新闻出版署《2021年新闻出版产业分析报告》统计，2021年我国童书出版总量为9.7亿册，新增（张）6562万册，比上年增长7.3%。童书市场规模持续扩大，丰富版权资源，积累了中国原创作家自主知识产权，为我国童书"走出去"打下深厚的根基，让"走出去"在我国童书出版中蔚然成风。❷同时，随着互联网技术的快速普及和网络阅读方式的流行，儿童阅读习惯也发生了改变，数字出版平台正逐步取代传统纸质渠道，占据着更大的市场份额。

讲好中国故事，始终是中国提升国际传播能力的一项重要工作。世界应理解中国，中国应与国际更好地融汇。通过"中国图书推广计划"等图书"走出去"活动，更多的中国图书正在走向海外读者。以对美国出版为例，国家新闻出版署发布的《2020年全国新闻出版业基本情况》显示，2020年少儿读物类出口108.99万册、实洋112.36万美元。❸国家版权局网提供的数据显示，近年来，中国对美国图书版权输出情况呈现波动增长的发展趋势，截至2018年，对美国图书版权输出912种，占同年我国图书版权输出总数的8%。中美两国在文化交流方面存在显著的思想产品不对称的现象。尽管2018—2020年，美国进口的中国图书数量呈现出明显的下降趋

---

❶ 彭威,王嘉昀.中国原创童书与引进童书市场比较——基于当当畅销书排行榜的数据挖掘与分析[J].出版科学,2017,2504):64-68.

❷ 申琳.创新中国童书"走出去"的模式[J].出版广角,2018,(13):33-35.

❸ 国家新闻出版署.2020年全国新闻出版业基本情况[R/OL].（2023-5-30）[2023-6-30]. https://www.nppa.gov.cn/xxgk/fdzdgknr/tjxx/202305/P020230530666964143612.

势。这反映出中国书籍迫切需要提高在国外的翻译和出版能力。中国需要加快建设具有中国特色的哲学和社会科学,同时加强向国外输出和传播中国特色的能力。由此可见,中国图书要想在美国图书市场获得海外读者的青睐,亟须针对不同类别的图书进行系统的统筹规划。

目前,学界对中国童书海外传播的效果研究把输出数据、海外馆藏和版权贸易额等作为衡量指标,忽略了当地读者需求适应不足的问题。大多数学者在讨论时,都集中在文化输出和跨文化交流的宏观层面,对童书本身的微观层面关注不多,主要体现在作品的翻译策略上。中国童书是如何在对象国传播的? 对象国受众如何看待中国文化与本国文化,又是如何认同中国童书的?

本文通过对亚马逊图书网站"Chinese Children's Books"的销售数量、评价星级、读者评价、图书分类等指标考察,以了解海外受众的反馈信息。研究这些图书在海外知名图书榜单上的销量与评分有助于把握海外受众阅读偏好。本文基于中国童书在美国的受众接受研究,更直观地反映真实的中华文化"走出去"的传播现状,为中国童书国际传播人才培养提供参考。

二、中国童书在海外亚马逊图书网站的传播现状

本文以亚马逊图书网站儿童图书为研究对象,对"Chinese Children's Book"的书架信息、销售数量、星级评价和用户评论进行研究。数据采集日期为2023年3月5日,从跨文化传播的层面系统分析了中国童书在美国传播的实际情况。从童书创作内容来看,美国亚马逊图书网站上的中国儿童图书分为25个类别,其中教育与参考类最多,文学与小说类和地理与文化类的排名紧随其后。这些数据反映了中国儿童图书海外传播的趋势。此外,25个中国儿童图书类别的边界并不明确。因此,美国亚马逊图书网站中国童书板块的具体图书类别还需要明确。

在受众购买倾向方面,美国亚马逊图书网站根据图书形式将童书分为10类,其中图画书所占比例最大。该平台童书的分布类型客观上反映了欧美童书市场的消费模式,而该平台中国书店的童书部在图书类型上与

欧美童书市场的阅读需求基本一致。

在童书语言类型方面,调查数据显示,中文占标注语言的比例最高,其次是英文。这表明亚马逊中国书店仍以中国读者为主要受众,其次是英语读者,而翻译为其他语言的图书库存明显不足,如法语和意大利语。中国童书在美国主要受众以在美华侨为主。[1]根据《中国国际移民报告》数据显示,美国作为传统移民国家,2020年国际移民来源相对多元,其中来自中国的输入移民为290万人(5.72%)。[2]跨国在线图书销售平台亚马逊销售了大量中文童书,以满足移民群体的知识和信息需求。然而,在美的外文童书数量与中文童书数量之间存在很大差距,我国少儿出版业向美国"走出去"需要完善相应的出版链条。

在获取媒介方面,相比较于欧美童书,中国童书的媒介呈现形式相对单一。许多作品尚不支持电子书Kindle与有声读物Audible平台功能。在部分中国童书读物的评论区也能看见一些没有得到多平台阅读满足的受众留下"服务不到位""图书形式落后""读起来很不方便""物不所值"等负面评价。由于国内外网络环境存在很大差异,比起国内形式各异的阅读增值服务,在美国亚马逊图书网站的中国童书在获取媒介方面没有拓展数字服务,因此尚不能解决美国受众日益增长的对中国童书的兴趣与阅读中国图书不便、知识服务相对较少之间的矛盾。

总的来说,相比国内的童书受众,美国传播的读者群体更加复杂,这不仅直接影响了美国受众反馈的管理,而且还影响了出版业准确理解国际受众的地理分布、群体期望、社会结构和文化评价的判断。想实现在美国实现高质量"走出去",就需要收集并分析美国受众对中国童书的接受态度,对比中美童书在传播路径、价值取向上的差异,具体问题具体分析,从而扬长避短。

---

[1] 张岩,王琳琳,邓月.中国儿童图书的海外传播研究——以亚马逊美国网站数据为基点[J].出版广角,2017,284(2):23-26.

[2] 王辉耀,苗绿,吴菲怡.BⅠ总报告 B.1国际人口迁移中的中国移民发展现状与特点[C]//全球化智库(CCG).《中国国际移民报告(2020)》总报告,2020:51.

三、培养跨文化国际出版人才的策略与建议

不谋全局,不足以谋一域。本文基于中美文化接近性的思考,不难看出美国受众并非无法接受中国童书,而是在内容题材、价值引导、出版形式与营销手段等方面对中国出版业抱有更大的期待。

俗话说,身在罗马,就要像罗马人行事。如何借鉴美国本土童书的营销思路提升美国读者对我国童书的购买意愿?如何将全球共识融入中国童书,唤起中美两国受众共同的情感?新型国际传播格局下,我们应当培养什么样的跨文化出版人才?本文将从传播学视角切入,从译介触达、认知协调与接受认同三个方面针对性探讨上文在传播环节中容易忽略的问题,提出新时期我国童书在美国图书市场实现有效传播策略的相关建议,以期为提升美国受众对我国童书的接受意愿,扩大中国童书的国际"朋友圈"有所贡献。

(一)译介触达:发挥全媒体型人才引导作用

根据皮尤研究中心2016年调查,62%的美国成年人通过社交媒体获取信息。[1]第三人效果理论曾指出,真正发生购买行为的往往不是产品的直接受众,而很有可能是受到利益辐射的间接受众。根据上述研究结果,尽管童书的直接受众是0~18岁的青少年群体,但是具备购买力与审查力的家长往往是购书行为的实施者。同时,基于现实需要与兴趣爱好,部分成年人也会自主选择阅读童书进行语言习得。以上种种现象说明,要想获得美国受众的关注,就需要扩大童书信息的传播渠道,尽可能扩大潜在受众面,重新审视官方媒体与社交媒体之间的区别与联系,加强平台合作。

社交媒体的快速发展不仅给传播领域带来了更新和完善,也为中国国际传播的发展带来了新的机遇。平台的开放性、参与性和网络性,支持各种形式的表达,为童书的潜在受众面扩大提供了宝贵的机会。讲好中国童书故事,不仅要有专业的对外传播机构支持,如涉外媒体或者对外出版

---

[1] 网易科技报道. 约三分之二美国成年人依赖社交媒体获取新闻[EB/OL]. (2017-9-9) [2019-11-30]. http://tech.163.com/17/0909/09/CTSPQMGR00097U7R.html,2017-09-09/2019-11-30.

机构，同时也要有民间声音参与补充，普通大众也可以利用社交媒体平台为自己喜欢的童书进行宣传，提供官方信息之外更多真实、生动的图书细节。

　　成功的跨文化传播绝不是"单兵作战"的结果。要想提升译介触达率，改变美国受众对我国童书的主动接受意愿，需要官方与民间共同发力。充分利用官方积累的"走出去"渠道，培养复合型编译人才，利用大数据、语义分析等新兴技术建立起美国童书读者的数据库，记录后台的浏览行为时长与购买行为，将图书评分与消费评价等"无声的符号"转化为一个个生动的读者画像，就可以清晰地针对目标国受众的喜好和文化取向，对我国民间童书传播进行战略性梳理与规划，为我国少儿出版业向美传播提供参考依据。另外，构建多元童书传播主体，重视我国童书读者的国际传播能力，引导、推广优质的童书分享内容，培养一批懂外语、会传播、善引导的新型国际出版人才，积极与民间"童书分享官"联动合作，如让中国的读者运用互联网分享特定童书的扫码增值服务，补全美国受众因为网络问题而无法享受的电子内容与数字服务，或者在美国亚马逊图书网站的评论区自愿充当文化向导的角色，为海外受众提供相对还原中文语境的内容解读。

（二）认知协调：运用首因效应激发自塑能力

　　"认知协调"是著名的社会心理学家费斯汀格提出的理论，他认为在态度、知觉、知识与行为这四项基本认知元素两两存在无关、失调与协调的关系。为了避免认知失调带来的不悦感，人们倾向于主动规避可能让四项认知元素失衡的情境与信息。❶从这个理论反向思考，当人们试图追求愉悦，满足好奇心时，往往会主动寻求新知识、新信息。这在传播学上是一个高度选择性的过程，如果受众没有受到外界刺激而保持基本认知稳定状态，就不会主动追求新信息。受众获取信息的动机与采取行动的可能性息息相关，过去造成认知失调的经验会让受众避开再次发生失调的因素，从而更慎重地选择、接触新信息，产生新的认知基膜。❷

---

❶ 利昂·费斯汀格.认知失调理论[M].郑全全,译.浙江教育出版社,1999:3-217.

❷ 刘慧玲.论受众接触信息时的认知协调[J].新闻知识,2013(8):28-30.

要想在受众进行高度筛选信息的时候快速吸引他们的目光,我国童书就需要"投其所好",充分发挥首因效应与晕轮效应。在实际的童书"走出去"环节当中,我们要善于运用渠道"先声夺人",第一时间进行自我宣传,在营销策略上引导目标国受众,掌握讲好文化故事的主动权。例如,我国获奖新书的"走出去"时,如果只依靠国际合作的出版机构,就陷入了文化"失语"的困境,使西方媒介的书评抢先占据目标国受众的注意力,形成被动"他塑"的"第一印象"。所以我们要打破依赖官方渠道的习惯,积极投入新媒体和社交媒体的新赛道,统筹好国内图书市场与目标国图书市场需求,重视利用各渠道掌握海外"自塑"的主动权,主动提供相关信息,升级数字知识服务,填补由国际网络所产生的服务空白,从而提升外国读者数字阅读与在纸质阅读的双重体验。例如,我国少儿出版业要善于开设海外社交媒体平台账号,与驻外媒体联动,在国际性节日推出不同题材的少儿作品,增加话题流量曝光,为我国童书"走出去"铺设一条中国特色国际出版道路。

(三)接受认同:理性对待文化接近性的异同

信息经过传播者的编码,再到受传者的解码,中间经历了信息由陌生到认同的解析过程。对外传播之所以要求避免自说自话,就是要用目标国受众所能接受的方式在价值观层面达成互相的理解与沟通。

共鸣性策略是一种在对外传播中将自身话语与受众本身文化环境所认同的价值观相结合,引发受众共鸣,从而减少文化交流障碍的传播策略。在如今多元化的国际文化环境中,我国面对不同国家与社会,需要从自身利益出发,在文化背景、价值观念、语言风俗、思维方式等方面寻求"最大公约数",选择文化贴近的部分进行针对性传播。共鸣策略视野下,我国童书既需要尊重目标国图书市场的传播规律,调整单向宣传的线性思维模式,分析中国与对象国童书在内容选题方面的价值平衡点,不囿于我国传统神话故事文本,以早期教育为切入口,在诸如科普与审美等方向进行开拓创新,在世界性共识的指引下激发幼儿阅读兴趣,提升孩子的审美与思辨的能力。我国童书在"走出去"时,在信息编码阶段就需要尽可能收集目标国受众的偏好,如通过大众媒体收集海外受众对于中国童书的态度信息,结合其主流文化价值进行编码,同时设置一些驻外出版机构帮助海外受众进行符号解码,完善数字售后服务,保障受众反馈的双向传递。这种互动机制有助于增强中国少儿出版业的亲和力与吸引力,使中国童书能够根据瞬息万变的反馈调整对外出版的计划与方向,以提升中国童书在对象国受众当中的接受度,更好地传播中国文化与核心价值观,潜移默化地改变美国受众对我国文化乃至国家形象的印象。

文化接近性理论还指出差异化内容的重要性,有效的跨文化传播并非一味迎合目标国受众的品位与地区的童书销售市场。在区分不同文化环境所导致的文化取向之后,贴近性的分众传播就是内容差异化的最好体现。❶值得注意的是,文化接近性在跨文化传播中并不是无限的,文化差异本就是跨文化传播的基础。曾经一度在国内大红大紫的"淘气包马小跳"系列在海外传播中由于极力强调主角马小跳与世界普通孩子的一致性,淡化了"中国孩子的特点",没有满足国外受众对于中国孩子的期待,因此反而降低了海外读者的兴趣。❷

由此可见,我国迫切需要将童书中的中国元素与差异化内容有机结合,放在特有的艺术语境中,讲述"中式童年"的故事,以形成艺术与民族的融合。❸这说明在跨文化传播中,国际出版人才需理性对待文化接近性与差异性,并在两者之间取得平衡。这对实现有效的分众传播,提升受众的接受意愿具有重要实践意义。

《出版业"十四五"时期发展规划》与党的二十大报告都提出"提升国际传播效能,增强走出去实效"的要求。从"量"到"质"的转变是新时期少儿出版业国际传播的要务,也是对国际出版人才培养提出的要求。总的来说,跨文化传播是注重文化差异的传播,应以平常心来看待,理性对待文化接近性。跨文化传播本身对国家形象具有软塑造的作用,当中国童

---

❶ 王庚年.国际传播发展战略[M].北京:中国传媒大学出版社,2011:39-40,69.

❷ 罗贻荣."马小跳现象"的跨文化传播分析[J].中国海洋大学学报(社会科学版),2015(2):57-61.

❸ 金莹,何晶.方卫平、徐鲁、李东华谈——原创图画书:发展的艺术瓶颈在哪里?[N].文学报,2017-6-1(2).

书对美国受众普遍具有吸引力时，我们就用童书讲好了中国故事，有助于建构文化强国的国际形象。因此，未来的国际出版人才需要平衡好文化接近性的特征，不因"普世观点"而掩盖中国文化特色的亮点，用他国受众听得懂的语言进行叙述时，选择文化接近的部分进行创新书写，同时保留中华优秀传统文化的底色。

跨国出版集团融媒体转型的发展问题与策略研究

衣彩天
(北京印刷学院新闻传播学院)
王婧雯
(北京印刷学院出版学院)

- 摘　要：以大数据、云计算与人工智能为背景的媒体融合时代下，传统出版社在融媒体转型的过程中遇到了一定的机遇与挑战。如何在媒体融合发展的纵深阶段，实施数据与技术的结合，以应对新媒体对传统纸质媒介出版的冲击，从而扩大传统出版社的业务范围和市场规模。本文通过审视当前跨国出版集团媒体融合发展的现状，剖析当下融合发展的问题，并讨论其对策，目的是助力我国出版业在媒体融合的转型过程中完成自身的蜕变与成长。

- 关键词：跨国出版集团　融媒体转型　出版融合

习近平总书记在中共中央政治局集体学习时强调："要运用信息革命成果，推动媒体融合向纵深发展，做大做强主流舆论，巩固全党全国人民团结奋斗的共同思想基础，为实现'两个一百年'奋斗目标、实现中华民族伟大复兴的中国梦提供强大精神力量和舆论支持。"出版作为实现中华民族伟大复兴的重要力量，肩负着重要责任。尤其是，当代数字经济快速发展，数字技术蓬勃兴起，数字出版为媒体融合的纵深和横向发展有着重要和积极的作用。为了实现出版强国建设，为了加快推动中国文化走出去，国际出版业务的作用日趋明显。

一、跨国出版集团媒体融合的背景

(一)媒体融合下的出版

　　密苏里新闻学院认为,"媒体融合"是指媒体的新闻与信息平台数量越多,就能使稀缺的媒体资源拥有配置越优化。即一个传媒集团拥有的媒体平台越多,传播力与影响力越强。媒体融合是一个过程,也是一个发展状态。融合的主要目的是扭转传统媒体的传播能力,坚守舆论阵地的制高点。❶媒体融合下的数字出版正经历着从纸质向电子的转变,转向出品原生数字出版物,如在线游戏、互动小说、VR出版物等。过去的出版融合是"1+1=2"的模式,如出版与教育结合,形成教育出版;出版与专业(医学、航空)结合,形成学术出版;出版与一般精神文化结合,形成大众出版。但媒介融合下的出版是"1+1>2"的模式,是在两大支撑力与三大驱动力支持下的产业——即数据与技术的支撑力,内容力、变现力与传播力的驱动力;同时,也要能经得起来自用户、市场与产业的检验。也就是说,利用数据与技术,使知识、数据与信息等出版产物能融入并传播到人们生活、工作的方方面面,并同时能将内容进行变现,实现经济利益的红利与社会利益的最大化。❷

(二)跨国出版集团的融合发展之路

　　媒介融合时代下的出版发展之路,就是在讨论出版产业的发展之路。传统出版集团只有在完成融媒体转型之后,才能保障集团的生存与发展。跨国出版集团,如企鹅兰登、阿歇特出版集团等,在媒体融合的实践过程中有丰富的经验和反思。因此,本文在探讨跨国出版集团的融合发展之路时,将从内容资源、渠道资源、技术资源三个方面进行。

　　1. 内容资源

　　传统的出版公司是以纸质出版物作为主要收入来源。媒体融合环境下,数字图书、数字音视频、虚拟现实产品等内容将成为出版企业进行开

---

❶ 齐树友. 全媒体发展视域下出版社媒体融合演进升级思路展望[J]. 融媒之光,2021(7):105.

❷ 徐丽芳,陈铭. 媒介融合与出版进路[J]. 出版发行研究,2020(12):20-30.

发、传播的内容资源。数据资源是一种新兴内容资源,本身作为一种数据资源能够服务于人们生活与工作的各个方面。20世纪70年代联合国教科文组织提出有关UNISIST模型,该模型预见性地指出了数据出版的重要性,但在当时的技术能力下,出版规模还无法涉及该领域。

世界上最大的出版集团企鹅兰登书屋,在内容资源的融合上有突破性的实践经验。企鹅兰登书屋依靠自身强大的纸质图书资源以及用户资源,研发了自己的电子书、有声书,同时与谷歌家庭合作研发了语控儿童图书等数字产品。企鹅兰登书屋除了在图书领域有数字化突破,还跨界研发IP,如游戏、影视业、电视节目等。值得一提的是❶,亚太未来影视依据企鹅兰登书屋的图书资源改编了不少影视作品,如《沉默的领地》《光明之城》《朗伯恩庄园》等。企鹅兰登书屋的图书资源遍布全球,且在亚洲市场也有较强的实力,在英美市场资源更加强大,实现了内容资源的优势互补,这加速了其内容资源在全球市场的布局。

2. 渠道资源

数字技术催生了许多致力于搭建传播与分发的平台,以电子书为例,有Kindle、ibook、微信读书、当当阅读等;以在线课堂为例,有cctalk、慕课、coursea、edX等;以流媒体为例,有腾讯视频、爱奇艺、"Apple TV+"等。出版企业在数字传播早期,试图搭建自己的新媒体平台,但是耗费了许多财力与人力也没有赢得市场与用户。对于出版企业自建平台的失败,可以汲取经验:借现有的互联网平台是不错的选择,在既有的新媒体平台上传播内容、运营自己的团队。如表1所示,企鹅兰登书屋小红书账号粉丝有37000,并形成了微信、抖音、小红书、喜马拉雅等多个社交平台的新媒体矩阵。入驻新媒体平台是出版企业打开传播渠道的重要方式,同时能够激活垂直领域的活跃度。

---

❶ 贺敏,易图强.企鹅兰登书屋的媒介融合实践及其启示[EB/OL].(2018-1-23)[2023-1-25].https://www.fx361.com/page/2018/0123/2792709.shtml.

表1　企鹅兰登书屋新媒体平台账号

新媒体平台	名称	粉丝量
小红书账号	企鹅兰登	37000
抖音账号	企鹅兰登旗舰店	2890
微信公众号	企鹅兰登	—
喜马拉雅账号	企鹅兰登官方账号	97000

还是以企鹅兰登书屋为例，企鹅兰登书屋打破了亚马逊、苹果iTunes的垄断，可以通过谷歌、kindle、ibookstore等渠道购买、观看企鹅兰登的电子书。多渠道融合使得企鹅兰登书屋在电子书的销售额达到企业收入的20%。除了电子书产品的渠道融合外，企鹅兰登书屋还擅长在新媒体平台进行品牌宣传推广。例如，在YouTube上，他们设立了Penguin Random House官方账号，日常推广内容包括企鹅兰登书屋的编辑工作、图书设计、图书销售等。此外，企鹅兰登书屋还推出了大量的周边产品，如经典三段式帆布包，橙色帆布包代表了企鹅兰登书屋1950年出版的《了不起的盖茨比》书籍封面。通过经典书籍在文创产品上的复刻进行宣传，即贴近生活，又能达到宣传图书的目的，同时还能找到自己的读者群。

法国最大的出版集团——阿歇特出版集团在渠道层面一直致力于分销的控制权，最典型的表现是其在美国、澳大利亚、英国、比利时等9个国家建立了分销中心，每个分销中心能够处理10万种图书，强大的分销系统降低了图书发行的成本[1]，还提高了效率。除了对纸质书的分销管理，对于电子书的分销管理，阿歇特出版集团进行了数字化图书建设——从过去的版权管理系统到如今的数字仓储系统，建立了现代化的基础设施系统。数字仓储系统中的分配系统能够实现电子书格式在各个平台能够阅读。为了维护作者与读者之间的关系，阿歇特出版集团利用社交媒体与数字管理系统进行个性化的数字服务。

---

[1] 左涛，徐丽芳. 阿歇特出版集团融合发展研究[EB/OL].（2021-9-22）[2023-3-15]. https://www.fx361.com/page/2021/0922/8869167.shtml.

3.技术资源

今天所讨论的媒体形态是在大数据、云计算以及人工智能的背景下进行的,大数据(Big Data)、云计算(Cloud)与人工智能(AI)统称为ABC战略,ABC战略是站在战略层面,影响互联网公司及传媒公司。[1]对出版业而言,技术资源在媒介融合时代尤为重要。出版业可以通过收购技术公司获得技术支持。例如,培生集团为了获得数字技术,在1999年至2017年8年间完成了30余起并购。除了收购模式,出版业还可以与互联网外部企业进行合作,同时注重多元化的人才培养,以推动出版企业的持续发展,及时跟进技术,才能满足新的用户需求。

阿歇特出版集团除了专注于内容资源的丰富、内容数字化的培养,还热衷于通过大数据对图书出版市场进行决策,同时通过数字技术增强阅读体验,如以多种形式的电子出版物流通市场。阿歇特出版集团还致力于聊天机器人以及交互式电子书的开发,阿歇特出版集团与聊天机器人Yoto Player团队研发了Yoto Player音频播放器。该播放器是儿童早教交互式产品,小孩可以在没有父母参与的情况下,以插入卡片的方式聆听书籍等电子书出版物。除了与技术团队的合作外,阿歇特出版集团成立了自己的数字开发团队专注于交互式电子书的开发。其代表作是*Big American Cookbook*,该交互式电子书是对各种食谱的整合,使用者能够在短时间内创作属于自己的餐谱。

二、跨国出版集团融媒体转型的挑战

(一)资金压力

资金压力主要体现在如下两个方面:首先,技术和人才的引进需要投入大量资金;其次,图书、教材转向电子化后价格要下调,导致收入的下降。培生集团的财报显示,2015年,培生集团营业利润7.23亿英镑;2016年,营业利润6.35亿英镑;2017年,营业利润5.76亿英镑;2018年,营业利

---

[1] 丁俊杰.融媒体建设,不要"高看",也不要"小看"[EB/OL].(2020-7-26)[2023-4-12]. https://weibo.com/ttarticle/p/show?id=2309404531037001875726#_loginLayer_1684480225018.

润5.46亿英镑。整体营业利润属于下降的趋势(如表2所示)。❶

表2　2015—2018年培生集团财报

单位:亿英镑

年份	营业收入	营业利润
2015	44.68	7.23
2016	45.52	6.35
2017	45.13	5.76
2018	41.29	5.46

培生集团在出版融合的转型阶段因资金压力出售了不少股份与旗下企业。2017年,培生集团将企鹅兰登书屋22%的股份出售给了贝塔斯曼;2015年将The Economist 50%的股份出售给了投资公司艾克赛;同年将Financial Time出售给了日本经济新闻公司。❷除了抛售股份与出售企业,培生集团采取了银行贷款与股市筹集的方式融资,但是在整个转型阶段,资金压力是一直面临的问题。

(二)人才培训

融媒体转型需要出版集团的员工具备数字媒体操作和管理的能力。然而,很多传统出版人员缺乏相关的知识技术和技能,需要接受系统的培训和能力提升。这不仅需要出版集团加大培训投入,还需要改变员工的工作态度和思维方式,以适应数字化、网络化的工作环境。

1. 数字内容创作人才缺乏

随着数字媒体的兴起,许多跨国出版集团都争相招聘数字内容创作人才。例如,企鹅兰登书屋、哈珀·柯林斯出版集团、贝塔斯曼集团等公司都在数字内容创作领域进行招聘,争夺有创意和技术能力的人才。除此之

---

❶ 林云鹏.培生集团数字化转型路径及启示[EB/OL].(2020-3-11)[2023-4-18].https://www.fx361.com/page/2020/0311/6429489.shtml.

❷ 徐丽芳,王心雨,张慧.国外教育出版数字化发展对我国的启示——以培生集团为例[J].出版广角,2019(1):11-14.

外,数字内容创作所需的技能人才也缺乏,新媒体的创作除了写作上的创作,还有对多媒体制作与编辑的要求。举例来说,阿歇特出版集团作为法国的一家跨国出版集团,在数字内容创作方面可能需要招聘同时具备文学素养、编辑技能和数字媒体创作能力的人才。对于教育出版集团而言,如皮尔森教育出版社是一家全球领先的教育出版集团,他们同样面临寻找具备教育背景和数字媒体创作经验人才的挑战。

2. 数据分析人才需求

培生集团作为全球领先的教育出版集团,面临数据分析人才需求的挑战。在其数字化转型过程中,他们需要数据分析人才来解读学生学习数据,评估教育产品效果,并提供洞察和建议。然而,寻找同时具备教育背景和数据分析技能的人才面临困难。霍顿·米夫林出版公司是一家知名的教育出版公司,他们致力于提供个性化学习体验和教育技术解决方案,需要数据分析人才来处理和分析大量学生数据,以提供个性化学习建议和评估教育产品的有效性。麦格劳·希尔教育出版公司作为一家全球性的教育解决方案提供商,在数字化的转型过程中,需要利用数据分析了解学生的学习行为、优化教学内容以及教育策略,以提高教学成果与学习成果,因此需要数据分析的人才。

3. 数字营销和社交媒体运营人才缺乏

企鹅兰登书屋作为世界上最大的出版集团之一,面临数字营销和社交媒体运营人才缺乏的挑战。随着数字化转型的推进,他们需要具备数字营销策略和社交媒体运营经验的人才来扩大品牌知名度,提高图书销售和与读者互动。然而,这些人才在市场上非常稀缺,出版社很难找到符合要求的人才。全球性的出版公司——哈珀·柯林斯出版集团,在数字营销和社交媒体运营方面也面临人才缺乏的问题。他们需要专业的数字营销人员来开展在线广告、社交媒体广告和电子邮件营销等活动,以推动图书销售和品牌推广。然而,数字营销领域的人才供应相对稀缺,对于出版行业而言,招聘合适的人才可能是一项挑战。麦克米伦出版社也面临同样问题。他们需要专业的人才来开展数字广告、社交媒体管理和内容营销等活动,以提高图书销售和读者参与度。这些领域的人才往往具有高度的技术和创意能力,招聘合适的人才可能具有一定的挑战性。

三、跨国出版集团融媒体转型实践措施

(一)渠道融合

企鹅兰登书屋和哈珀·柯林斯出版集团等出版企业通过建立自己的在线销售平台,如网站和电子书商店,实现了线上线下渠道的融合。这些平台不仅提供了传统印刷书籍的销售,还提供电子书、有声书和在线学习资源等数字内容的销售和分发。有的出版集团与数字平台合作,将内容提供给数字渠道的消费者。例如,皮尔森教育出版社与Coursera(教育平台)合作,将教育内容提供给在线学习平台的用户,从而实现了线下教育和在线学习的融合。

(二)产业融合

跨国出版集团与技术公司合作,共同开发数字内容创作和分发工具。例如,麦克米伦出版社与科技公司合作,开发了数字出版平台和工具,使作家和出版商能够更轻松地创建、编辑和发布数字内容。出版集团与教育科技公司合作,推出基于互联网和移动设备的教育解决方案。霍顿·米夫林出版公司与Knewton(教育平台)合作,开发了个性化学习平台,利用大数据和人工智能技术为学生提供定制化的教育体验。

(三)市场融合

跨国出版集团通过在社交媒体平台上建立存在感,积极与读者互动,实现了市场融合。他们通过发布内容预览、举办在线活动和与读者分享专业见解,增加了品牌的曝光和读者的参与度。出版集团利用社交媒体和在线社区的影响力,进行市场推广和产品推介。例如,皮尔森教育出版社通过与教师社区合作,提供在线培训、教学资源和互动讨论,以吸引目标受众并推广其教育产品。

数字技术浪潮下中国版权输出的挑战、机遇和路径

王秋红
(北京印刷学院)
彭嘉源
(北京印刷学院)
魏宇婷
(北京印刷学院)

- 摘　要：近年来，在党和国家方针政策指引下，中国国际出版围绕讲好中国故事、传播好中国声音，根据自身的出版特色和资源优势，精心谋划，积极作为，尤其在国际出版方面取得了令人瞩目的成就。数字技术浪潮助推下的国际出版机遇与挑战并存，中国的迅速崛起引发了全球的关注和兴趣，这为中国国际出版发展提供了广阔的市场空间。目前，由于数字技术浪潮加剧，中国国际出版面临着版权失守、平台传播话语权过大、信息失真三大挑战，本文围绕这三大挑战，探索中国国际出版管理的可行路径，服务出版强国，讲好中国故事。

- 关键词：数字技术　国际出版　版权输出

党的二十大报告指出，要推进文化自信自强，铸就社会主义文化新辉煌，就要增强中华文明传播力影响力，加强国际传播能力建设，全面提升国际传播效能，形成同我国综合国力和国际地位相匹配的国际话语权。随着数字技术的飞速发展和数字产业规模的巨大增长，移动互联网已成为宣传思想工作的主战场、主阵地。

一、中国版权输出的挑战

(一)数字技术浪潮致使版权失守

出版内容安全关系到国家主流意识形态的建设,版权资产保护关系到社会主义先进文化建设和引领。随着数字技术的迅速发展,国内外出版业均逐渐面临版权失守的局面,这可能引发以下风险:

一是电子书黑客。对于电子书黑客来说,盗版最直接的方法是从亚马逊图书网站或其他在线书店下载电子书。电子书黑客总是设法移除或破解出版商、供应商为防止未经授权的文件共享而设置的DRM,一旦DRM被移除,电子书就可以在各种文件存储网站上共享和托管,而这些电子书黑客经常通过在这些网站的下载页面进行广告轰炸来获取收入。

二是非法供应商。未经授权的供应商正在使用Lazada和Shopee等流行的在线购物平台销售盗版电子书。这些供应商通常会为电子书创建清单,然后托管在谷歌网盘(Google Drive)等在线文件存储服务器上。用户通过购物平台为电子书付费,非法供应商就会提供内容访问的途径,这些内容可能是一本电子书,也可能是一整个文件夹的多本电子书。

三是影子图书馆。"影子图书馆"通常指收集了大量享有著作权的书籍,并向公众免费开放的网站,"影子"也意味着其可能处于不合法的灰色地带。前段时间,号称"全球最大的数字图书馆"——Z-Library网站域名被美国政府查封。与此同时,法国、印度等国家也下达了封禁指令,将Z-Library从当地搜索引擎的结果列表中移除。据美国司法部消息,该网站的两名创始人已在阿根廷被捕,他们面临"侵犯版权、电汇欺诈及洗钱罪"等多项指控。实际上,在过去二十年左右,曾相继出现了一系列"影子图书馆",如Gigapedia、Kolkhoz、Librusec,以及最近的Lib.gen和Sci-Hub,它们多次面临解散或关闭,但又一次次借由新的域名重启。

四是幻灯片网站。幻灯片网站是指通过分享如何以幻灯片文件的形式下载盗版电子书的链接和说明的网站,虽然该网站的前母公司领英声称正在采取措施打击盗版,但现实情况是,盗版电子书仍然随处可见,而且是以一种更隐秘的方式存在。由互联网催生出的这些存在于隐蔽角落的难以遏制的盗版文化，对出版商保护自己的知识产权和收入来源构成了严重的威胁。

五是非营利性组织——互联网档案馆。互联网档案馆（Internet Archive）的行动使图书盗版形势进一步复杂化。互联网档案馆多年来一直承担着托管电子书的数字副本的任务。互联网档案馆的工作从表面上看似乎只是在扫描捐赠书籍的副本，并将这些电子化的副本上传到自己的网站，将副本免费借给用户长达14天的使用时间。尽管互联网档案馆一直为自己的行为辩护，称其符合图书馆的职责，但现实情况是，真正的图书馆需要向出版商支付许可费，而互联网档案馆并未向出版商或者版权所有人支付任何费用，同时也未经出版商或版权方的许可就肆意传播扩散版权内容，这严重损害了版权方的利益。

六是版权方泄露版权内容。由于多方传输信息的需求，版权方通过互联网在线传播版权信息、出版内容时，因涉及多个部门或者需要经手多人，从而导致版权信息及出版内容从出版方自身就已泄露。

（二）新媒体平台传播话语权过大

数字技术浪潮催生出的新型社交媒体成为图书营销的必需平台。近年来，新型社交媒体对图书销售的拉动能力逐渐凸显，2020年起愈发令人瞩目，其对图书的推介作用也促成不少图书一夜之间翻红，甚至登上畅销书榜。全球性社交媒体强大的传播能力让疫情期间读者共性需求出现了世界范围的参差交替、此起彼伏的状态。

《2022年图书零售市场年度报告》显示，2022年短视频电商、综合电商平台、垂直及其他电商以及实体书店的折扣率分别为42%、56%、78%和88%。在2022年，我国图书零售市场的总销售额达到了871亿元[1]；其中，短视频电商的图书销售额同比增长了四成多，而实体书店的图书销售额同比减少了也接近四成。出版社在短视频和电商平台图书超低折扣的这种竞争压力下，为了维持基本的盈利空间，不得不通过提高图书定价来应对。然而，这种无序竞争可能导致各参与方陷入没有赢家的"囚徒困境"，

---

[1] 张鹏禹.短视频电商带动图书销售[N].人民日报海外版，2023-1-13(7).

这有可能最终导致出版社的资金链紧张,从而影响到内容创新的持续发展。

随着互联网的发展和智能手机的普及,直播平台和短视频平台已成为人们日常生活的重要组成部分。许多产业都紧跟潮流,试图从这股以流量和关注度为关键词的时代热潮中分得一杯羹。图书市场也不例外,直播卖书逐渐成为一种新兴的销售模式。在这种背景下,一些具有强大影响力的直播平台和网红主播开始涉足直播卖书领域。例如,著名主播李佳琦,凭借其庞大的粉丝群体和高度互动的直播间,成功吸引了大量观众。李佳琦曾在一次直播中宣传了畅销书《田野里的自然历史课》,短短几个小时内销售量达数十万册。究其原因,正是在这个"流量为王"的新型社交媒体时代,平台头部主播自身所携带的流量与粉丝量使其拥有强大的议价能力与资本。与直播卖书相比,传统出版社和实体书店售卖的图书折扣较小且价格偏贵,这就导致目标群体大量流入电商直播平台。出版社想要推销自己的好书与库存,就不得不接受主播所谓的给受众带来的"福利"而降价销售,在这种你不合作别人就合作的压力下,出版社只能亦步亦趋,屈服于"流量经济"。❶

而出版物并不是一种普通商品,从某种程度上说,它是广大人民群众的精神食粮,与人民群众的精神生活发展好坏息息相关。在理想情况下,它的销售应该由市场和政府共同调控,而不是被流量控制。

(三)数字技术浪潮带来信息失真

2024年年初谷歌称它的核心产品会发生根本性变化,将开始利用人工智能(Artificial Intelligence,AI)技术,把复杂信息和多种观点提炼成易于理解的格式。如果站在出版商的角度上看,当新闻、操作指南、评论、建议、参考资料以及其他诸多文字内容都有很大可能性被AI提炼成易于理解的格式时,出版商也许将面临一场不可避免的生存危机。谷歌逐步将原本属于其合作出版商的工作任务自动化,仿佛急于将出版商逐出"朋友圈"。谷歌正欲通过这一系列操作渗透内容行业,其行动无疑已经对出版

---

❶ 吴申伦.虚实无界:面向元宇宙阅读的出版业转型思路[J].中国出版,2023(4):30-37.

业造成某种威胁。

News Corp是一家美国的出版业跨国公司,其首席执行官罗伯特·汤姆森(Robert Thomson)在由国际新闻媒体协会(The International News Media Association,INMA)主办的世界新闻媒体大会上表示:"我们制作的内容正在被科技公司收集和提取,然后被他们用于训练AI搜索引擎。而那些被AI肆意提取和收集的优秀内容通常蕴含着新闻工作者的倾情付出和独到见解。此类操作可能会使包含优秀新闻内容的信源网站永远不再被读者访问,从而致命地损害新闻报道的意义。内容深耕行业在逐渐变成机械性的内容提取工程。"用机器生成的内容取代专业作者、学者、出版工作者创作的内容,直接威胁到了目前包括出版业在内的一系列内容生产经济。但生成式人工智能的开发者使用大量内容(包括受版权保护的书籍和文章)来训练他们的应用程序,并允许它们拼凑、剪切他人原创版权内容来生成"新"内容。用于AI培训的受版权保护的内容经常在不知情或未经其权利人同意的情况下被访问和使用,甚至是通过非法网站获取。

二、中国国际出版管理的新契机

出版是世界文化交流的重要载体之一。随着全球数字时代的到来,传统出版业已经从纸质形式向数字化媒介转移,中国出版不断推进数字转型与融合发展,不断加强与世界出版交流与合作,越来越多的优秀主题出版物走向海外,受到国际社会的广泛好评。

为了更好地传播中国声音、贡献中国智慧和提供中国方案,实现从走出去到走进去的深层次跨越,全面提升中国国际话语权,我国国际出版管理需要积极借鉴国际先进经验,完善并践行改进管理举措,增强出版产业的国际竞争力。中国国际出版肩负着"以书为媒",展示中华文化成果和中国形象,促进中外人文交流的使命。因此,推动新时代中国国际出版高质量发展,应坚持守正出新。

(一)中国特色的元素具有国际市场

1. 坚持中国文化传承

党的二十大强调,要加强国际传播能力建设,全面提升国际传播效能,深化文明交流互鉴,推动中华文化更好走向世界。要推动共建"一带一路"高质量发展,增强中华文明传播力影响力,讲好中国故事、传播好中国声音,展现可信、可爱、可敬的中国形象。首先,应该以中国深厚的历史文化为根基,以五千年从未间断的中华文脉为支撑,充满历史自信、文化自信地讲好中国故事,要讲好历史和文脉的本身、要学习古人讲故事的方式。其次,讲好中国故事应该以习近平新时代中国特色社会主义思想为指导,认真讲好真实、有用的中国故事。"出版的本质功能是传播知识、传递信息、传承文明,价值主张是出版品牌对外传播的核心内容。出版品牌内容的价值主张得到海外用户认可,并在更深层次上引起用户行为改变,从而实现有效的价值传递,这是出版品牌传播的根本目标。"[1]历史文化具有沟通、说服、解释的作用,出版界能做的事情还有很多,最主要的是守住中华优秀历史文化的根,关注最新的研究成果,才能做好国际出版。

2. 强化出版把关领跑

作为"把关人"负责搜集、整理、选择、加工、处理与传播信息,即决定信息内容的取舍,同时还掌握着传播工具和手段,并规定着传播对象(目标受众)的范围。目前在国际出版方面做得比较成功的"把关人""领跑者"均是一些规模较大、实力较强、出版品类较为丰富的综合性出版社和专业类出版社。例如,施普林格·自然集团、爱思唯尔集团、威立出版集团、世哲出版公司和牛津大学出版社这5家国际出版机构,它们大多在国内外出版界都享有很高的声誉和信誉,其出版品牌影响力显著。作为整个传播链条的起点,也是内容生产者和"把关者"。

3. 繁荣中国国际出版

"十三五"时期,在以习近平同志为核心的党中央坚强领导下,出版业深入贯彻落实党中央关于出版工作的重大决策部署,出版事业与党和国

---

[1] 戚德祥,孙红.中国出版国际传播能力建设研究*——基于文化、商业、技术的三重视角[J].科技与出版,2021,(11)

家各项事业同向同步,在正本清源、守正出新中取得历史性成就、发生历史性变革,为社会主义文化强国建设提供了重要支撑。出版业持续繁荣发展,各类出版精品佳作迭出,为满足人民日益增长的美好生活需要提供了更加丰富优质的精神食粮。"十四五"时期,是我国全面建成小康社会、实现第一个百年奋斗目标之后,乘势而上开启全面建设社会主义现代化国家新征程、迈进向第二个百年奋斗目标进军的第一个五年。出版工作是党的宣传思想文化工作的重要组成部分,是促进文化繁荣兴盛、建设社会主义文化强国的重要力量。

顺应数字技术浪潮要求,发展国际出版,这对出版行业提出了更高要求。一是切实找到中国故事与世界关切的契合点,尊重海外读者的文化、习俗和兴趣差异,加强对中国主题的国际化表达方式以及海外读者阅读习惯、文化背景、相关法律法规的研究,充分考虑海外读者的特点和需求,创新对外话语表达。[1]打造研究阐释中国道路、中国模式、中国经验,有助于国际社会全面客观认识当代中国发展理念的精品出版物。一批宣介中国主张、中国智慧、中国方案,反映当代中国、解读中国共产党和国家执政方略的优秀出版物实现多语种版权输出。二是深入挖掘中华优秀传统文化的历史价值,做好中华优秀传统文化的精神标识,提炼、展示具有当代价值、世界意义的文化精髓。三是深耕传统优势领域及作者资源,做深、做实、做优"走出去"产品。在国际出版时,结合地缘、人文、资源优势,推动更多反映当代中国文化题材的图书"走出去",让各国人民通过出版这一诉诸心灵的方式,更准确深入地了解当代中国,了解当代中国人,以达到润物细无声的效果。

(二)平台建设和平台创新正与国际接轨

1. 版权保护新角度

关于未来国际出版行业,政策上要引导鼓励。因为随着科技的发展,产生了很多新产品、新模式,图书内容是行业良性发展的主要内容,依旧需要官方来支持完善新技术营销渠道建设。盗版问题猖獗,出版业知识

---

[1] 戚德祥."十四五"时期中国出版走出去:融合创新提质增效[J].中国出版,2022(15):10-15.

产权维权难,限制行业兼容发展。出版单位单方面来遏制和处理这些问题及其带来的影响的话,力量太过于薄弱。政府应继续强化知识产权保护,加大对于盗版行为的惩处力度,规范市场秩序,全面整治图书市场。

2. 拓宽版权输出结构

从知识服务布局与产品开发角度来看,出版企业作为依靠政策推动开展知识服务实践的单一主体,无法完全适应技术变革带来的知识服务复杂化与高度开放化发展特征,因此,出版产品多元化,是国际型出版企业壮大实力、在有限的市场容量中追求业务成长的有效途径。[1]遵循"强强联合"的协同创新理念开创出版领域知识服务新模式,应成为企业提升自身服务能力的主要方向。同时,新媒体的兴起、短视频的流行都冲击着传统图书,当当、京东、拼多多等图书销售平台及抖音等短视频平台正在形成极大的议价权力,这种议价权力如果得不到控制,将以"残酷"的资本方式垄断图书的销售价格,恶毒"盘剥"出版社的微薄利润。从国家层面看,网络销售的无序竞争,伤害了出版社的原创行为,侵占了作者和编辑的劳动成果,挤占了出版社的绝大部分利润。从长远看,这将会导致编辑人才断层,文化传承断层,对国家文化安全和文化保护是毁灭性的逐利行为。可以通过建设公共出版服务平台健全精品出版激励机制。引导激励多出优秀作品。在平台中提供出版阅评、图书排行、图书评论等工作,坚持精益求精,加强宣传推荐,更好引领出版精品创作生产。

3. 创新技术手段

出版业需要向数字化转型。现在数字化阅读已经被人们广泛接受,许多人的阅读习惯开始由传统纸质阅读转到电子阅读,纸质图书销售渠道比较快速地转向线上销售,所以加快建设品牌IP,培养全流程线上出版能力,学习新媒体营销策略是出版业需要更加重视的。技术创新优势将进一步加持出版新业态的形成,多业态交叉融合、优势互补的出版产业转型升级将成为常态化现象。未来新媒体技术特征将在出版业运用得更加广泛,如数据库技术、大数据计算、智能互联、人工智能、AR/VR等新兴技术

---

[1] 张文彦,肖东发. 从全球出版结构审视中国出版文化软实力[J]. 江苏大学学报(社会科学版),2010,12(1):1-5.

运用及创新性发展,将为出版服务模式转型升级和出版业的高质量发展态势赋能。出版行业协会应追求内容资源、产品形态、传播渠道与服务终端的不断创新,充分利用数据化、智能化,带动出版单位推进技术交叉融合与优势互补的数据化出版模式,帮助出版单位向产业化迈进,缓解行业整体面临的数字化转型压力。

(三)版权管理体系正在优化

1. 建立在准入机制上的开放型标准出版管理制度

党的二十大提出,要通过走中国式现代化发展道路,建设社会主义文化强国,激发全民族文化创新创造活力,增强实现中华民族伟大复兴的精神力量。出版业作为文化强国建设的主力军之一,要坚持走原创化、特色化、融合化的"三化"发展之路,与时代同频共振,与人民携手同行,不断推进出版业现代化发展,为实现中华民族伟大复兴贡献精神力量。我国近年先后出台了一系列政策法规以扶持、规范出版业的秩序。著作权法不仅对作者的权益进行保护,也对社会公共利益进行保护。标准也应当受到著作权法保护,标准制定者的著作权应当受到尊重与保护,这需要兼顾标准出版行政管理的权力运行与著作权的权利维护,在坚持现有的指定出版的框架内,赋予著作权人对具有出版资质的出版社的选择权。❶《出版业"十四五"时期发展规划》明确了出版业"十四五"时期发展的指导思想、基本原则、目标要求、重点任务、保障措施等,并从十一个方面对推动该规划落地实施提出了工作要求,对出版业高质量发展的目标、方向、路径、措施等作出全面部署,提出明确要求。政府层面需致力于政策引导、项目支持,从导向上指引出版管理体系建设;同时制定出更加体系化、分层次、导向性强、可操作性高的开放型标准出版管理制度,引导我国出版业在转型升级中健康稳步发展,实现从"出版大国"向"出版强国"的转变。

2. 设立出版全产业链协同出版平台

新冠肺炎疫情为数字出版按下"加速键",相当一部分国家和地区的数字出版呈现新的特点和趋势,进入蓬勃发展阶段。无论主动尝试还是

---

❶ 许林波.标准出版管理机制改革研究[J].海峡法学,2023,25(1):39-44.

被动参与,工作流程、内容呈现、营销推广、版权转化的数字化已经全面渗透出版业的方方面面。出版机构应积极探索新的数字出版和营销方式,加快产业链整合延伸,拓展多元化发展模式。

设立出版全产业链协同出版平台,在"编—印—发"三个环节上实现内部、外部、跨行业协同编辑,实现出版全产业链在线协同出版。目前,国外已实现的出版协同编辑与管理平台是一个内容生成、编辑加工与出版发行为一体的综合平台。它能更好地满足出版业务生产需要,提高选题内容策划查重、素材查询分类、人力资源合作的效率。该平台搭配统一高效的存储平台技术支持,可实现全产业链的协同出版。而国内还没有出版全产业链协同出版集成平台。

国外的全产业链协同出版已实现以下功能:一是接口匹配,实现编辑平台的快速对接调用,通过云接口就能实现在线编辑、组织加工,以实现随时随地、多终端同步的协同编辑的效果。二是满足性能,保证上亿数量级文件的快速查找和阅览。预期未来有超亿级数量的内容会由在线编辑平台产生、协同编辑、最终发布。三是安全可靠,确保历史文稿和编辑记录不丢失,平台产生的文稿、历史素材、修改记录都是出版方、渠道商、用户的资产,存储层数据库提供充分的安全保障,确保不会因为设备故障而造成文件丢失。

3. 建立出版要素集成平台

在数字技术浪潮助推下,国际出版应紧跟技术变迁,通过建立出版要素集成平台,促进纸质图书与电子书、有声书、知识服务等一体化出版,满足不同层次的目标受众需求。厘清出版平台生产要素,培育要素市场与完善要素参与分配机制,能够更加科学而公平地构建我国出版要素集成平台。❶

出版要素集成平台应配备出版基础流程服务、印刷服务以及营销服务这三项主要功能。其中,出版基础流程服务主要包含出版中编辑加工、审稿、设计排版这三个主要步骤,提供原稿审查、语言润色、校对、排版、封面

---

❶ 朱江丽. 数字出版平台完善要素参与分配机制:现实性与实施路径[J]. 出版科学,2020,28(4):88-94.

设计以及电子书制作；印刷服务应提供许多可选项，包括文本布局格式、平装或精装、是否需要书籍封面套、版式大小、黑白印刷或彩色印刷、印刷数量等；营销服务则是由专业营销顾问帮忙制定营销策略和规划，包括品牌信息、目标群体、营销文案、广告宣传、社交媒体和公关等，营销服务根据营销时长、营销渠道收费。

此外，出版要素集成平台还存在出版衍生服务，借助音视频、虚拟现实、增强现实等丰富数字技术，给读者提供沉浸式阅读体验，通过线上线下全媒体平台实现尽可能广泛的传播，以人工智能、大数据、云计算等先进数字技术精准抵达受众，推进中国故事和中国声音的全球化表达、区域化表达、分众化表达，增强国际出版的亲和力，从而全面提升国际出版的传播力和影响力，实现中国出版和国际出版同频交流和沟通。

三、优化中国国际出版管理的主要路径

站在新的历史起点上，中国国际出版要更好担负起文化使命，推进文化自信自强，深化人类文明交流互鉴，为强国建设和民族复兴注入强大精神力量。

（一）优化国际出版内容结构，讲好中国故事

现阶段市场竞争的不断加剧，迫切要求各大出版企业布局知识服务时必须迈向产业化发展的轨道，壮大和提升知识服务产业的整体竞争力。一是出版社的出发点要根据自己的内容、资源、优势、特点来确定，从什么角度来做、要做到什么程度。在发达国家，数字出版起步早，市场较为成熟，国外的出版公司规模大，有着丰富的内容资源，高度集中的出版力量，比较容易形成规模。因为受到发展时间、规模、体制机制等因素影响，出版、摄影、内容资源为核心的多元化发展。从产业化的角度来看，改革开放至今，中国的经济发生翻天覆地的变化，出版业如不能够积极有效应对，必然导致进入低谷。要有专业化的判断、选择，还要有培育。如果有其他行业介入出版业，发展起来的速度就会快一些，这实际上也是一直努力的方向。如果出版社确定了发展方向，优化国际出版内容结构，能发挥

自己的内容资源优势的产业化,帮助出版社扩大国际出版产业结构。

数字技术浪潮的助推下,出版社应及时加强对自身国际出版内容结构优化。坚持内容为王,把握数字化、网络化、智能化方向,发挥出版单位内容资源和编辑把关优势,大力推进出版供给侧结构性改革,加强网络原创优质内容建设,打造更多突出思想引领、彰显主流价值、富有文化内涵、产生广泛影响的优质出版内容,切实把出版内容优势转化为融合发展优势。

(二)拓宽国际出版渠道,加强版权交流

国家新闻出版署《2021年新闻出版产业分析报告》显示,2021年我国出版物版权贸易多年来首次实现顺差。这一变化背后,是图书国际版权贸易向精品IP、精准市场定位、精细化运营不断靠拢。国际版权签约不再盲目追求数量多,而是锚定更受读者喜爱、能创造更多市场价值的优质内容;版权人对出版物进出口市场理解更加透彻,根据不同国别、语种、区域文化,借助国际出版商的海外发行渠道和数字化平台营销等多元方式,向全球读者定向推介中国出版精品。目前,中国出版业可探索通过版权合作、项目共建等方式,整合更多优质内容资源,形成品类齐全、内容丰富的出版资源池和数据库。一是,版权输出可以为出版社贡献增量纯收益;二是,通过国际版权业务贸易合作,直接提升中国出版的国际化视野和国际化出版理念,进而帮助提升选题策划能力,创新选题灵感;三是,通过拓展强有力的海外多语种市场,促进出版社吸引更多优秀国际作者,进而聚集更多优质出版资源;四是,高质量的国际版权交流合作有助于丰富国内的出版物品种,提升出版社在国际国内两个市场的品牌影响力。

(三)创新国际出版技术手段,做好版权管理

在全球出版融合发展大背景下,"全息、全程、全员、全效"的新媒介形态,如博客、播客、网络视频、社交媒体和移动终端、智能终端等网络媒介形态,有助于触达不同媒介接受习惯的读者,从而实现以技术手段赋能主题出版的国际传播。通过观察全新数字技术发展,深入思考新技术在出版各环节中的落地使用与出版产业转型升级的适配性,避免技术泡沫的产生。

在版权保护方面,通过技术保护和法律法规行为约束这两种途径,双管齐下,解决如洗稿、盗版等因出版形态变化、技术创新等因素导致的行业新问题。主动探索创新型"数字水印",防止版权黑客入侵。数字版权管理(DRM)技术经过多次迭代,已发展成不同的技术流派,可满足不同类型的数字内容版权管理的需求。

顺应数字技术浪潮的要求,将技术原理与出版业发展需求结合,充分挖掘数据价值,出版机构通过自建或外包等形式构建出版数据体系,整合政策数据、内容数据、销售数据、用户数据等数据资源,做好数据采集、存储、管理、使用、共享等流程将数据用于出版的各个环节。

习近平总书记说过:中华文化是我们提高国家文化软实力最深厚的源泉,是我们提高国家文化软实力的重要途径。出版业是文化交流的使者,出版物是文化传播的重要媒介。在数字技术浪潮助推下,国际出版利用好数字技术,避免"技术泡沫"给国际出版业造成的恐慌,控制好版权、平台和信息三大基础,扩大中国国际出版的传播力和影响力。